广西审判实务与探索

2023年　第4辑　总第30辑

卢上需／主编

GUANGXI JUDICIARY
PRACTICE AND STUDIES

法律出版社
LAW PRESS · CHINA
北京

图书在版编目(CIP)数据

广西审判实务与探索. 2023年. 第4辑 : 总第30辑 / 卢上需主编. -- 北京 : 法律出版社, 2024

ISBN 978-7-5197-9117-9

Ⅰ. ①广… Ⅱ. ①卢… Ⅲ. ①法院-审判-工作-研究-广西 Ⅳ. ①D926.22

中国国家版本馆CIP数据核字(2024)第091022号

广西审判实务与探索(2023年第4辑)(总第30辑)
GUANGXI SHENPAN SHIWU YU TANSUO
(2023 NIAN DI-4 JI)(ZONG DI-30 JI)

卢上需 主编

责任编辑 章 雯 慕雪丹
装帧设计 汪奇峰

出版发行 法律出版社
编辑统筹 法商出版分社
责任校对 赵明霞
责任印制 胡晓雅
经　　销 新华书店

开本 710毫米×1000毫米 1/16
印张 16.25 **字数** 300千
版本 2024年7月第1版
印次 2024年7月第1次印刷
印刷 永清县金鑫印刷有限公司

地址:北京市丰台区莲花池西里7号(100073)
网址:www.lawpress.com.cn
投稿邮箱:info@lawpress.com.cn
举报盗版邮箱:jbwq@lawpress.com.cn

销售电话:010-83938349
客服电话:010-83938350
咨询电话:010-63939796

书号:ISBN 978-7-5197-9117-9
定价:48.00元

凡购买本社图书,如有印装错误,我社负责退换。电话:010-83938349

《广西审判实务与探索》编辑委员会

目　录

Contents

理论文章

案例分析

调研报告

理论文章

“尽可能一次性解决纠纷”理念的基本内涵与实践要求

黄海龙　潘玮璘*

摘要：社会经济生活中发生的民商事纠纷，在司法程序中可能衍生出多个案件。2021 年全国法院受理案件超过 3350 万件，其中相当一部分是因过度囿于一案一诉、程序空转、案结事未了而衍生的诉讼案件。解决司法案件与实际纠纷之间的“数据差”，需要坚持公正与高效相统一的价值取向，强化“尽可能一次性解决纠纷”理念，加强衍生诉讼案件治理，增强人民群众司法获得感。“尽可能一次性解决纠纷”理念的本质要求是：在司法实践中，尽可能把每一个环节的工作做到最好，防止本环节裁判衍生出另一个诉讼环节；尽可能一次性实质化解矛盾纠纷，依法“一揽子”解决案件相关联的问题，避免一个诉讼衍生出多个案件；处理好公正与效率、实体与程序之间的辩证统一。

一、衍生诉讼案件问题需引起高度重视

2021 年，全国各省（区、市）法院受理案件 3351.6 万件（含旧存），其中新收案件 3154 万件，同比上升 11.51%；共有员额法官 12.7 万名，人

* 黄海龙，二级大法官，广西壮族自治区高级人民法院党组书记、院长，法学博士；潘玮璘，四级高级法官，广西壮族自治区高级人民法院审管办主任，法学博士。

均收案达248.9件,同比增长12.12%;平均每个法官每个工作日约办一件案子,人均收案量最多的北京、重庆法院则超过400件。这些数据可能还会继续上升,我国已初现“诉讼大国”之架势。习近平总书记2020年11月16日在中央全面依法治国工作会议上曾指出“我国国情决定了我们不能成为‘诉讼大国’”。[1] 我国目前的经济总量、人口数量以及持续发展趋势,在一定程度上会导致社会纠纷特别是民商事纠纷总数庞大且日益增多,而司法案件高总量、高增长也可能被视为一种常态。近年来,经济发达的浙江省却在司法案件数上逐年减少,[2]表明了经济大省未必成为“诉讼大省”。最高人民检察院提出了“案—件比”概念,[3]该概念启示我们:法院系统如此巨量的司法案件未必反映真实的矛盾纠纷数量,社会生活中实际发生的单个纠纷,可能在司法程序中衍生出多个案件。因此,除了不断深化诉源治理、完善多元解纷机制体系,法院诉讼程序内部也应更加注重高效、实质地化解纠纷,特别是应加强衍生诉讼案件治理,尽可能降低案件衍生率,故“尽可能一次性解决纠纷”理念应势而生。以广西各级人民法院的民事案件为例,从2018年到2020年衍生诉讼案件比例呈上升趋势,[4]这意味着每个纠纷所引发的司法案件逐年增多。广西壮族自治区高级人民法院从2020年开始在各级法院部署开展“尽可能一次性解决纠纷”实践活动,取得一定成效,衍生诉讼案件占比从次年开始下降,[5]审判效率、办案效果明显提升,程序空

---

[1] 参见习近平:《坚定不移走中国特色社会主义法治道路　为全面建设社会主义现代化国家提供有力法治保障》,载《求是》2021年第5期。

[2] 根据最高人民法院统计的数据,2021年浙江省各级人民法院新收审判类案件同比下降2.12%;根据浙江省高级人民法院2022年工作报告,从2018年至2021年全省法院新收案件数连续3年下降。

[3] 指社会中实际发生纠纷形成的“案”,与进入司法程序后所经历的有关诉讼环节统计出来的“件”相比,形成的一组对比关系。参见董桂文:《案—件比:引领新时代检察办案活动的风向标》,载《检察日报》2020年5月27日版;窦晓峰、李冠鹏等:《“案—件比”:让办案质效可知可感》,载《检察日报》2021年2月9日,第4版。

[4] 以衍生诉讼案件(新收民事案件总数减新收一审民事案件数)为分子,以新收民事案件总数为分母,计算民事案件衍生比例,可说明新收案件中有多少比例是衍生诉讼案件。广西各级人民法院民事案件衍生比例2018年约12.51%,2019年约13.88%,2020年约14%。

[5] 广西各级人民法院民事案件衍生比例从2020年约14%下降到2021年约10%。

转得到有效压减,人民群众的司法公正获得感更加充实。[1] 经过一审程序裁判后因上诉、再审、重审、执行、申诉信访等事由衍生形成的案件,就是"衍生诉讼案件"。[2] 这类案件的形成以及增多值得认真反思,总结起来主要有以下几个问题。

(一)程序空转

程序空转一般指上一个环节工作不到位、不规范导致下一个环节的处理方式是退回上一环节或撤销上一环节;或某一环节本来可以弥补上一环节的瑕疵却消极选择退回上一环节,这些均导致一个纠纷在司法程序中反复进退,在法院内部徒增案件数量。例如,二审法院可以发回一审法院重审,重审后可以再次上诉,若该案进入再审则又可以发回重审,对于重审结果还可以提起上诉或再审。这些程序反复进退并非制度设计本意(旨在纠错求真),现实中也不会出现在每起纠纷案件中,但如果每一环节中对当事人核心诉求、纠纷性质、关键事实等把握不准、不严、不妥当,就很可能导致纠纷以上述方式在司法程序内部空转。又如,在二审或再审程序中裁定驳回起诉,这意味着一些纠纷在根本不符合起诉条件的情况下仍进入多个司法程序,导致这些程序实质上都在空转;加之否定诉权本身就存在较高的申诉上访风险,后续还可能引发更多程序。此外,二审或再审法院有权对上一司法环节出现的瑕疵问题纠正或补正,特别是对基本事实进一步查清认定,从而避免发回重审,但一些法院消极处理并退回上一环节,也实际形成了不必要的衍生诉讼案件。这些在程序上"打转转"、一拖再拖的现象让人民群众苦不堪言,增加了诉讼成本,浪费了司法资源,诱发了涉诉信访,更加严重的是损害了司法权威。[3]

(二)"司法冷漠"

虽然当事人自身享有程序权利以及自主处分权,但程序法仍有较强的公法属性,法院具有程序控制权,法官是主导和指挥司法程序进程和节奏的决定性主体。[4] 如果主办法官仅为消极观望或简单应付,任由当事人随意选择和处分,其可能"走弯路"

---

〔1〕 2021年广西各级人民法院一审服判息诉率为88.4%,上升2.94%;再审案件发改率下降8.39%。广西各级人民法院深入推行"尽可能一次性解决纠纷",力求把每一个司法环节工作做到最好,依法将案件相关联问题一并解决,实质性化解纠纷,提升司法效能,减少当事人诉累。高级人民法院加强与贵港市政府沟通,妥善调解一起涉及多方、争议多年的合同纠纷案件,一次性解决了当事人多个民事、行政诉求,效果良好。参见《广西壮族自治区高级人民法院工作报告》,载《广西日报》2022年1月19日版。

〔2〕 参见孟祥刚:《衍生案件治理的现实意义及实践路径》,载《人民法院报》2022年5月12日,第5版。

〔3〕 参见张忠斌:《诉讼"程序空转":对程序价值的一种误读》,载《人民法院报》2012年11月1日,第2版。

〔4〕 参见张卫平:《民事诉讼法》(第4版),法律出版社2016年版,第80页。

"走错路""走死路",导致一个纠纷经历更多的司法环节或更长的程序耗时。归纳起来有两种情形:一是忽视环节并减。例如,本可以通过合理释明提示当事人将关联诉求一并提出的,本可以通过追加当事人将纠纷完整处理的,本可以灵活适用程序合并审理多个案件的,本可以做工作"一揽子"把关联纠纷一并调解等,最终因为简单"就诉论诉""就案办案"而忽视了尽可能地并减相关程序。二是忽视真实诉求。例如,有些案件情况复杂、纠纷多年、牵涉多方利益,当事人提出的诉请可能又多又乱,甚至相互重复或矛盾,如果法官能够"抽丝剥茧"抓住要害,厘清并固定当事人的真实诉求与核心法律关系,则可事半功倍;反之当事人可能陷入错误的诉讼方向而不堪诉累。总之,法官的工作量或办案单元一般仅以"件"为记,有观点认为法官是对"案件"负责而不必然对"纠纷"负责,其只要办结手头案件即可,一些法官缺乏正确理念和主动性工作,司法中立可能被扭曲为"司法冷漠"。

(三)案结事未了

"'心结'没有解开,案件也就没有真正了结。"[1]"案结事了"不是法律强制性规定,而是我国法治理念与司法政策的要求,体现了我国传统司法文化的精神内涵。[2]"案结事了"不是指一味强求调解结案,而是指法院应当注重通过妥善办理个案(定分止争)来最终化解社会矛盾纠纷,强调的是结案与化解矛盾纠纷之间的内在联系。有一些法官认为,当事人是否上诉、是否申诉、是否信访反映情况等,都是当事人自己的程序权利,那些从一个纠纷衍生出的多个案件不是法院的问题,不是法院自身能控制的。这种观点实际上是割裂了"定分"与"止争"之间的关联,轻视了做释法说理、服判息诉工作和群众工作的意义与作用。有的案件法官与当事人面见亲谈不够、释法耐心不够、判后答疑不够、调解技巧不够、文书"接地气"不够等,导致缺乏司法温度而过度冷峻,缺少司法关切而消极中立;有的裁判系统性回应当事人诉请不足,回避或简单回应当事人诉求;有的缺乏解决"执行难"一盘棋思维,判决主文缺乏可执行性。上述情况都可能造成一些司法程序虽然已经结束,但当事人矛盾依旧、事结心结未解,仍有强烈的申诉上访需求,从而使一个案件还会衍生出多个新的案件。

总之,目前法院系统庞大的案件总数一定程度上反映了日益繁重的工作量,但其

---

〔1〕《习近平法治思想学习纲要》,人民出版社、学习出版社2021年版,第33页。

〔2〕"案结事了"在中国传统司法文化中的具体表现为,社会治理目标层面的"定分止争"与司法官治狱理讼行动指南层面的"敬慎治狱""处断平允"。《唐六典》记载的考课标准就有"推鞫得情,处断平允,为法官之最"。

并不能直接体现社会矛盾纠纷的总量，也不能准确反映矛盾纠纷的变化趋势。在这个总数内，衍生诉讼案件的数量、占比、变化趋势更值得关注，这些更能反映司法工作的薄弱环节，更具有现实意义。[1] 衍生诉讼案件数与接近真实纠纷数的一审案件数之间的比例关系，即案件衍生比，提醒和督促我们尽可能缩减司法案件数与真实纠纷数之间的“数据差”，尽可能减少不必要的、可避免的衍生诉讼案件，尽可能一次性同时也实质性地化解矛盾纠纷。

二、“尽可能一次性解决纠纷”理念的基本内涵

司法理念直接影响法官司法能力的发挥，影响其自由裁量权的行使，最终决定司法公正。“尽可能一次性解决纠纷”作为重要司法理念，属于指导法官的实践性司法规律，[2] 是统一政治效果、法律效果和社会效果的重要抓手，是坚持以人民为中心的发展思想、深化社会矛盾源头治理的实践要求，是服务优化法治化营商环境、服务国家治理体系和治理能力现代化的重要举措。总体目标在于：在现有诉讼法等法律以及司法政策规定内，尽可能压减司法程序环节，尽可能缩减司法程序周期，尽可能降低当事人诉讼成本，以最小的诉讼成本或最少的司法资源实现最大诉讼效益，[3] 挤出程序“水分”，为人民群众提供更优质的“公正供给”，最大限度地满足人民群众对公平正义更高水平的新要求新期待，努力实现习近平总书记提出的“努力让人民群众在每一个司法案件中感受到公平正义”的目标。具体目标是：对于每个进入司法程序的社会矛盾纠纷，要尽可能用最少的（最好是一次）司法环节，完成矛盾纠纷化解，实现服判息诉。基本内涵体现在三个“坚持”。

（一）坚持正确的价值导向

实际上每个司法程序或司法环节都有法律依据，都有一定的功能作用，当事人充分经历这些环节，某种程度上也是实现程序利益及法治保障的体现。为什么我们还要尽可能压减程序环节、缩减程序周期？为什么我们要努力一次性、“一揽子”实质化解矛盾纠纷？原因是我们不能任由司法统计的“件”增加，甘于低效、无效甚至负效的

---

[1] 参见孟祥刚：《衍生案件治理的现实意义及实践路径》，载《人民法院报》2022年5月12日，第5版。

[2] 司法规律可分为结构规律、运动规律、实践规律。参见江国华：《司法规律层次论》，载《中国法学》2016年第1期。

[3] 这是实现司法效率最核心的表现方式。参见姚莉：《司法效率：理论分析与制度构建》，载《法商研究》2006年第3期。

忙与累,[1]而是要追求更高层次的程序利益,要实现效率兼顾公平、程序兼顾实体的更高水平的法治保障。“尽可能”并不是说绝对的越少越好,“一次性”也不是当事人来一趟法院就能解决纠纷,更不是要超越法律,把各种相关问题一股脑儿揽到一个程序中,把各类法律关系混为一谈,而是要以坚守司法公正为前提、以追求实质正义为目标,在充分维护当事人实体权利的基础上,将一些不必要的、可避免的程序环节尽可能合并或减少,这实质上是更好地保护当事人程序权益,使当事人有实实在在的程序权益获得感。这些价值导向不仅回答了初衷与起点的问题,还明确了坚持这个理念往下走的方向与道路。这是司法的政治效果、法律效果和社会效果的统一,是坚持人民至上、司法为民的具体体现,是践行习近平法治思想、坚定不移走中国特色社会主义法治道路的实际行动。只有牢牢把握正确的价值导向,“尽可能一次性解决纠纷”理念才能朝着正确的道路践行和发展下去。

(二)坚持“瞻前顾后”

“尽可能一次性解决纠纷”理念可以展开为三句话:尽可能将每一个司法环节的工作做到最好,尽可能依法“一揽子”解决案件相关联的问题,尽可能避免程序空转、衍生新的诉讼案件。总结起来,就是办案时要坚持“瞻前顾后”。如何把每个环节做到最好?就是要以绝不留“尾巴”的精神,以本环节遇到的问题一定不放过的决心,坚持能在本环节解决就在本环节解决、能在本环节实质化解就在本环节完成实质化解,认真、细致、规范、负责地完成案件中的各项工作,尽最大可能不把本环节的工作“外溢”到后一个司法环节,这就是“顾后”。如何“一揽子”解决相关联问题?办案时要认真梳理全案,针对的是一起社会矛盾纠纷,而不只是一个司法案件,要跳出手头单一案件,全面审视各方当事人之间的法律关系,通过充分释明、调解、引导等工作,“前瞻性”地把可能引发的、即将发生的、已经存在的诉求或案件,尽可能依法纳入现有的案件中一并实质解决,这就是“瞻前”。

(三)坚持辩证统一与维度兼顾原则

从用语的角度看,“尽可能”是一种弹性要求,而“一次性”则是明确的定量限制,两相组合意味着其中存在矛盾辩证关系。首先是要坚持公正与效率的辩证统一。公正和效率是双重互补关系,二者不完全对立,司法效率所追求的是以最经济的方式来

---

〔1〕 参见孙宪忠:《“案—件比”是衡量司法办案质效的绿色“GDP”》,载《人民检察》2021 年第 6 期。

实现公正。[1] 公正在法律中的第二意义就是指效率。[2] “一次性”当然是最有效率的方式,但绝对不能为了追求效率而牺牲公正,我们追求的是有公正的效率,司法效率必须以司法公正为前提,因此“尽可能”的用意就是缓和追求效率的绝对性,要求把握好追求效率的限度,守住司法公正的底线。其次是坚持实体与程序的有机统一。如果说兼顾公正与效率是一种效果导向,那么兼顾实体与程序就是一种方法与路径。实体与程序并不对立,它们的共同目标都是实现社会的实质正义。[3] “尽可能”是在方法上指向维护当事人实体权利,旨在实质性解决矛盾纠纷,这是程序规则的意义和目标;同时“尽可能一次性解决纠纷”也要符合程序法的原理与规律,[4]在程序法框架范围内践行这个理念。要处理好上述矛盾关系,本质上是兼顾好不同维度的价值和需求,把握好“度”的问题,主要方法就是充分利用当事人自愿原则以及当事人处分权、程序选择权,[5]充分运用法律解释技术,探求程序法规范目的,灵活且精准适用相关程序法规定。

三、“尽可能一次性解决纠纷”理念的实践要求

“尽可能一次性解决纠纷”不能仅理解为一种司法理念,更是公正与效率的价值取向对审判实践的要求。基于推进“繁简分流”“分调裁审”等诉讼制度改革背景,本文主要根据民商事案件审判规律特点,在区分简单案件、法律适用复杂案件、事实认定困难案件、适合调解案件的基础上展开讨论。

(一)简单案件

简单案件的特点在于,案件基本事实较为清楚,有直接对应的法律条文,通过对照条文规定即可明确得出裁判结论;当事人之间虽然在事实认定或法律适用上有争议,但司法实践中已有成熟先例,纠纷进入司法程序后不存在事实认定或法律

---

〔1〕 公正与效率的关系常比喻为“蛋糕分割现象”,即效率是“蛋糕的大小”,公正则意味着“如何分割这块蛋糕”。司法改革既要追求效率的目标——使蛋糕做得又大又好,又要追求公正的目标——使蛋糕合理地分配。参见钱弘道:《论司法效率》,载《中国法学》2002 年第 4 期。

〔2〕 参见[美]理查德·A. 波斯纳:《法律的经济分析》,蒋兆康译,中国大百科全书出版社 1997 年版,第 16 页。

〔3〕 参见赵旭东:《程序正义概念与标准的再认识》,载《法律科学(西北政法学院学报)》2003 年第 6 期。

〔4〕 理论上,遵守一定的正当程序即是“最低限度的公正”。参见王锡锌:《正当法律程序与“最低限度的公正”——基于行政程序角度之考察》,载《法学评论》2002 年第 2 期。

〔5〕 参见李浩:《民事程序选择权:法理分析与制度完善》,载《中国法学》2007 年第 6 期。

适用的困难或争议。这类案件当事人的主要期盼是法院尽快通过裁判“一锤定音”、定分止争,或尽快得出裁判结论从而启动强制执行程序,当事人对这类案件有最强烈的“尽可能一次性解决纠纷”的意愿和需求。具体而言,简单案件的实践要求有以下三点。

第一,尽可能适用小额诉讼程序。该程序是在适用简易程序的基础上,针对更简单的案件,〔1〕进一步提升诉讼效率的制度设计,最大特点是“一审终审”,该制度为法院“尽可能一次性解决纠纷”提供了制度支撑。〔2〕在实践中,有两个“尽可能”的空间:一是尽可能准确识别简单案件或准确排除复杂案件。小额诉讼程序的适用条件是标的额较小的金钱给付之诉,该判断标准是一种明确的可量化指标。〔3〕但对“简单案件”的判断就要涉及个案判断和裁量空间,〔4〕即妥当适切地识别出简单案件,这事关简易程序或小额诉讼的适用效能,需要法院在立案阶段就对证据材料、法律关系以及当事人争点等方面认真审查,对案件审理方向及难易情况进行综合预判,涉案材料多、事实多、人数多的不一定是复杂案件;反之标的额少、涉案材料少的也不一定是简单案件。识别认定不准可能影响小额诉讼程序适用率,或导致转换普通程序而徒增烦琐,适用不当还可能引发审判监督程序。二是尽可能加强当事人引导,对超出“小额”的简单案件也可以约定适用小额诉讼程序。根据新修正的《民事诉讼法》规定,当事人可以在超出“小额”标准但在二倍以下约定适用该程序,实际上这需要法院主动做工作,一方面要注重向当事人说明该程序的高效优势和制度功能,同时释明相

---

〔1〕 有学者认为,我国的简易程序适用的是非复杂、相对简单的案件,而小额诉讼程序针对的是更为简单的案件;故“由简到繁”之阶梯式定位:极简案件适用小额诉讼、相对简单案件适用简易程序、复杂案件适用普通程序。参见左卫民、靳栋:《民事简易程序改革实证研究》,载《中国法律评论》2022年第2期。

〔2〕 该制度在2011年由最高人民法院推行试点,于2012年修正《民事诉讼法》时写入;在2020年最高人民法院开展民事诉讼程序繁简分流改革试点时作为重点内容,于2021年年底得到进一步修正完善。小额诉讼的法理基础是:第一,“接近司法”“接近正义”,将小额零星的民事案件从复杂的程序中分流出来,以简化的程序迅速解决,当事人可以更好地“接近正义”,同时也体现了司法积极回应社会需求。第二,费用相当性原理,程序设置应当与个案情况达到合适比例,标的额小的案件不可浪费过多司法资源,可通过限制甚至取消上诉满足程序简速化要求。

〔3〕 所谓“小额”,是指标的额为各省、自治区、直辖市上年度就业人员年平均工资50%以下,参见《民事诉讼法》第165条;所谓“金钱给付”则与具体的案由或当事人诉求有关,参见最高人民法院《关于适用〈中华人民共和国民事诉讼法〉的解释》(以下简称《民诉法解释》)第274条。

〔4〕 《民事诉讼法》及其司法解释中关于简易程序或小额诉讼的正、反面适用要件的规定(《民事诉讼法》第166条;《民诉法解释》第256条、第257条),实质上都是在界定“简单案件”或提供了识别判断的标准。

关风险和救济路径，打消其选择顾虑；另一方面要把引导和释明工作嵌入法院诉讼服务流程中，形成机制性的必经环节，充分提示和展示小额诉讼程序，同时预先准备格式性的适用协议书，当事人一经签字即可生效。

第二，尽可能引导适合的案件适用申请支付令、申请实现担保物权、申请司法确认调解协议等非讼程序。这类案件当事人对司法机关的主要诉求不是定分止争，而是诉诸司法评判的强制执行力。这类案件的鲜明特点在于“争议不大”，即债务人或义务人一方对权利人主张的实体法律关系或实体权利义务并无异议。没有争议就没有诉讼，故这类案件在性质上属于非讼程序。非讼程序是一种更直接、简捷的权利实现方式，其“一审终审”的特点无疑是契合一次性解决纠纷理念的。但不得不承认，现实中非讼程序内含一定矛盾性：当事人之间无争议的，往往并不太愿意进入司法程序；义务人对实体问题完全不持异议的，往往是愿意履行相关义务责任的；这些情况下一般没有必要专门针对义务履行启动一个司法程序，进而再启动强制执行程序。因此，现实中争议不大但又亟待司法评判或司法强制的情况并非普遍，但也仍是存在的。[1] 法院应当注重以下几个方面的工作：一是要在立案环节注意识别和引导。在普通案件的立案、来访、问询等诉讼服务中，立案法官要整体把握案件情况，尽可能把适合的案件引导转入合适的非讼程序。[2] 二是注重抑制债务人滥用异议权。非讼程序失效后可以直接转入诉讼程序，经实体审理认定债务人异议主张确实不成立的，对于恶意提出异议的债务人，可以视情形进行一定惩戒，同时法院在推动社会诚信体系建设中，可把这类滥用权利损耗司法资源的行为记录纳入诚信档案，增加其恶意异议的成本。三是注重通过电子化、信息化便利当事人运用非讼程序。要把非讼程序的宣传引导、申请受理、审核查证、材料补充、财产保全、诉调对接等工作，尽可能集成到线上、优化各环节衔接机制，不断提高在线服务精准化、智能化水平。

第三，注意防止不当简化背离一次性解决纠纷目的。简单案件适用简易程序，这是公平兼顾效率的具体化，也是“尽可能一次性解决纠纷”的应有之义。但现实中，可

---

〔1〕 以督促程序（支付令）为例，广西各级人民法院 2019 年新收民事案件 38.81 万件，而督促程序仅 1329 件；2020 年新收民事案件 44.11 万件，督促程序 1640 件；2021 年新收民事案件 58.72 万件，督促程序 1021 件。有学者指出，督促程序在我国近乎“休眠”，但理论上民间借贷、金融借款和信用卡纠纷等案件是普遍符合督促程序适用条件的。参见张海燕：《督促程序的休眠与激活》，载《清华法学》2018 年第 4 期。

〔2〕 例如，《民事诉讼法》第 136 条规定：“人民法院对受理的案件，分别情形，予以处理：（一）当事人没有争议，符合督促程序规定条件的，可以转入督促程序……”

能出现虚假诉讼窃用简易程序、复杂案件不当适用简易程序、简易程序不规范适用等问题，结果额外造成程序转换、反复、空转，甚至触发审判监督等更多程序。这不仅削弱了各类简易程序的制度效能，徒增当事人诉累，更背离了“尽可能一次性解决纠纷”的目的。实践中主要存在三类问题：一是简易程序暗含虚假诉讼侵害他人权益的风险。所谓“争议不大”可能是当事人之间的默契表象，特别是非讼程序中“无异议”背后可能存在“恶意串通”。一旦法院审查不细不严，放由当事人利用简易程序进行虚假诉讼，借法院公权力披上“合法外衣”，权益受损的第三人很可能启动撤销之诉、异议之诉或触发审判监督程序，甚至诉诸信访申诉等途径，看似“简案快审”的背后却可能引发一系列后遗问题。二是对简单案件识别不准。把暗含矛盾分歧大、证据争议大、法律关系复杂等情况的案件当作简单案件处理，导致裁判结果息诉效果不好，当事人反而诉诸更多其他程序。三是办理过程尽责不够。简易程序意味着用最少的程序、最短的周期来解决当事人之间的矛盾纠纷，这背后暗含一定公正减损风险，进而影响裁判结果的解纷息诉效果。即使法律关系简单明确，但一味地求快，也可能出现对法定构成要件及对应的基本事实查不清、查不准，对缺席审判适用条件把握不当，对必要共同诉讼当事人未予追加等问题。实际上，无论是简易或小额诉讼程序，还是非讼程序，都是对案涉事实或法律关系一次严肃权威的司法评判，这就要求必须在“简案快审”的目标下审得细致、办得规范，注重举证、询问、听证、调查等环节，尽可能在各类简易程序案件的审理中发挥好“一锤定音”、定分止争的作用。

（二）法律适用复杂案件

这类案件的特点在于，案件基本事实较为清楚，但案情不直接对应法律条文，仅通过对照法律规范的字面表述，难以直接明确得出裁判结论，其中既可能因相关法律概念有多重含义，也可能因相关情形法律未作明确规定等；即使案件事实能够直接对应相关法律条文，但如果所获结论过于异常，明显不符合公序良俗或常识常理，这类案件也需审慎处理。〔1〕 这些案件的常见难点在于，多重法律关系并存、多项诉求叠加、当事人身份重叠、经济诉求或情感诉求与法律诉求混杂、合同自由或公司自治与司法介入界限不

---

〔1〕《民法典》第153条第2款规定了违背公序良俗的民事法律行为无效，此为授权性规定。遇有损害国家利益、社会公益和社会道德秩序的行为，而又缺乏相应的禁止性规定时，法院可以违背公序良俗为由判决该行为无效。这表明国家授权法院对重大道德事务的判断权，体现了国家对社会价值的尊重。此外，法律法规以外的规范性文件以及国家政策也可能包含公序良俗内容。参见谢鸿飞：《合同法学的新发展》，中国社会科学出版社2014年版，第231页；梁慧星：《民法总论》（第5版），法律出版社2017年版，第206页。

易把握等。以一次性解决纠纷为目标，处理法律适用复杂案件需要注意以下问题：

第一，做好庭前工作和释明工作，尽可能使当事人诉得准确。处理复杂案件不要匆忙开庭，避免上了庭才开始看卷听案，这类案件数量相对不多，应当在开庭前认真阅卷、组织证据交换，梳理所涉法律关系、预判争议焦点，做好追加当事人、并案、标记系列案关联案等前期工作；根据各项诉讼请求之间的关联性及牵连程度，以尽可能合并审理为原则，[1]以审慎分案另行受理为例外；[2]在庭审中要通过主动询问、释明以及调查，帮助当事人厘清真实诉求与真实目的，指明其主张的可诉性、诉请的完整性，引导其选择适当的请求权基础。[3]

第二，辨析与梳理所涉法律关系，尽可能审得准确。这类案件可能牵涉众多主体，以公司纠纷为例，除了公司法人本身，还会涉及股东、债权人、实际出资人、实际控制人、董事、高管等，相互之间形成的法律关系性质不同，个案中可能出现重叠、竞合的情况，法官务必区别各个法律关系，明确每种法律关系的主体、适用条件、举证责任等问题。例如，债权人诉公司承担主债务，可能同时诉请签有保证书的股东承担连带保证责任，还同时诉请否定公司独立人格而要求股东承担连带责任，就此会涉及案件合并审理但又责任竞合的问题。总之，只有厘清涉案的各法律关系，准确把握案件核心矛盾，才能明晰审判脉络、实现精审准判，才能尽可能减少当事人诉诸二审程序或申诉程序，才能尽可能地避免发回重审或提级再审等情况。

第三，做服判息诉工作要注意"接地气"。在处理复杂案件的司法实践中，法官往往要探求法条背后的立法目的、规范体系、司法政策，充分运用法律解释技术或类推技术。因此，越是复杂的案件，越可能涉及大量法律理论与专业术语，法官在文书说理、释明、调解、答疑过程中越可能惯性地过度"法言法语"，导致当事人"看不懂、听不懂、想不通"，缺乏司法温度与关切，给当事人留下一种冷漠、傲慢的形象。有时裁判结论在法律上没问题，甚至多级法院结论都一致，但当事人就是难以接受。解决上

---

〔1〕 合并审理的诉主要包含三种情况：一是基于同一事实提起的诉；二是诉讼标的同一或者同类的共同诉讼；三是本诉和反诉。实务中对于诉的合并的牵连性，往往表现为各个诉中当事人的诉求指向同一法律关系或虽然存在多个法律关系，但存在主从关系或基于同一事实产生。《民事诉讼法》第55条、第143条，《民诉法解释》第221条、第328条。

〔2〕 参见段文波：《类型化视角下诉讼请求合并的程序展开》，载《中外法学》2022年第3期。

〔3〕 释明的基本规则是，在释明的事实边界内，法官应进行一切合乎正当目的的释明。释明是基于法律或程序政策的立场进行的，是一视同仁的，无损于法官的中立性。参见严仁群：《释明的理论逻辑》，载《法学研究》2012年第4期。

述问题可从三个方面考虑：一是着重关切当事人真实诉求。从案件中的复杂关系与多年纠葛中“抽丝剥茧”，找到当事人之间的纠纷症结，抓准当事人真正关心的矛盾点来释法说理。[1] 二是深入浅出道明法理。尽可能用平实直白的语言，道明法条背后的目的与原理，阐明法律上利益平衡规则或风险分配规则，释明当事人的利益在法律上的地位及相关考量。三是中立恳切做工作。越是理论性强的复杂案件，办案法官越容易轻视“外行”当事人的非法律意见。但要做好复杂案件的息诉工作，法官往往要在保持中立、保持距离的基础上，更加注重倾听意见、当面交流，尽量诚恳答疑，做实诉讼辅导。[2] 同时，法官应善借多方力量和渠道合力做好当事人工作。

（三）事实认定困难案件

事实认定问题一般不构成复杂案件，法官通过分配举证责任、比较各方证据优势，或依职权进行查证，形成内心确信，在法律意义上还原事实、认定事实。[3] 法官在此更需要的是耐心细致、实事求是的态度，以及兼顾社会情理与生活经验之慈善。事实认定困难既可能出现在法律关系复杂的案件中，也可能出现在法律关系简单的案件中，本文对这类情况专门划类考量。“事实认定困难”，主要指双方当事人在司法诉讼中已穷尽举证材料或途径的情况下，法官仍无法对待证的主要事实直接明了地形成内心确信，由此造成法官在认定事实方面的困难。当然法官可以进一步依职权查证，或者诉诸举证责任败诉风险分配规则，对此法律规定是明确的，但在“尽可能一次性解决纠纷”理念下要注意以下几个方面。

第一，注意对事实认定过程或举证分配问题充分释法说理。承办法官或合议庭对于待证事实，可通过比较哪一方的证据更有优势最终决定如何认定法律意义上的事实，或依据举证责任分配规则认定负有举证义务一方承担败诉风险，这些都是法律规定的处理方法。但现实中当事人往往认为其举证材料已足够充分，法院应当采信其事实主张，或认为对方的举证材料不构成优势证据，对此有针对性地释法说理尤为重要。法官不能一判了之，而要公开心证的依据和理由，充分释明采纳证据和认定事

---

〔1〕 这与“归纳案件争议焦点”不完全一样，探求当事人真实诉求旨在发现案件背后的社会意义上的矛盾纠纷，而归纳争议焦点则主要指案件本身的一种庭审技术或审理环节。参见席建林、张能：《“争点中心型”庭审方式的路径选择与制度建构》，载《中国应用法学》2018年第6期。

〔2〕 参见孙辙、张龑：《司法的实体公正、程序公正及法官的行为公正》，载《法律适用》2022年第3期。

〔3〕 我国普通民事案件实行“高度盖然性”证明标准，根据《民诉法解释》第108条第1款的规定，对负有举证证明责任的当事人提供的证据，人民法院经审查并结合相关事实，确信待证事实的存在具有高度可能性的，应当认定该事实存在。

实的理由;[1]要在裁判文书说理时,注意将条文规定的法律性不断“稀释”,与举证情况、法律释义等方面有效关联,使当事人根据一般常识便可理解;[2]还要注意跳出个案本身,在说理中注重开导善劝,从一般意义上的证据意识、交易风险、社会治理等角度,阐明举证规则的原理和法院中立地位的社会意义。

第二,尽可能在本环节完成调查取证工作。虽然法院主动调查取证收集证据是一种辅助机制,不能代替当事人“谁主张,谁举证”原则,但法官是否启用该职权属于主动的程序法上的司法裁量权,要在辩论主义与职权主义之间做好平衡与兼顾。对于依职权查证的情形,要注重发挥法官在调查取证和事实认定方面的主动作用,尽可能发现客观真实,尽可能实现实体公正;[3]对于依申请查证的情形,调查取证的关键在于当事人是否已尽力举证并说明合理可行的查证路径,使得法官有理由相信若调查收集相关证据,这将对其内心确信产生实质性影响。一旦法官认为有依职权或依申请查证的必要性,就应当尽可能在本诉讼环节中完成,特别是在二审或再审中应尽可能依法在本环节查清事实,以避免发回原审法院重审,或在“申”字号案件中可以查清事实的就没有必要进入再审程序,总之要尽可能避免程序多转、倒转或空转。

第三,尽可能透过个案化解背后的矛盾纠纷。在这类案件的审理中,法律真相可能会代替现实真相,举证责任风险实质上反映了社会风险,举证不能的一方当事人可能无法通过诉讼维护自身利益,质言之,个案诉讼本身可能难以直接解决双方矛盾。毕竟当事人双方都是真实情况的亲历者,双方具有相互谅解、协商让步的心理基础,法官在办案过程中要加强释法善劝,在说理中提出有益建议,尽可能引导当事人跳出个案诉讼,共同致力于实质化解案件背后的矛盾纠纷。

(四)适合调解案件

有的案件在法律适用和事实认定方面有一些特质,使得法官比较适合运用调解方式处理案件。这些利于调解工作的特质包括:当事人之间的对抗决心和分歧程度不是很大;当事人之间具有亲属、婚姻、合伙等亲近关系;当事人纠纷主要为赔偿补偿的数额之争;诉讼标的额较小;所适用法律的裁量空间较大,法官可以根据个案情况酌定下判;双方对主要事实均提出较强证据,或均无法提出足够证明力的证据,导致

---

〔1〕 参见严仁群:《释明的理论逻辑》,载《法学研究》2012 年第 4 期。

〔2〕 参见谭中平:《民事判决事实认定说理的结构性改革——基于事实认定与法律适用关联性说理的视角》,载《人民司法》2019 年第 4 期。

〔3〕 参见李浩:《回归民事诉讼法——法院依职权调查取证的再改革》,载《法学家》2011 年第 3 期。

认定事实存在困难,现实真相在诉讼中较为模糊,等等。还有一些情况是司法政策要求法院重点调解的案件,如涉及群体利益的、当事人众多的、社会关注程度大的案件。[1] 适用调解的案件在程序和实体上与审判模式有所不同,[2] 故本文把具有这些特质的案件称为"适合调解案件"。调解结案本身就是一种更利于在解"法结"的同时解"心结"的案件审理方式,相较于判决结案,双方当事人对于审理结果的认可度、信服度可能更高,更倾向于服判息诉,这与"尽可能一次性解决纠纷"理念高度契合。具体要注重以下几个方面要求。

第一,尽可能"一揽子"解决案件相关联的问题。当事人之间的矛盾纠纷可能不是全貌性地进入司法程序,法院可以通过司法案件探寻矛盾源头,把相关联的问题一并调解化解,使案件背后的矛盾纠纷得到完整解决,真正实现"案结事了"。

第二,调解工作要注重党委领导、府院联动以及法检协作,注重借助多元化纠纷解决机制。[3] 法院调解本质上是一种通过居中引导促成当事人自治解纷的机制,而当事人自身的社会构成是多元的,影响其决策的社会因素也是多样的,故法院调解注重加强党委协调领导、争取政府支持协助,注重前端调解和多元调解,联动行业、社团、社区等各方组织向诉源共同发力,这实质上是扩展当事人处分权益、达成共识的决策空间,进而增加的是双方之间的谈判空间或让步空间,最终将有利于促成调解息诉。

第三,要回归纠纷实质性化解、一次性化解的初衷。适合调解案件只是本身具有一些可能利于调解成功的因素,现实案件中还可能存在一些不利于调解或导致没必要调解的因素,例如,某些诉请源于当事人自身内部严格的管理机制,其退让步的可能性极小;或当事人调解拖延意图明显;或诉前已由当地多方充分做工作,各方对法院的共同期待就是尽快下判"一锤定音",等等。因此,处理适合调解案件虽然要比其

---

〔1〕 例如,最高人民法院 2007 年发布的《关于进一步发挥诉讼调解在构建社会主义和谐社会中积极作用的若干意见》第 5 条规定:"人民法院对适合调解结案的民事案件,应当调解,并重点做好以下案件的调解工作:涉及群体利益,需要政府和相关部门配合的案件;人数众多的共同诉讼、集团诉讼案件;案情复杂,当事人之间情绪严重对立,且双方都难以形成证据优势的案件;相关法律法规没有规定或者规定不明确,在适用法律方面有一定困难的案件;敏感性强、社会关注程度大的案件;申诉复查案件和再审案件。"

〔2〕 参见韩波:《民事诉讼模式论:争鸣与选择》,载《当代法学》2009 年第 5 期。

〔3〕 多元化纠纷解决机制是指一个社会中各种纠纷解决方式、程序或制度(包括诉讼与非诉讼两大类)以其特定的功能和特点,共同存在、相互协调所构成的一种互补的、满足社会主体的多样需求的纠纷解决系统。

他案件更注重调解工作或诉调对接工作，但调撤率、转调率等指标本身不是目标任务，不能简单仅以这些数据为考核指标。[1] 要回归实质性、一次性解纷的初衷，审慎处理调解优先与自愿原则、权利保护、确立导向、事实查明等方面的关系，尊重司法规律，实事求是做工作，在法律框架内妥当权衡各方利益及社会利益，更加注重调解结案的矛盾化解实效。

四、"尽可能一次性解决纠纷"实践中的核心参考指标

近两年来，广西各级人民法院开展的"尽可能一次性解决纠纷"实践活动取得较好效果，一审服判息诉率等反映审判质效的核心指标不断提升；反过来，这些指标也可以作为勾勒司法情况、评价司法工作、引导司法实践的主要参考依据，作为实践该理念、具体化该理念的重要抓手。

（一）一审服判息诉率

一审服判息诉率是指二审案件数与一审案件数之间的比例关系，是反映一审质效的重要指标，也是司法能力和群众工作能力的重要体现。一个地区内有多少社会矛盾纠纷进入了司法程序？进入司法程序的矛盾纠纷是否大幅增长？要回答这些问题，仅看当地法院受理案件数并不准确，因为一起纠纷可能引发多个司法案件，但如果看一审案件数则较为准确。因此，一审服判息诉率越高，意味着进入司法程序的案件越大可能得到了一次性解决；该比例越低，则反映了纠纷引发多个司法程序的现象越多，越偏离"尽可能一次性解决纠纷"的理念。

（二）申请再审率、裁定再审率

申请再审率是指申请再审案件与一审、二审已结案件的比例关系；裁定再审率是指申请再审案件中决定提审或指令再审的占比。这些指标实质上是一审服判息诉率的补充指标。目前我国二审终审制之下仍存在审判监督程序，当事人可以向原审法院或上级法院申请再审，这可能在二审的基础上再产生"申"字号案件和"再"字号案件。上述指标数据越低，说明越多矛盾纠纷能够在二审终审体系内得到化解，这也在一定程度上反映了二审服判息诉的情况；反之该指标数据越高，则说明审判监督程序启动频率越高，表明该地区的法院二审案件息诉效果较差，未践行好"尽可能一次性解决纠纷"的理念。

---

〔1〕 参见李浩：《理性地对待调解优先——以法院调解为对象的分析》，载《国家检察官学院学报》2012 年第 1 期；张嘉军：《民事诉讼调解结案率实证研究》，载《法学研究》2012 年第 1 期。

（三）二审发回重审率、再审发回重审率

在二审案件和再审案件中，基于严重违反法定程序、认定基本事实不清等理由，可以发回原审法院重审。[1] 这类情形属于典型的程序倒转，其占比越高，意味着一起纠纷不仅引发多个司法程序，而且还反复经历相同的司法程序，特别是已历经多个程序到了再审审理阶段的案件又发回重审，这将对司法权威性和公信力产生严重负面影响。除了出现新证据或新情况等客观原因，大部分发回重审的案件是原审法院自身工作瑕疵造成的；此外，二审或再审法院在能够查清事实的情况下仍推脱式地发回重审，也增加了这类程序倒转的占比。因此，这两项指标属于践行“尽可能一次性解决纠纷”理念的重要负面指标，要尽可能降低这两项指标数值，特别是对再审发回率的要求应更加严格。[2] 所谓尽可能把每一司法环节做到最好，最基本的要求就是尽可能少出现程序倒转。

（四）二审驳回起诉率、再审驳回起诉率

二审驳回起诉率、再审驳回起诉率是指二审或再审程序中裁定“驳回起诉”的案件占二审或再审案件总数的比例。这两个指标说明有多少案件是在根本不符合起诉条件的情况下，仍进入了多个或多级司法程序，使得本应该在立案或一审环节就解决的问题却耗费了其他司法程序，其针对性地反映了立案或一审程序的工作质量。这两个指标数值虽然在现实中不会很高，但属于严重影响办案质效的负面指标，其数值在该地区越高或高于其他地区平均值，就越说明法院在审查起诉条件方面存在一定问题，需要进一步加强对起诉条件的核查以及相关立案政策的把握。

（五）调解撤诉率

调解撤诉率是指调解或撤诉结案的数量与案件总数的比例。该结案方式本身就依赖于当事人的主观认可，这有利于实质性、“一揽子”化解当事人之间的矛盾纠纷，也有利于用最少的司法程序解决纠纷，这是践行“尽可能一次性解决纠纷”理念的重要正面指标。但对这一指标并非一味求涨，而要辩证看待，审慎作为考评指标。目前诉源治理机制逐步健全完善，[3] 很多案件在正式进入司法程序之前，都做了充分工作，反而这些案件的调撤可能性不大。做调撤工作不能勉强，要以尽可能实质性化解纠

[1] 《民事诉讼法》第177条第1款第3项和第4项。

[2] 参见李潇潇：《民事再审发回重审的独立特质及双重限制模式构建》，载《法学家》2016年第3期。

[3] 例如，柳州市采取“321”矛盾纠纷分级化解机制，即在纠纷进入法院诉讼前，由村（社区）至少组织化解3次，乡镇（街道）至少组织化解2次，县（区）至少组织化解1次，最大限度化解矛盾纠纷。参见《广西柳州市深化诉源治理推动平安建设》，载《民主与法制时报》2022年5月25日，第4版。

纷为导向,否则当事人心结事结还没完全解开,调撤回去后可能又来启动新的司法程序。[1] 调撤案件不必然是最优方式,有时及时下判“一锤定音”,反而更有利于一次性解决纠纷。

(六)小额诉讼适用率、非讼程序适用数量

前者是指适用小额诉讼案件占一审案件的比例;后者是指适用申请支付令、申请实现担保物权、申请司法确认调解协议等非讼程序的案件数量。在简单案件中适用这两类“一审终审”程序,实际上是在机制上直接实现了一次性解决纠纷,即一个社会纠纷对应一个司法裁判程序,这两个指标属于具有积极意义的正面指标,指标数值越高越好。但与做调解撤诉工作的要求一样,法院要认真审查个案情况,只有真正符合这两类程序要件的案件得到了适用才是准确有效地适用,否则结案后还可能冒起撤销之诉、异议之诉或审监程序等一系列后续案件。

五、结语

“尽可能一次性解决纠纷”作为一种宏观意义上的司法理念,其本质上是趋于消亡的,因为当司法工作不断进步,如果每一个司法环节、步骤、领域都能依法依规做到最好,自然就能使案件纠纷尽可能实现一次性、实质性解决。而当前强调这一理念,就是一种反思性的治理导向,警醒和启发我们关注、研究和改进每个司法环节,这将广泛涉及立案、审判、执行、监管、法院建设等各个法院工作领域,本文重点关注的是裁判理念与审理方法,也是最核心最主要的实践环节,以期能够为法官们启发更多的实践方法、激发更大的为民情怀与更强的司法公正高效责任感。

---

〔1〕 若主观上过于追求调解率,反而会异化调解制度。参见赵钢:《法院调解结案率须当慎定》,载《法学》2008 年第 3 期。

论“穿透式审判”的基本内涵与实践方法

黄海龙　潘玮璘*

摘要:“穿透式审判”是把哲学上“透过现象看本质”的思维方式运用到司法办案当中,体现能动司法,具有破除“机械司法”、实质化解纠纷、避免“程序空转”的司法功效。穿透式审判与机械司法相对立,一些案件中若法官仅限于理解条文表面含义、机械适用法条,则可能使裁判结论与实质公正、朴素正义观出现明显偏差,给当事人或社会公众留下“机械司法”“就案办案”“简单办案”的不良印象,导致减损司法公信力;此时应当运用“穿透式”思维,穿透条文字义、穿透表面合意、穿透表面证据或穿透诉讼请求,准确把握当事人的真实意思,准确认定真实法律关系,根据公平正义法治原则,作出体现实质公正的裁判结论,实现办案法律效果、政治效果、社会效果有机统一。穿透式审判是一种例外的、个案的矫正方法,应以“实质公平正义”法治精神为边界,若过度适用可能导致自由裁量权滥用。本文着重讨论“穿透式审判”的适用范围、基本内涵和实践方法。

一、“穿透式审判”的提出及其适用范围

我国司法实务中提出“穿透式审判”,缘起于金融行政监管中的“穿透式监管”,首先运用于金融审判实务当中,最高人民法院在2019年全国法院民商事审判工作会议上明确提出运用“穿透式审判”的要求。近

---

* 黄海龙,二级大法官,广西壮族自治区高级人民法院党组书记、院长,法学博士;潘玮璘,四级高级法官,广西壮族自治区高级人民法院审管办主任,法学博士。

年来，我国金融市场特别是资产管理市场发展迅猛，对实体经济、科技进步、产业升级和参与国际竞争起到有力支撑作用。但是，随着金融资本一定程度出现无序扩张、野蛮生长现象，资产管理市场也表现出通道业务盛行、产品层层嵌套、交易结构异常复杂、底层风险难以有效披露等乱象，资金池、期限错配和刚性兑付等违规行为也屡见不鲜，严重影响经济秩序和金融稳定，甚至有引发或传递系统性风险的可能。2018 年中国人民银行、中国银保监会等部门联合印发《关于规范金融机构资产管理业务的指导意见》，明确提出施行"穿透式监管"〔1〕。2019 年最高人民法院发布《全国法院民商事审判工作会议纪要》（以下简称《九民纪要》），要求各级法院"注意处理好民商事审判与行政监管的关系，通过穿透式审判思维，查明当事人的真实意思，探求真实法律关系"〔2〕。"穿透式审判"可以视为金融领域的穿透式监管在司法实务中的延伸和扩展，即对交易主体、资金来源和投向等方面进行穿透审查。金融领域的"穿透式审判"具有鲜明的时代特征，是金融监管与金融司法形成协同治理格局的集中体现。〔3〕

但"穿透式审判"本身仍有诸多疑惑和问题。首先，既然最高人民法院是在金融审判中正式提出该概念，那么其是否专属于金融审判领域？是否具有破除"机械司法"的普遍性，即是否可适用于其他纠纷案件？其次，"穿透式审判"自身的概念和方法是模糊的。目前仅提出了一些金融审判中的宏观要求，至于其基本内涵、穿透对象、穿透标准、穿透方法等问题并不明确，法官在个案中如何判断是否要穿透、如何开展穿透式审判、如何实现"穿透式审判"的"三个效果"有机统一等问题仍有待明确。此外，如何理解"穿透式审判"的内在原理和正当性基础？这也是把准价值导向以及"穿透"尺度限度的关键。笔者认为，"穿透式审判"不仅可以运用于金融审判实务，而且具有普遍适用性。

---

〔1〕 所谓"穿透式监管"，即按照"实质重于形式"的原则，透过金融产品的表面形态看清业务实质，打破"身份"标签，从业务本质入手，将资金来源、中间环节与最终投向连接起来，从而根据业务功能和法律属性明确监管规则。张桦：《"穿透式审判思维"的功能与边界刍议》，载《人民法院报》2021 年 3 月 18 日，第 8 版。

〔2〕 时任最高人民法院院长周强在 2019 年全国法院民商事审判工作会议上指出：对金融创新业务，要按照"穿透监管"要求，正确认定多层嵌套交易合同下的真实交易关系，打破刚性兑付。要按照功能监管要求，对以金融创新为名掩盖金融风险、规避金融监管、进行制度套利的金融违规行为，以其实际构成的法律关系认定合同效力和权利义务，防止金融风险在不同金融行业和金融机构之间快速传播。

〔3〕 参见周荃：《金融领域中监管与司法的博弈与融合》，载《法律适用》2020 年第 8 期。

第一,"穿透式审判"与能动司法高度契合,是克服"机械司法"的实践需要。司法实践中存在的"机械司法""就案办案""简单办案"情况,实质上是在有法律依据、有证据支撑的案件中,案件结论与现实中的朴素公正、天理人情、政策要求等出现明显偏差,这些看似符合法条的判决实则没有全面深入理解相关法规范、法原则以及法精神。解决好这一问题事关案件服判息诉和实质解纷效果,事关在每一个司法案件中体现实质正义,事关司法案件法律效果与政治效果、社会效果相统一。导致这一问题的根源是:随着法院案件急剧增多,司法效率的要求越来越高,繁简分流司法改革不断推进,实践中大部分民商事案件被划为"简案","简案简办、快办"作为基本要求,具体体现在办理程序、庭审规程和文书说理等各个方面。在这个大背景下,部分法官办案理念和能力未能适应新形势新要求,公正与效率顾此失彼,判"快案"比"做工作"划算,"简"与"快"副作用显现,简而不准、繁案简办、"教条主义"、脱离群众等问题成为"机械司法"的具体表现。因此,司法实务上亟须能够克服上述副作用的新理念新方法,而"穿透式审判"以查明当事人的真实意思、探求真实法律关系为要旨,不拘泥于意思自治与合同相对性原则,是实现个案公正与实质解纷的有效方法,正好高度契合当下最高人民法院关于能动司法的要求,契合克服"机械司法"、实现公正与效率相统一的要求。

第二,规范"穿透式审判"实质上就是规范司法自由裁量权。目前基于较完备的诉讼程序与法官的谨慎查证,大量涉案事实确实能够被呈现在法庭之上,但最终如何判断该案是否应"穿透"、如何定性当事人行为、如何确定当事人真实意图和实质法律关系等关键问题,法官在个案中仍具有较大自由裁量空间。多数法官在处理复杂案件时,本身就自觉或不自觉地体现出"穿透式"的审理思路,这也是"穿透式审判"可一般性适用于各类案件的事实基础。但即使在比较成熟的、首先提出"穿透式审判"的金融审判领域,如何规范统一"穿透式审判"背后的自由裁量权仍是一大难题。质言之,如果不能在理念、原理、方法上针对"穿透式审判"予以明确规范,即使法官积极运用"穿透式审判"的方法,那么个案中自由裁量权一旦失控,同样会严重减损服判效果以及司法公信力。如果能在各类复杂案件中规范且适切地运用"穿透式审判",实际上就是在规范法官个案中的自由裁量权,进而促进同类案件裁判尺度统一。

第三,金融审判中提出的"穿透式审判"本身就具有普适性。无论运用何种审判思维或审判方法,都应遵循基本的司法规律和工作原则,如定性案件、确定法律关系、认定基本事实、司法“三段论”[1]等。即使在金融审判中“穿透式”查证或定性,也要保证每个案件都遵循法院办案的基本程式,这意味着“穿透式审判”具有普遍运用于一般案件的可行性。一是对形式主义“穿透”实质上是在复杂案件中准确定性的有效方法。在金融纠纷中,突破当事人意思自治以及合同相对性,将多方主体、多层协议、多重关系整合考量,最终确定实质内容与真实关系,这种聚焦真实法律关系的方法,也能够在其他复杂案件中准确定性并明确审理焦点。二是对事实“穿透”实质上是对案件相关事实全面核查。在资产管理纠纷案件中,所谓“穿透”查明事实,就是突破单一层级或关系,具体查明多层结构中各个环节情况,特别是违反监管要求的情况、相关利益主体受损及诉求情况、个案危害与破坏金融秩序的关联性等主要事实,这种注重案件全局全貌的方法,也适合于其他复杂案件的事实查明。三是在法律适用时运用“穿透”实质上是灵活解释特定法律规则原则。在金融审判中,能够体现“穿透”效果的法律依据主要有三种,即通谋虚伪表示、违反强制性规定、违背公序良俗。它们可以有效针对并规制资产管理交易中存在的名不副实、违反监管和损害金融稳定等问题。[2] 这意味着《民法典》第 146 条及第 153 条关于虚伪表示、违反强制性规定、违背公序良俗的规定,不仅可在金融审判中实现“穿透”,其实也可作为“穿透式审判”的一般性法律依据。

二、“穿透式审判”的基本内涵

(一)“穿透式审判”的概念范畴

“穿透式审判”是指法官在办案时若机械适用法条或合同等文本字义、直接采信书证的表述内容,或严格限于当事人诉请表述内容,则可能使裁判结论与实质公正、朴素正义观或公序良俗等出现明显偏差,导致表面虽然看似遵循意思自治、有约必守、合同相对性、外观主义、不告不理等法律原则规则,但实质上破坏了这些规则内在应有的价值和秩序。这给当事人或社会公众留下“机械司法”“就案办案”“简单办案”的不良印象,严重减损法治基础和司法公信力。此时应当“穿透”表面合意、“穿透”表面证据、“穿透”合法外衣或“穿透”诉讼请求,通过查明当事人真实意愿、真实目的、真实交易、真实利益等,整体评判案件全貌,准确认定实质法律关系,妥善调整

〔1〕 司法“三段论”本质上就是遵循“以事实为根据,以法律为准绳”原则的基本方法。梁慧星:《裁判的方法》(第 4 版),法律出版社 2021 年版,第 37 页。

〔2〕 参见陈广辉:《资管纠纷“穿透式审判”的适用路径与方法》,载《中国法律评论》2022 年第 6 期。

裁判说理和结论，最终恢复或矫正上述原则背后应有的实质公正和秩序价值，同时尽可能"一揽子"解决相关联的纠纷问题，实现办案法律效果、政治效果、社会效果相统一。

理解该概念范畴要注意辨析三个问题：第一，所谓"穿透式审判"并非一种笼统的理念倡导。司法实务中一直强调关于克服"机械司法""程序空转"以及追求实质正义的理念要求，但该宏观要求并不完全等同于"穿透式审判"方法，后者是前者的重要实现方法之一，具有明确的适用对象、依据、范围和方法，是将理念要求落实到办案中的具体方法。第二，穿透式审判是全流程思维。其范畴包含目的解释、体系解释或扩张解释、缩限解释等法律解释方法，这些方法属于"穿透式审判"中的其中一个环节，确保在实现"穿透"效果的同时也有充分法律依据。第三，"穿透式审判"主要体现为两类形态：一类是已在实务中成熟并成文化的穿透规则，体现在法律或司法解释的规定中；另一类是在成文规定之外的可普遍适用但需个案判断的穿透方法。本文既注意梳理前者的体系地位，又注重系统归纳后者的正当性与规范化、机制化等问题。

（二）"穿透式审判"的正当性基础

"穿透式审判"确实具有现实需求和实践基础，但其是否具备充分的正当性？是否内含应当追求的法治价值？这涉及该机制的内在理论基础。

第一，在个案中矫正秩序价值与实质公正。党的十八大以来，中国特色社会主义法治体系特别是司法体制已建成且趋于成熟完善，司法公正能够较好兼顾司法效率，形式正义基本上与实质正义相统一，外观规则原则上与内在秩序相一致，人民法院即使严格遵循意思自治、有约必守、合同相对性、外观主义、不告不理等相关规则，严格依照法律条文和诉讼程序办案，那么绝大多数情况下其裁判结论也是符合立法目的与实质公正的。"穿透式审判"是一种例外的、个案的矫正方法。最高人民法院明确指出在金融审判领域要"注意处理好民商事审判与行政监管的关系"，只有当违反监管要求而破坏金融安全、市场秩序或国家宏观政策时，穿透式审判才具有正当性及适用空间。而在一般民商事案件领域，有的领域也涉及国家监管，如借贷利率、主体资质、外贸交易、地产交易等方面管制，或集资、贷款、传销管制等可能涉及刑事或行政责任的情形，这些监管背后的秩序价值和政策要求就是"穿透式审判"的介入依据。有的领域虽不直接涉及国家监管，但所涉法律法规背后的立法目的、法理基础、社会观感以及常情常理，本身也形成了一种公序良俗或秩序价值，当直接适用某一法条字面含义或看似依照法律但实则破坏这些秩序和价值的时候，当形式正义与外观规则所要维护的预期性和正当性目的无法实现的时候，则要通过重新探求当事人真实意愿和真实目的，发现真实的公平、实现实质的正义、恢复应有的秩序。因此，"穿透式审判”本质上并不会破坏意思自治、有约必守、合同相对性、外观主义、不告不理等原则及其价值基础，反而是破除“机械司法”进而积极矫正这些原则背后的秩序价值和实质公正的体现。

第二，实现法律效果与政治效果、社会效果相统一。破除“机械司法”的最大目的就是实现“三个效果”有机统一，评判实质公正的最重要标准就是达成“三个效果”有机统一。法律效果是社会效果、政治效果的基础，社会效果、政治效果是法律效果的目标。司法工作的正当性在形式层面来自法律效果，在实质层面来自政治效果、社会效果。法律效果和政治效果、社会效果统一于追求实质正义的司法实践。[1] 运用“穿透式审判方法”的根本目的，就是在司法裁量空间内发现真实的公平、追求实质的正义，就是凭借个案裁量权取得最好的政治效果和社会效果，这是“穿透式审判”的重要价值追求，也是其具有正当性的重要理由。在个案中判断是否“穿透”以及裁量“穿透”程度、“穿透”范围等问题时，应当以能否实现最佳政治效果和社会效果为衡量标准。司法裁量本质上不是法官主观的自由决定，而是个案中蕴含的客观存在的实质正义所决定的，[2]“穿透式审判”就是发现并把握最佳裁量决定的重要方法。

第三，以每一个案件都能感受到公平正义为目标的司法为民理念。新时代 10 年来，我国社会主义法治建设取得历史性成就、发生历史性变革。其中，最重要的标志性成果就是形成了习近平法治思想，这是我国所有司法审判理念的根本遵循。习近平总书记多次强调“努力让人民群众在每一个司法案件中感受到公平正义”，并要求“所有司法机关都要紧紧围绕这个目标来改进工作”。随着我国法治体系和司法体制不断成熟完善，绝大多数司法案件都能实现实质正义，只有少数情况下形式正义与外观规则才可能与实质正义产生偏差。理论上现代市场经济的法律体系建立在意思自治和外观主义之上，其实质是尊崇人的理性自治、保护“动”的交易安全与交易秩序，能够最大限度地降低交易成本并提升交易效率，以此配置市场资源可获得最优效率。这些以效率为先的法律理念可能产生个案正义偏离的副作用，但这些小概率事件在传统法理上是可忍受可忽略的。每一个司法案件的办理，都承载着人民群众对公平正义的期待，诠释着人民法院对公平正义的守护，我们的法治理念提出了更高要求更高目标，即让人民群众在每一个司法案件中感受到公平正义。这意味着人民法院应当在每一个司法案件中处理好程序与实体、效率与公正的关系，让人民群众对每个案

---

〔1〕 参见李占国：《当前司法实践中影响公平正义实现的若干问题》，载《中国应用法学》2022 年第 5 期。

〔2〕 参见［德］卡尔·恩吉施：《法律思维导论》（修订版），郑永流译，法律出版社 2014 年版，第 141 页。

件中的公平正义可感可触。要实现这一目标，“穿透式审判”应运而生，这并非针对小概率事件的补救措施，而是一种新的裁判方法论，并以更高水平、更高要求的司法为民理念体现其正当性。

（三）“穿透”的主要对象

应当把“穿透”的主要对象具体到司法审判过程中，审慎把握“穿透”的作用范围。本文认为“穿透”的主要对象有以下四类。

第一，“穿透”表面合意与合同相对性。根据意思自治与合同相对性原则，当事人之间一旦形成有效合意，则产生法律约束力，即有约必守，但合同效力仅限于当事人之间，不得约束合同外第三人。在一般案件审理过程中，合意往往以书面合同或表意行为等客观表象体现其内容，其效力也主要以合同文字记载为准，合同名称、条款以及当事人签章等都可以直接成为裁判的依据。但在“穿透式审判”中，为了确定真实的基础法律关系和法律事实，就要突破原告诉请的特定合同而查明其他关联合同，或突破单一合同相对性而整合多个关系，或突破合同字面意思而整体确定真实的法效意思。[1] 例如，当事人签订买卖合同时附有终止条款或赎回条款的，则要“穿透”查明双方是否同时存在借贷合同，并将该买卖合同“穿透”认定为担保效力；[2] 又如，虽然订立了借贷合同，但经查明案涉资金短时间内又流回出借人处，据此可能“穿透”认定不成立借贷关系。此外，还包括“穿透”认定“明股实债”“明债实股”；“穿透”查明实际用款人、实际施工人、实际控制人等相关权利义务的情形。总之，当事人呈现给法官的表面合意（合同）及其相对性范围都可以成为被“穿透”的主要对象。

第二，“穿透”证据表象。特定法律事实可引发特定法律效力，只要当事人举证证实存在特定法律事实，法院在一般情况下可依法认定特定法律效力。但在“穿透式审判”中，法院会“穿透”查明案件事实全貌，避免机械适用证据规则，不限于原告举证所主张的表象，经结合其他相关证据后，确认案涉真实关系或实际情况，最终法院认定的法律效力可能与当事人举证主张不一致。典型例子是借名登记、一房多卖、让与担保等涉及登记效力的问题。一般而言，当事人提供权属登记证明，往往意味着已实际享有该权利。例如，在一些案件中获得登记的一方可能是后来买受人或后来抵押权人，而未获登记的在先买受人可能已交房款并实际入住，对于前者而言法院可以认

〔1〕 法效意思是指意思表示人欲使其表示内容引起法律上效力的内在意思要素。参见董安生：《民事法律行为——合同、遗嘱和婚姻行为的一般规律》，中国人民大学出版社 1994 年版，第 227、231 页。

〔2〕 参见最高人民法院《关于审理民间借贷案件适用法律若干问题的规定》第 23 条。

定其不善意或存在恶意,[1]进而“穿透”否定登记行为所证明的权属状态。又如,即使当事人能够提供权属登记的证明,但如果经查明是其债务人为担保债务而向其过户登记的,则法院可对此认定为让与担保,进而“穿透”否定其主张所有权的证据。[2]

第三,“穿透”合法外衣。虽然当事人外在的法律行为以及向法院提供的证据材料都能体现合法性,但法院通过审查当事人真实意图和实际行为后,如果认为合法行为属于当事人通谋假意,则可以“穿透”否定当事人所主张的合法外衣。典型例子是当事人虚假诉讼或虚假申请等情形,例如,当事人之间假立借贷合同或买卖合同,意图假借诉讼、调解书、司法确认、仲裁等程序实现合法化“背书”,或进而向法院申请执行,这实际上都是为该虚假合同的债务人转移财产,或为套路贷、赌债等违法行为作合法化掩盖;又如,股东假借申请清算或破产的方式终结公司法人人格,实际上是掩盖其非法抽资、非法转移财产或其他侵害公司利益的行为,将侵害公司债权人的非法状态予以合法化。此外,真实的合同关系也可能成为合法“外衣”。例如,非法集资或非法传销行为背后可能存在大量借贷协议或买卖合同;又如,多方当事人订立一系列连环买卖合同,可能属于具有融资性质的循环贸易,存在违法高利、骗取贷款、票据承兑、职务侵占或失职等违法犯罪行为,法院就此可以“穿透”认定融资属性并依法判定相关责任。

第四,“穿透”诉讼请求。法律规则具有逻辑体系性,相关权利或法律效果可能具有必然联系,例如,有损害必有赔偿、有支付必有对价、有解除必有清算返还等,若当事人诉请在法律上不完整或不准确,则应坚持尽可能一次性、实质性化解纠纷理念,根据实体权利义务关系,避免机械适用“不告不理”“法官中立”等原则,法院可“穿透”当事人的字面诉请予以释明说理或径直裁判。“穿透”诉讼请求主要有三类:一是诉讼请求在法律上当然地包含未主张的权利时,法院可主动向当事人释明可增加或变更诉讼请求。典型例子如《九民纪要》第36条的规定,当事人诉请双务合同有效无效问题时,要注意相关联的“继续履行”或“返还财产”等诉求,尽可能确保审理和判决的完整性。二是即使当事人诉请不准确或主张法律依据不准确,但如果其诉讼目的与裁判结论相一致,法院也可以“穿透”当事人的主张并予以纠正和下判。例如,当事人起诉公司大股东滥用股东地位失职经营造成公司损失,其实大股东在此情形下并非滥用股东权利,而是实际作为高管人员因违反勤勉义务而承担责任,但由于

---

〔1〕 例如,从未实际看房且与出卖人快速完成订约并登记的后来买受人或后来抵押权人。

〔2〕 参见最高人民法院《关于适用〈中华人民共和国民法典〉有关担保制度的解释》第68条。

诉请目标是要求损害赔偿,故法院可以直接纠正当事人主张依据并依法认定赔偿责任。三是当事人诉请的法律行为是无效的,但案件事实却符合另一种有效行为的要件,则法院可以"穿透"无效行为而依据有效行为予以释明并裁判。典型例子是《九民纪要》第54条提及的"无效法律行为的转换"原理,即在否定其独立担保效力的同时,应当将其认定为从属性担保。

三、运用"穿透式审判"的基本方法

运用"穿透式审判"的方法主要围绕两个问题展开:一是如何判断是否针对手头的案件采取"穿透式审判",即"穿透式审判"的适用标准;二是如何在目前的司法程序中运用或体现"穿透式审判",即"穿透式审判"的基本步骤。

(一)"穿透式审判"的适用标准

除法律法规或司法解释明确规定应当运用"穿透式审判"方法的情形之外,在办理一般案件中,法官判断是否采取"穿透式审判"时应注意以下考量要点。

第一,注意判断若严格遵循意思自治、有约必守、合同相对性、外观主义等相关规则,是否会违背规范目的或破坏秩序价值。这里的价值判断标准有的是显性的,如金融监管领域中各类规章或实施细则可作为法官把握政策导向的重要参考,当涉案交易违反监管要求而破坏金融安全、市场秩序或国家宏观政策时,可适用"穿透式审判"。[1] 在其他民商事案件领域,有的也涉及国家监管,如借贷利率、主体资质、外贸交易、地产交易等方面管制要求,这些也是法院"穿透式审判"的重要依据。有的领域虽不直接涉及国家监管,但所涉法律法规背后的立法目的、法理基础、公共利益等,本身也形成了一种隐形的规范和秩序价值,若直接适用某一法条的字面含义,其结果反而破坏了法的价值和秩序,此时要通过"穿透式审判"恢复应有的秩序价值与实质正义。

第二,注意判断裁判结论是否明显偏离朴素公平正义观。虽然司法办案需要专业能力,但现实中大多数案件结果能符合普通民众的公平正义认知。即使法官在办案中没有专门考量朴素公平正义观,大多数案件也能得到符合朴素公平观的裁判结

---

[1] 《九民纪要》第31条规定:违反规章一般情况下不影响合同效力,但该规章的内容涉及金融安全、市场秩序、国家宏观政策等公序良俗的,应当认定合同无效。人民法院在认定规章是否涉及公序良俗时,要在考察规范对象基础上,兼顾监管强度、交易安全保护以及社会影响等方面进行慎重考量,并在裁判文书中进行充分说理。

论。但有些或少数案件可能看似依法裁判,但裁判结论与朴素认知发生明显偏差,其中本质原因并非法规本身有问题,而是法官在具体适用法律时未能够把握案件全貌和实质、没有准确深入理解法规的目的与价值,即出现了“机械办案”“简单办案”情况。例如,让完全没有获得借款或相应收益的一方承担还债义务,或让守约付款且已入住的普通购房人因未能登记而“房财两空”,或让恶意违约且获益巨大的一方不承担或承担很小的赔偿责任,等等。这本质上就是进行裁判方法上的“利益衡量”,即对各方当事人的利害作实质判断和平衡,[1] 只要裁判结论与朴素正义感、常识常理常情、政策方向导向等出现明显偏差,就应当在事实认定和定性说理等方面考虑运用“穿透式审判”。

第三,注意判断该案主要属于内部关系还是外部关系。内部关系是指当事人之间通过合意方式直接建立的法律关系,此关系之外由其中一方当事人又与他人形成的另一法律关系,相对于前一关系可称为外部关系。处理内部关系要按实事求是原则处理,以财产的实质归属、权利的实际属性为主要依据,而不取决于公示外观或外观主义,在此可对当事人表面合意或相关书证予以“穿透”。处理外部关系要侧重保护合理信任外观的外部交易方,即使外观状态与真实权属不一致,也应当优先保护善意的外部债权人,外观主义原则源于市场经济之下对交易秩序、交易安全以及交易效率等方面的考量,是意思自治和实事求是原则的重要补充,在处理外部关系时应当注意谦抑适用“穿透式审判”方法。[2]

第四,注意判断该案主要属于民事关系还是商事关系。我国司法实践并不严格区分民事和商事关系,大量基于合同或交易产生的纠纷往往介于其间。但商事关系的显著特征在于当事人的理性、信息和经验远高于一般民事主体。如果当事人对于案涉交易已具备足够经验知识或专业能力,甚至已长期在该领域从事经营,就可对当事人科以更重的诚信守约义务和外观主义规则,形式正义本身已接近实质正义,应以效益优先来实现市场公平,“穿透式审判”在此应限制适用,即通过守约义务和外观规则还原市场风险,当事人的败诉风险本质上是其经营风险。[3] 反之,如果是普通民

---

〔1〕 参见梁慧星:《裁判的方法》(第4版),法律出版社2021年版,第343~344、418页。

〔2〕 参见崔建远:《论外观主义的运用边界》,载《清华法学》2019年第5期。

〔3〕 商法思维在整体上与民法思维不同,其包括理念价值、司法三段论、思维模式、商法解释、利益衡量组成的规范体系。特别是商法的价值位阶与民法不同,民法的价值本位是公平优先,而商法的价值本位是效益优先。商法也追求“公平”,但是商法“公平”价值的实现方式和路径与民法不同,商法是在追求效益优先价值前提下来实现公平。参见杨峰:《商法思维的逻辑结构与司法适用》,载《中国法学》2020年第6期。

事主体进行的消费性、生活性、日常性交易，则要更多地注重实质公平、民生保障、个案实际、利益平衡等方面的考量，在此“穿透式审判”可发挥重要作用。

第五，注意判断该案运用“穿透式审判”是否会导致不当泛化。“穿透式审判”主要是一种特殊规则、例外情形或个别调整。如果该案采用“穿透式审判”方法，基于同案同判要求，会造成某类经常发生的纠纷案件也经常地运用“穿透式审判”，这可能导致“穿透式审判”一般化或泛化，在此要注意从类案衡量的角度，把握好适用“穿透式审判”的一般性和特殊性，即应当谨慎适用该方法，谨慎程度要类同选树典型参考案例，视同制定适用意见、裁判指引等规范性文件。

（二）“穿透式审判”的基本步骤

第一，注重充分听取当事人意见并确定争议实质。这是启动“穿透式审判”的基础性工作。所谓“机械司法”“就案办案”往往限于当事人诉讼请求所涉及的法律事实，带着结论找法条、看着法条找事实，这种方法可能忽视案件的真实全貌，对特定事实的整体定性和综合判断产生偏差。充分听取当事人意见可以最大限度提示案件的整体脉络、揭示可能存在的关键事实。具体方式可包括：在庭审或询问当中充分听取当事人发表意见；尽可能请当事人本人（而非代理人）出庭、受询以及相互质证；提示当事人可以庭后继续提供证据或意见材料；引导证人出庭质证；认真处理案涉信访材料，等等。只有全面了解案件全貌才能准确认定双方争议的实质问题、核心问题，以此归纳争议焦点才真正点到了“穴位”、打通了“筋脉”，这对接下来化解纠纷或适用法律起到基础性作用。

第二，适当地依职权调查取证或追加第三人辅助查证。当事人自身提供证据或作出陈述可能存在片面性和主观性，上一步骤所呈现的事实仍可能不完整，或经当事人提示有进一步查证相关事实的必要，法院应在“谁主张，谁举证”原则基础上权衡辩论主义与职权主义，适当地依职权调查取证或追加第三人辅助查证，这是“穿透式审判”的关键环节。例如，原告仅以借条等凭证提起民间借贷诉讼的，如果被告抗辩另有基础关系或对借贷未实际发生作合理说明，法院可能要进一步查明以下情况：借条背后的基础法律关系、当事人的经济能力、当地交易方式或交易习惯、当事人财产变动情况以及证人证言等。[1] 一般来说，法院开展查证的方式有两类：一是法院主动依职权或根据当事人申请进行调查取证。只要办案法官认为特定证据涉及关键事实，或有利于揭示本案事实全貌，或该证据事实可对内心确信产生实质性影响，那么

〔1〕 参见最高人民法院《关于审理民间借贷案件适用法律若干问题的规定》（2020修正）第15条、第16条。

依职权或依申请查证就具有必要性。二是追加涉案第三人辅助查证相关事实。无独立请求权的第三人虽然不享有当事人诉讼地位和诉讼权利，但只要裁判结果与其有法律上利害关系，法院就可以通过追加第三人参与诉讼的方式，在各方当事人相互对质或辩驳基础上，更有力“逼出”真言真相，更完整呈现案件全貌或相关影响因素；同时利害关系人也能尽可能参与该诉讼，有利于案件尽可能实质性、一次性化解纠纷。

第三，以适当审判程序保障“穿透”的准确性与正当性。“穿透式审判”的属性特点决定了必须谨慎运用，这不仅是法官办案思路和方法的要求，同时也应体现在审判机制、审判过程和审判组织等方面。除法律法规或司法解释明确规定应当运用“穿透式审判”方法的情形之外，在办理一般案件时，应注意通过以下程序性方法保障“穿透”的准确性与正当性：一是运用“穿透式审判”的案件原则上不归入简易程序，应当组成合议庭按一般程序审理。二是法院在二审运用“穿透式审判”改判一审的，应当组织开庭而不得仅书面审理。三是主办法官运用“穿透式审判”方法查证定性的，应当进行类案检索并予以参考；涉及改判原审的或合议庭有不同意见的，应当提交庭室所在的专业法官会议集体讨论。四是运用“穿透式审判”方法审理重大疑难案件的，特别是二审法院运用“穿透式审判”方法改判重大疑难案件的，应当提交本院审判委员会审议；遇到分歧较大的疑难理论问题时，可以召集专家论证会或研讨会。

第四，注意准确选择法律依据并充分释法说理。运用“穿透式审判”并非拒绝依法裁判或并非忽视法律依据。认定事实、适用法律、作出裁判的司法“三段论”仍适用于“穿透式审判”过程中。特别是在适用法律时，要注意体现“穿透”方法本身的法律依据并充分释法说理。例如，《民法典》第 146 条第 1 款关于虚假意思表示的规定可作为“穿透”当事人表面有效合意的法律依据；《民法典》第 153 条关于违反强制性规定或违背公序良俗的规定可作为“穿透”合法“外衣”的法律依据；《民法典》第 925 条关于间接代理的规定可作为“穿透”认定实际交易人或实际合同当事人的法律依据，等等。除了上述这些可普遍适用的“穿透”依据，在立法和司法实务中还有些“穿透”规则已比较成熟并实现了成文化，例如，《民法典》关于欺诈、胁迫、重大误解等意思表示效力的规则，其实也是一种“穿透”当事人表面合意而另外认定其他效力的情形；又如，最高人民法院《关于审理民间借贷案件适用法律若干问题的规定》规定了买卖式担保，其实是一种“穿透”表面合意以及相关权属证据的具体情形；再如，《九民纪要》关于当事人诉请无效的完整性或关于无效行为转换等规则，是一种“穿透”当事人诉讼请求的具体情形。总之，运用“穿透式审判”方法释法说理时，既要准确适用已制度化成文化的“穿透”情形，又要注意在没有明确规定时能够准确选择适当的法律依据。

四、结语

“穿透式审判”的提法本身就带有颠覆性，理论上具有破坏法之安定性和预期性的风险。本文所谓“穿透”不仅指“看透真相”“明察秋毫”“明辨是非”等这种百利无害的概念，其将会否定当事人之间达成的合意、刺破合同相对性、威胁外观主义、打破消极中立等，若不当泛化或滥用将严重挑战法之安定以及法治预期。本文不仅旨在促进更准更好运用该方法，同样重要的是尽可能明确范畴、划清界限、防止泛化和滥用。法官须以审慎态度妥当评判公共秩序需求、权衡各方法益、指引价值导向等，这将直接决定“穿透式审判”的服判效果、正当性基础以及司法公信力，这也是更高质量司法工作和现代审判能力的具体要求。“穿透式审判”是一种高阶的裁判方法，审慎和睿智的法官也许一直都在不自觉地实践和运用，特别是在证据标准更严苛的刑事案件中，或在协调联动工作更多的行政案件中，甚至是尽可能一次性调解化解纠纷过程中，“穿透式”思维方法往往已融入办案要求与习惯。但对于以简案为主、倡导效率、尊重外观的民商事案件中，着重提出并规范“穿透式审判”的一般性方法论，本质上旨在把握好公正与效率这个永恒的主题，激发破除“机械司法”“程序空转”的实践探索，唤起追求实质正义的坚定决心。

衍生诉讼案件治理研究

——以“尽可能一次性解决纠纷”为目标

杨晓春[*]

摘要：衍生诉讼案件的形成及迅速增长，增加了当事人讼累，浪费了司法资源，损害了司法公信力。究其原因，主要有解纷理念的偏差树立、诉讼权利的不当行使、司法程序的不良运转、办案质量瑕疵的扩张效应、司法公信相互抵牾等。对此，应当从解纷理念、惩戒机制、小额诉讼程序适用、案件监督指导、服判息诉、考评体系、上诉审及再审启动机制等方面入手破局，切实提升审判质效，尽可能实现公正、高效、低成本地一次性解决纠纷，切实维护人民群众合法权益，不断提升司法公信力。

党的十八大以来，以习近平同志为核心的党中央高度重视社会治理及纠纷源头化解工作。习近平总书记指出，我国国情决定了我们不能成为诉讼大国。2021 年，中央全面深化改革委员会第十八次会议审议通过《关于加强诉源治理推动矛盾纠纷源头化解的意见》，提出“完善‘诉源治理’机制，加强矛盾源头预防、前端化解、关口把控、完善预防性法律制度，从源头上减少诉讼增量”。衍生诉讼案件治理作为诉源治理的重要内容，在化解纠纷方面，需要人民法院牢固树立“尽可能一次性纠纷解决”理念，把每个司法环节的工作做实做好，依法一次性解决案件关联问题，降低非理性诉讼、上诉、信访风险，有效减少二审、再审、执行、涉诉信访等衍生诉讼案件产生。

---

* 杨晓春，桂林市中级人民法院党组书记、院长，二级高级法官。

一、返观内视:衍生诉讼案件的形成因素

衍生诉讼案件是指经过法院一审程序裁判后,因上诉、申请再审、发回重审、申请执行、申诉信访等事由,衍生形成的案件。[1] 这些案件既增加了当事人讼累,又浪费了司法资源,需要引起重视,认真反思。衍生诉讼案件的形成以及增多是多方面因素造成的,主要有以下几点。

(一)解纷理念的偏差树立

"案结事了"是人民群众对司法审判的朴素期待。人民法院应当处理好结案与解纷之间的内在联系,通过妥善处理个案,实现一次性实质化解纠纷。然而,面对受理案件数持续高位运行,"案多人少"矛盾突出的新态势,员额法官压力激增,导致其司法理念出现偏差,缺乏整体意识和大局意识,在案件办理过程中只关注所负责案件的结案率、案件审限等工作,无暇顾及派生事务,少有顾及判决主文的可执行性等工作,形成"只注重结案,不注重事了"的办案理念。部分员额法官片面认为,案件一审审结后是否申请上诉、是否申请再审、是否申请执行、是否申诉信访等,均是当事人的程序权利,由此衍生的诉讼案件无关己任。解纷理念出现偏差,一审与二审、再审、执行等各环节脱节,以致一些本该一次性解决的案件衍生出多个、多类案件。

(二)诉讼权利的不当行使

立案登记制改革后,诉讼权利作为司法救济请求权,受到空前的重视和保护。[2] 人民法院一直强调坚持"以人民为中心"的司法理念,维护和实现最广大人民的根本利益,切实增强人民群众的司法获得感、幸福感、安全感。但由于当事人法律素质与前述司法理念不匹配,有的当事人片面地将"以人民为中心"理解为"以自己为中心",不当行使甚至滥用诉讼权利。在享有诉讼权利的情况下,权利人出于故意或者重大过失,不善意行使诉权,使对方当事人遭受损害。例如,为了延缓履行债务,不正当行使上诉、再审、执行、申诉信访等权利,刻意拖延诉讼周期;又如,有的金融机构、国有企业或行政机关等作为履行义务一方时,无论对裁判结果有无异议,均提起上诉,待裁判文书生效后才对款项予以支付等。由此可见,有的当事人不当行使甚至滥用诉讼权利,容易引发非理性上诉、信访,同时又缺乏滥诉惩戒机制,部分案件诉讼成本低,衍生诉讼案件不断产生。

---

〔1〕 参见孟祥刚:《衍生案件治理的现实意义及实践路径》,载《人民法院报》2022年5月12日,第5版。

〔2〕 参见张保川:《枫桥经验之法院实践——复生案件的源头治理》,载《人民法治》2019年第1期。

(三)司法程序的不良运转

司法程序的有效衔接、流转是提高司法效率,实现司法公正的关键。但在司法实践中,司法程序的不良运转时有发生。一些案件进入下一个环节后因前一个环节工作不规范而被退回或者撤销上一个环节,导致前一个环节“低效率”“无效果”,徒增案件数量。例如,一些案件纠纷在不符合起诉条件的情况下进入多个司法程序,最后在二审或者再审程序中被裁定驳回起诉,这实际上就是前面的司法环节工作不到位,导致司法程序空转,浪费司法资源。此外,在一些案件中,工作人员本可以在某一环节弥补前面环节的瑕疵,却将其消极退回,导致这些纠纷在司法程序中反复流转,衍生出其他案件。例如,一些案件本可以在二审程序中进一步查清认定基本事实,纠正或者补正前面司法环节的瑕疵,但是消极处理,机械地、简单地发回重审,将其退回上一环节等。这些纠纷案件在司法程序中不良运转,一拖再拖,让当事人及法院“疲于奔命”,损害司法权威。

(四)质量问题的扩张效应

司法裁判尤其是一审裁判的质量,事关公平正义的率先实现与矛盾纠纷的一次性解决。但实践中的案件质量问题尤其是简单、低级的质量问题,往往衍生出新的案件,不断需要通过后续司法程序来修正、弥补,实在是得不偿失。常见的案件质量问题有:审判监管指导不到位,常态化分析研判发改案件不足,使得同类型案件反复犯错,不能达到“审理一件,化解一片”的效果;对“四类案件”的监督指导不够,造成办理质量不高,衍生出其他诉讼案件;执行程序不规范,如查封、扣押、冻结案外人财产,使复议、执行异议等衍生诉讼案件产生;服判息诉工作不到位,判后答疑能力不足,缺乏必要的辨法析理,不及时跟进解释当事人的疑惑,引发质疑;一些裁判文书判决理由论证说理不到位,缺乏对证据的分析、认证过程,法律条款引用错误,存在当事人信息错误、错别字、病错句等低级错误,使得当事人消除不了疑虑,保留或者产生主观偏见,期望通过上诉、申请再审、申诉信访等途径进行救济,从而衍生出相应的诉讼案件;小额诉讼程序适用工作不到位,办理过程尽责不够,一味地求快,对案件基本事实审查不清,对法定构成要件核查不准,未追加必要共同诉讼当事人;识别不准简单案件,误将复杂案件当作简单案件处理;审查不细不严,利用简化程序审理虚假诉讼等,引发衍生诉讼案件风险。

(五)司法公信力不高

裁判标准不统一、上诉审机制不够完善、再审启动制约机制欠缺等因素使得司法公信流失,影响当事人对裁判结果的接受度,容易对更高审级产生不合理预期,是衍生诉讼案件产生的关键原因。一是“裁判标准”不统一。作为履行法律统一适用主要职责的审判委员会,往往注重对具体疑难复杂个案进行指导,而忽略对司法辖区内普遍性问题的总结归纳,进行类型化指导,不注重对呈现规律性事物的调查研究,对发、改案件的评查比较粗糙、浅薄,没有进行深入的追踪分析,查找深层级原因,提出整体性措施,细化评查内容。同时,随着新类型案件的不断涌现,相关的法律规定也在不断更新,而法官业务水平和认知能力参差不齐,法律条文理解存在差异,导致得出不同结论,裁判标准难以统一,“同案不同判”,影响司法公信,使得上诉案件被改判、发回重审,再审案件改判的情况不断增加。二是上诉审机制不够完善。我国当前对上诉条件没有限制。从《民事诉讼法》第 171 条至第 173 条可以看出,法律只是对民事上诉条件作出了形式上的规定,而实质条件没有限制,这就意味着无论出于什么样的原因,当事人都可申请上诉,给一些当事人滥用诉讼权利提供了机会。如就刑事诉讼方面来说,被告人为留所服刑而上诉情况突出。根据看守所管理制度,判决案件生效后被告人的剩余刑期不足 3 个月可以留在看守所服刑,不再移送到监狱。根据审判经验及各基层法院反馈意见,在二审期间申请撤诉的被告人绝大部分对原判结果无异议,其上诉的主要原因是借助案卷移送和二审审理时间使剩余刑期不足 3 个月,达到留所服刑的目的。这类案件既没有达到刑罚的目的,还导致二审程序被滥用,浪费审判资源,影响司法公信力。三是再审启动制约机制欠缺。很多法官在提起再审的案件中,时常遇到一审上诉期满后再提起再审申请的情形,这些案件本身不存在错误问题,只是当事人怠于行使上诉权而提起再审,严重违背了再审制度设计的初衷和目的,导致再审程序成为缓解信访压力、释放社会情绪的排口,背离了审级制度功能。同时,这种宽泛的再审救济途径,不可避免带来终审不终,最终损害司法公信力,[1] 加剧衍生诉讼案件的蔓延。

二、价值分析:衍生诉讼案件的治理意义

(一)深化诉源治理的必然要求

加强诉源治理是以习近平同志为核心的党中央作出的重大战略部署。最高人民法院《关于深化人民法院司法体制综合配套改革的意见——人民法院第五个五年改革纲要(2019—2023)》明确提出要“完善‘诉源治理’机制,坚持把非诉讼纠纷解决机制挺在前面,推动从源头上减少诉讼增量”。全国各级法院纷纷响应,大力开展诉源

[1] 参见孙祥壮:《美国法院纠正错误终局判决及其对我国的启示》,载《法律适用》2015 年第 7 期。

治理，取得明显成效，一审诉讼案件增幅降低。但由于重视不足，衍生案件增长过快，需要进一步加强衍生诉讼案件源头治理，实现内外共治。诉讼程序外，将人民调解、行政调解、行业调解、律师调解、司法调解、仲裁调解等多元化调解与司法确认有机衔接，形成各部门的高效协作联动，加强前端治理、源头治理，既治已病，更治未病。诉讼程序内，将每个司法环节、司法步骤、司法领域工作做实做好，尽可能在一审程序中一次性解决纠纷，避免单个纠纷后续环节衍生出多个案件。

（二）缓解人案矛盾的客观需求

近年来，由于公众维权意识逐渐增强，司法权力运行体制机制不够完善，以及存在结构性矛盾等原因，导致全国法院案件量迅速增长。[1] 2012 年，全国法院新收案件 1251.8 万件，2022 年，新收案件高达 3031.4 万件，案件量增长超过 2 倍。反观全国法官自员额制改革以来实际减少近 40%，“案多人少”矛盾突出。从 2012～2021 年案件数据上看，衍生诉讼案件数量长期居高不下。其中，二审、再审、再审审查、执行案件收案数约占当年总收案数的 35% 以上。[2] 由此可见，很多案件经过一审程序裁判后并未“案结事了”，而是在法院内部多次流转，反复进退，衍生出多个案件，损耗大量司法资源，严重影响司法效率，加剧人案矛盾。强化衍生诉讼案件治理，防止程序空转，避免非必要诉讼，减少衍生诉讼案件，成为解决人案矛盾的重要抓手。

（三）改善司法供需的群众期待

习近平总书记强调，“创新社会治理，要以最大广大人民根本利益为根本坐标，从人民群众最关心最直接最现实的利益问题入手”。加强衍生诉讼案件治理，坚持公正与效率相统一，将矛盾纠纷消解于前端，减少群众讼累，以最经济的方式实现司法公正，正是坚持以人民为中心，实现好、发展好、维护好广大人民根本利益的重要举措。近年来，衍生诉讼案件日益增长，导致当事人苦不堪言，长期深陷入二审、再审、执行等衍生诉讼，纠纷得不到公正高效解决，合法权益得不到及时兑现。衍生诉讼案件的形成及迅速增多已经上升为司法供需关系的主要矛盾。因此，需要加强衍生诉讼案件治理，尽可能实现快捷、高效、低成本地一次性解决纠纷，改善司法供需关系。

（四）提升治理能力的现实需要

社会的结构性转型对我国传统社会秩序甚至基层既有的治理体系造成了不同限度的冲击，而以现代法治为基础的新的社会治理体系又尚未有效衔接，导致基层社会

---

〔1〕 参见周蓉蓉：《论化解案件激增诉讼风险的进路与方法》，载《法律适用》2020 年第 24 期。

〔2〕 参见李旭光：《困局与破局：诉内“衍生案件”治理之路径构建》，载《法律适用》2022 年第 9 期。

治理一定程度上处于困境当中。为应对基层社会治理压力的需要,党的十八大以来,国家治权呈现出不断向基层社会下沉的整体发展趋势。[1] 法治化是新时代推进社会治理的着力点。政法分工和齐抓共管是中国司法的鲜明特征,也凸显出法院在社会基层治理中不可或缺的重要地位。[2] 基层社会治理需要诸如多元化纠纷解决机制、源头预防与化解等司法权的不断下沉和司法功能的有效发挥,从源头上减少衍生诉讼案件增量,改善基层治理的现状,提升基层治理的法治能力,推进治理体系和治理能力的现代化。

三、批郤导窾:衍生诉讼案件的治理路径

针对衍生诉讼案件不断产生与快速增长的形势,我们应当对症下药,抓住关键,突出重点,从源头上有效减少衍生诉讼案件的产生。

(一)牢固树立正确解纷理念

司法理念关乎法官司法能力的发挥,关乎自由裁量权的行使,最终决定司法公正。[3] 一是坚持正确的价值导向。不要忽视司法统计中的"件",任由其增加,甘于低效、无效的忙与累,[4]而要追求更高的程序价值,在切实保护当事人实体权利之基础上,尽可能减少一些可避免的司法程序环节,实现程序兼顾实体、效率兼顾公平的法治保障,促进政治效果、法律效果、社会效果的有机统一。二是树立"尽可能一次性解决纠纷"司法理念。通过召开衍生诉讼案件源头治理推进会、座谈会等,明确衍生诉讼案件治理工作职责,切实克服应付式司法观念,提高整体意识及大局意识。在案件办理过程中,认真梳理全案,全面审查涉案人员之间的法律关系,将可能引发的或者已发生的相关诉求或案件依法一次性实质解决,尽可能降低诉讼案件衍生率;认真、细致、负责地完成各项案件相关工作,尽量避免将本环节的司法工作"外溢"至另一司法环节,切实做到"案结事了",有力回应人民群众对司法审判的朴素期待。三是坚持以人民为中心的司法理念。充分发挥司法能动性,运用自己的能力和技巧为当事人提供建议,对其进行引导,弥补当事人诉讼能力的不足,实现社会的公平正义,促进纠纷的一次性解决。

---

[1] 参见王国龙:《法院参与基层治理及其角色定位》,载《东岳论丛》2020年第4期。

[2] 参见于浩:《推陈出新:"枫桥经验"之于中国基层司法治理的意义》,载《法学评论》2019年第4期。

[3] 参见黄海龙、潘玮璘:《"尽可能一次性解决纠纷"理念的基本内涵与实践要求》,载《中国应用法学》2022年第5期。

[4] 参见孙宪忠:《"案—件比"是衡量司法办案质效的绿色"GDP"》,载《人民检察》2021年第6期。

（二）建立完善滥诉惩戒机制

深刻理解“以人民为中心”的思想内涵，建立健全滥诉惩戒机制，正确引导诉讼行为，减少诉讼案件的衍生及蔓延。在相关法律或司法解释中明确界定“滥诉”，并建立相应的“滥诉”惩戒制度，如将不听劝告的“滥诉”当事人，通过法院诚信系统予以公布。完善规制“滥诉”的相应程序，做好充分的释明，告知规制“滥诉”的规定，将下一步要采取的处罚措施告知，同时告知“滥诉”当事人有为自己申辩的权利，在听取申辩的基础上作出相应的惩戒措施。修改诉讼费交纳办法，如适当提高行政案件受理费，增加“滥诉”成本。对于涉嫌“滥诉”的，一经认定，对方当事人因应诉产生的交通费、误工费、食宿费、律师代理费等均可裁定由原告承担，对于重复起诉的当事人，对其案件受理费可考虑加倍收取。

（三）强化小额诉讼速裁适用

持续深化快裁速审机制改革，大力推进案件繁简分流、轻重分离、快慢分道，强化小额诉讼程序的适用，实现“简案快审”，不断提升司法效能，切实减少诉讼案件的衍生。一是把好立案关、审查关。准确识别简单案件，事关小额诉讼程序或者简易程序的适用效能。简单案件的判断涉及裁量空间及个案判断，不能仅以涉案材料、人数以及标的额等单项内容数量的多寡对案件予以简单认定，涉案材料、标的额少的案件不一定是简单案件；人数多、涉案材料多的案件不一定是复杂案件。在立案阶段需要认真审查法律关系、当事人争议焦点、证据材料等内容，综合预判案件难易程度及审理方向，尽可能准确识别出简单案件。二是强化对当事人的引导。向当事人解读《民事诉讼法》中关于小额诉讼程序适用的相关规定，案件标的额虽超出小额诉讼程序的“小额”标准，但在该标准两倍以下的，可以适用该程序。同时，注重说明小额诉讼程序的高效优势以及救济路径，打消当事人顾虑，确保“应用尽用”，提高审判质效。三是组建专门审判团队。按照确有需要、因地制宜、分步推进的原则，推动建立专门化审判体系，选派业务精、纪律严、学历高、年纪轻的员额法官、法官助理、书记员共同专门办理小额速裁案件，实现案件高效审理，尽可能一次性解决纠纷。

（四）强化案件质量监管指导

加强审判监督指导，统一裁判尺度，切实提高审判质效，提升司法公信力，有效减少衍生诉讼案件。一是加强审判权监督制约。强化“四类案件”监管，对“四类案件”的监管标准程序进一步明确；压实院庭长监督管理职责，对院庭长行使审判监督管理权的基本原则、行权方式、监管对象等进行更加具体的规定；全面推行类案与关联案件强制检索制度，保障裁判尺度统一，提升审判质量；完善案件质量评查体系，由承办法官对决定改判或发回重审的二审、再审案件进行随案评查，填写完成《案件质量评查登记表》，纳入案件卷宗附卷，并作为案件报结的条件之一。二是充分发挥审委会讨论研究裁判规则职能，专注审判经验总结和对审执工作的监督指导，聚焦案件量较大、适用法律不统一问题突出的案由，建立类案裁判方法总结机制，通过对类案中的共通性问题进行总结，将审理要点、法律适用和裁判方法予以固定化，形成能够普遍适用的办案规则和裁判规则。三是完善法律适用分歧解决机制。规范案件法律适用分歧的发现、申请、启动、审查和解决工作流程；加强对下级法院监督指导，健全上下级法院常态化沟通交流机制，上级法院各业务庭安排专人负责指导基层法院审理下沉案件，各审判条线建立法官及时答疑解惑机制，定期到基层法院巡回指导，召开发改案件评析会，逐案点评发改原因和存在的问题，提出改进工作的意见建议；强化示范引领，针对司法实践中疑难程度高、法律适用意见争议大、裁判尺度及标准不完全统一、上诉案件发改率较高的几类案由，开展司法研讨，研究制定相关案件的裁判指引，供一线法官办案参考，充分发挥提审个案的指导作用，坚持提审案件都要由院庭长办理，切实做到“提审一件、解决一类问题”；健全案例指导工作制度，加强指导性案例的教育培训和应用工作，引导法官正确把握指导性案例的裁判规则和裁判方法，不断提高司法水平。四是健全审判责任追究机制。加强案件评查和纪检监察，将发改率、申请再审率、裁定再审率、驳回起诉率、上诉率等关键指标作为办案人员业绩考核的重要依据，倒查错案，依法追究办案人员的相应责任。

（五）健全服判息诉工作机制

办案法官应加强释法说理工作，积极回应当事人真实诉求，及时消除当事人疑惑，让当事人胜败皆服，减少衍生诉讼案件。一是强化双向说理，就刑事案件而言，一方面及时安抚被害人情绪、耐心倾听被害人诉求、准确告知权利义务、及时通知办案进度，让其放心；另一方面做好被告人释法说理工作，让被告人认罪、悔罪，积极退赃、退赔，减少被害人损失，有效化解矛盾。二是灵活多样，区分释法说理对象、案件性质和说理时机，采取书面说理、口头说理、公开说理等不同形式，增强释法说理实效。例如，针对当事人文化程度较低、法律知识薄弱等情况，注重口头说理，通过通俗易懂的语言讲明法理、事理、道理。三是进一步深化裁判文书说理，强化证据和案件事实分析论证，加强法律适用的解释工作，力争做到准确阐明事理、详细阐明法理、积极讲明情理、力求讲究文理，积极推动社会主义核心价值观融入裁判文书释法说理，增强裁判结果的法律认同、社会认同和情理认同，不断提升人民群众对司法裁判的满意度。四是建立全过程辨法析理机制，诉前、诉中、诉后都要向当事人讲清权利义务和法律规定，讲明事实认定的依据和诉讼面临的风险，让当事人心中有数。宣判后，重点对败诉和上诉、申请再审、信访的当事人进行有针对性的答疑解惑，以更实、更细的释法说理工作，让当事人胜败皆服。

（六）完善上诉审及再审启动机制

限制上诉审条件，严格审查再审申请，过滤不当的上诉审及再审启动案件，有效减少诉讼案件的衍生。当事人提起上诉应具有上诉利益。上诉利益即当事人或者第三人对于一审裁判结果有所不服且存在利用上诉审程序除去其不利影响的可能性和必要性。[1] 是否具备上诉利益主要是在当事人原审诉求与一审判决结果之间比较，如果原告的诉求在一审判决当中得到全部支持则不具有上诉利益，被告则有除去不利影响的可能性和必要性，具有上诉利益。原告的诉求在一审判决得到部分支持，那原被告都能通过上诉来消除对其不利的影响，双方都具有上诉利益。这样对上诉条件适当的限制有利于防止当事人滥诉，提高诉讼效率的同时也使上诉功能充分发挥。完善再审启动制约机制，降低再审数量，杜绝无限申诉的现象，维护司法公信力。具体如下：一审程序结束后，当事人怠于行使上诉权，没有在上诉期内及时提出上诉，导致一审裁判文书生效，后又提起再审申请的，不予通过；将当事人的再审申请次数限定为一次，当事人不得在再审法院作出裁判后再次提出再审申请。

（七）建立健全考评体系

检察机关提出的“案—件比”概念，是指实际发生的“案”与进入司法程序后所经历的有关诉讼环节统计出来的“件”形成的一组对比关系。[2] “案—件比”中的“件”数与案件纠纷所经历的司法诉讼环节呈正相关，前者数值越低，案件纠纷所经历的诉讼环节越少，投入的司法资源越少，案件效果和当事人的感受可能越好。人民法院可以参照该项概念，建立以“案—件比”为核心的衍生诉讼案件治理考评体系，以民事案件为例，以（新收民事案件总数减去新收一审民事案件数）与新收民事案件总数之间的比值考察为主，以新收民事案件增幅、一审民事案件服判息诉率、申请再审率、裁定再审率、二审发回重审率、再审发回重审率、二审驳回起诉率、再审驳回起诉率、调解撤诉率、小额诉讼适用率、非诉程序适用数量等为辅，共同考察衍生诉讼案件治理效果，加强考核结果运用，促进诉讼案件衍生率降低。

---

〔1〕 参见胡晓霞：《论中国民事审级制度面临的挑战及其完善》，载《政治与法律》2020 年第 4 期。

〔2〕 参见林喜芬、周晨：《论检察机关的“案—件比”改革》，载《国家检察官学院学报》2021 年第 3 期。

四、结语

衍生诉讼的案件治理，需要久久为功持续发力，更需要多元共治、协同推进。强化“尽可能一次性解决纠纷”理念，全面建设集约高效、智慧精准、开放互动、交融共享的现代化诉讼服务体系，提升人民法院解决纠纷和诉讼服务能力水平，切实解决人民法院立审执工作中存在的突出问题，必将尽可能实现公正、高效、低成本地一次性解决纠纷，切实维护人民群众合法权益，不断提升人民法院司法公信力，进而实现审判体系和审判能力的现代化。

国际商事纠纷多元化解决机制“由衔到融”路径探析

——以“尽可能一次性解决纠纷”理念的嵌入为视角

廖少昆　傅晓明*

摘要：最高人民法院在深圳、西安成立两家国际商事法庭（以下简称国商庭）后，全国各地相继共成立了12家地方国际商事法庭（以下简称地方国商庭，以下对两类国商庭统称法庭）。以调解、仲裁、诉讼为代表的多元化“一站式”国际商事纠纷解决机制正不断发展完善。“一站式”解纷机制更注重多元解纷方式的程序衔接，而要实现国际商事纠纷实质性、尽可能一次性化解，面临着纠纷解决主体、解决方式、文书域外执行等由衔接到融合发展的突破问题。本文以“尽可能一次性解决纠纷”理念的嵌入为视角，回顾多元解纷机制背景，审视该理念内涵，从理论、价值维度分析多元化解纷方式在国际商事纠纷化解中“由衔到融”的必要性，从问题检视角度对国际商事纠纷多元化解决机制的运行现状与存在问题进行分析，探析普适于地方国商庭多元化解纷机制“由衔到融”的路径新突破。

2018年最高人民法院公布施行了《关于设立国际商事法庭若干问题的规定》（以下简称《设立国商庭若干规定》），国际商事纠纷以调解、

* 廖少昆，一级高级法官，南宁铁路运输中级法院党组书记、院长，中国—东盟自由贸易区南宁国际商事法庭庭长（兼），硕士；傅晓明，三级高级法官，中国—东盟自由贸易区南宁国际商事法庭常务副庭长，硕士。

仲裁、诉讼三种方式有机衔接的“一站式”解决机制运行模式（见图 1），体现了我国构建市场化、法治化、国际化营商环境和参与全球治理负责任的大国形象。国际商事纠纷多元化解决机制的构建和运行模式本身与“尽可能一次性解决纠纷”理念的初衷和使命相同，是“尽可能一次性解决纠纷”理念在国际商事纠纷解决领域的体现。本文在“尽可能一次性解决纠纷”理念下，以最高人民法院设立的两个国商庭运行模式的现状为分析主线，探析地方国商庭的多元化解纷方式如何更好地实现由衔接到融合，即逐渐打破诉讼与仲裁、调解的边界，充分发挥各自优势，实现功能互补，使三种纠纷解决方式实现紧密融合，为中外当事人提供公正、高效、便捷、低成本的法律服务。

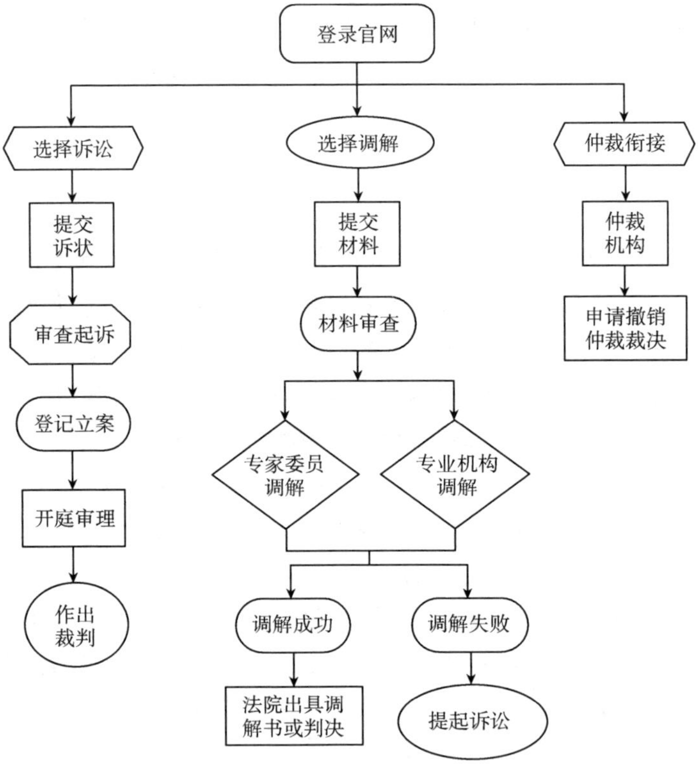

图 1　诉讼、调解、仲裁多元解纷模式

一、背景、内涵：回顾与审视

（一）背景回顾

1. 国际背景

经济全球化和世界各国商事交往的繁荣发展，带来国际商事纠纷的不断增长。

随着“一带一路”倡议的落实及2022年区域全面经济伙伴关系协定（RCEP）全面生效实施，成员之间经济要素自由流动和消费市场不断升级，成员间在进行贸易交往时，国际商事纠纷也不断增多，当事人的多元解纷需求对我国国际商事纠纷解决机制的优化完善提出了更高要求。首先，在国际商事纠纷处理中，虽然诉讼方式最具权威性和公正性，但诉讼方式具有耗时长、成本更高等不足，导致该方式并未能成为当事人解决纠纷的首选方式。其次，诉讼当事人因受国内法院法律政策的影响，在法律适用、证据规则等方面很难有预见性。因此，国际商事纠纷当事人往往更偏向于选择非诉讼的具有极大自主处分权的调解或仲裁等高效的纠纷解决方式，对裁决者、适用的法律等自主选择都能得到保障。但通过非诉方式处理的纠纷一旦承担义务方拒绝履行调解协议或仲裁裁决义务，最终又要回归法院执行的不确定性问题。最后，由于对仲裁员、调解员在道德约束机制方面的缺位及调解、仲裁过分形式化，容易出现违反道德的裁决或造成仲裁程序的迟延以及仲裁费用的高昂。因此，为满足不断增长的国际商事纠纷当事人的多元解纷需求，完善国际商事纠纷“一站式”解纷方式在衔接融合方面的不足至关重要。

2. 国内背景

最高人民法院于2005年颁布《人民法院第二个五年改革纲要（2004—2008）》最先提出建设多元化纠纷解决机制，于2018年6月出台的《设立国商庭若干规定》明确了构建国商庭“一站式”纠纷解决机制，在深圳、西安相继成立了国商庭。我国“一站式”纠纷解决机制的建设经历了由散点式到设立专门的多元化解纷平台的平台式，由国内到国际、由诉调对接、诉讼支持仲裁，再到建立“一站式”纠纷解决机制的发展过程。其发展历程见表1。

表1 “一站式”纠纷解决机制的发展历程

2005年	最高人民法院颁布《人民法院第二个五年改革纲要（2004—2008）》最初以文件形式提出建设多元化纠纷解决机制
2009年	最高人民法院将诉讼与非诉讼方式相衔接作为一大改革目标，初步明确了诉讼与仲裁、调解等非诉方式相结合的具体内容
2014年	党的十八届四中全会指出了多元化解决纠纷的重要性
2015年	中央和国务院两大办公厅共同指出要进一步优化纠纷解决机制，彰显多元化的特点，要规范诉仲、诉调的衔接规则
2016年	最高人民法院制定了运用诉讼、调解、仲裁等多种方式进行争端解决机制建设的相关意见

续表

2018 年	中央全面深化改革领导小组会议明确我国将设立国商庭，法庭构建以诉讼、调解、仲裁有机衔接的"一站式"多元化纠纷解决机制
2018 年	最高人民法院出台了《设立国商庭若干规定》，明确了国商庭的基本原则和具体制度，第一、第二国商庭成立
2021 年	最高人民法院发布了我国法院在探索多元化纠纷解决机制方面的改革报告，其中明确肯定了我国国际商事法庭"一站式"纠纷解决机制的建设，将其列为重要改革成果之一
2023 年	全国各地成立的地方国商庭已达 12 家，"一站式"国际商事纠纷解决机制不断发展完善

（二）内涵审视

"尽可能一次性解决纠纷"作为重要司法理念，总体目标在于：在现有诉讼法等法律以及司法政策规定内，尽可能压减司法程序环节，尽可能缩减司法程序周期，尽可能降低当事人诉讼成本，追求当事人付出最小的诉讼成本或占用最少的司法资源获得最大诉讼效益；[1] 具体目标是：对于每个进入司法程序的社会矛盾纠纷，要尽可能用最少的（最好是一次）司法环节，就完成矛盾纠纷化解，实现服判息诉。[2] 国际商事纠纷调解、仲裁、诉讼机构遵循一定的程序，建立起相互衔接、相互协作而形成的一种促使国际商事纠纷得到"一站式"实质性解决的综合性系统，该系统司法理念上同样是追求当事人的纠纷尽可能得到一次性实质化解。

二、理论、价值维度：多元化解纷机制"由衔到融"尽可能"一次性"解决纠纷分析

（一）后现代法学理论与效率价值维度

1. 后现代法学理论

继三大法学流派之后的后现代法学理论的主要特点是对现代主义法学的基本理论、基本思维予以怀疑和否定，强调怀疑与批判的逆向思维分析方法，在方法论上主张多元和差异，这种理论让人们对现代法学的社会契约、正当程序等理念产生怀

---

〔1〕 参见姚莉：《司法效率：理论分析与制度构建》，载《法商研究》2006 年第 3 期。

〔2〕 参见黄海龙、潘玮璘：《"尽可能一次性解决纠纷"理念的基本内涵与实践要求》，载《中国应用法学》2022 年第 5 期。

疑。[1] 该理论的代表性人物诺内特和塞尔兹尼克提出了"硬性法治"应当被"软性法治"取代的理论，主张将法分类为"自治型法""压制型法""回应型法"，他们认为与社会变革和法治发展要求最相符的是"回应型法"。"回应型法"的特点是其将法律作为一种实现社会回应的工具，其作用应当是对多种社会需求和希望予以回复，它的功能在于调整而非裁判。这种理论在纠纷解决领域的运用，意味着诉讼不再被学者们认为是解决纠纷的绝对途径，应当用多元的纠纷解决途径去追求多元的实质正义，单一的公平、正义观念将不再存在，法院也应当对纠纷解决方式予以改革以回应社会的需求。可见，后现代法学理论是多元纠纷解决方式发展的理论支撑之一。

2. 效率价值维度

纠纷得到高效、公正的解决才体现出司法的效率价值维度。国际商事交易与一般交易相比具有标的额更大、成本更高等特点，国际商事纠纷当事人更期待纠纷的高效解决，避免因耗时过长成本增加和损失扩大的问题。因此，在国际商事纠纷的解决上，对于效率价值维度的追求在一些情况下是高于对司法公正价值的追求的。效率价值维度在国际商事纠纷解决上主要体现在两个方面：一是纠纷解决的高效性。传统的商事诉讼耗时短则 3 ~ 6 个月，长则数以年计，还要付出高昂的费用成本，不利于纠纷的快速解决；而调解、仲裁等非诉方式虽低廉、迅速，但过度依赖于当事人的自律，若一方反悔则之前花费的时间和努力就白白耗费。因此对三种方式进行衔接融合，是对节约时间成本的追求的体现。二是裁决兑现的效率性。这主要表现在相关的调解书、裁决书和判决书能否得到有效和快速的执行，世界各国在文书的域外执行方面纷纷进行了创新和改革，以体现效率价值。

（二）意思自治理论与自由价值维度

1. 意思自治理论

意思自治理论在国际私法的理论中处于核心地位。法国国际私法学家杜摩兰认为当事人可自主选择涉外合同纠纷所适用的法律，对当事人意思自治理论做出了具体诠释。伴随国际私法的发展，从法律适用方面外延至适用国际民事诉讼领域无不彰显了意思自治理论，从学理上分析，当事人程序主体性原则的内在精神在国际商事领域中意思自治理论表现得尤为明显，特别是在诉讼契约化上，可以说，两类国商庭的出现就是意思自治理论在国际商事领域发挥作用的结果。尊重当事人的合意是国际商事领域的一大特点，这在纠纷解决方面体现为对解决程序进行自主选择的权利，

---

〔1〕 参见信春鹰：《后现代法学：为法治探索未来》，载《中国社会科学》2000 年第 5 期。

即在纠纷解决方式、解决依据和解决机构等方面赋予选择的权利。从意思自治的实质层面分析，当事人就纠纷解决达成意思自治的阶段，可以被理解为一个互换利益的阶段。为了通过互换的方式获得对方利益中自己所需的部分，需要对自己的部分利益予以妥协，这事实上体现的是一种能够被双方在主观上接受的正义。但纠纷解决中当事人的意思自治并非毫无边界，应当在法律允许的最低限度内进行自治，不允许以社会公共利益和他人合法利益进行交换，因此需要在纠纷解决机制中对此进行规制，这就是司法审查制度的理论基础来源。

2. 自由价值

关于法的自由价值，法学家都从不同的领域对此展开了论述。一般而言，法的自由价值包括两个层面：一是自由为公民的法定权利之一；二是自由要在法律允许的范围内。具体到国际商事纠纷解决机制融合的层面上，对自由价值的追求首先就体现在它的灵活性上，充分赋予当事人自主选择最便捷的纠纷解决方式。这种自由在纠纷解决机制上表现为程序的非形式化和简便、当事人极大的自主权等特点。然而，为了将自由控制在法律允许的范围内，需要对当事人的自由予以限制，并应当对纠纷解决结果依法进行审查。因此，“一站式”纠纷解决机制衔接的自由价值基础应当包括三个方面：一是对当事人自由、平等的参与到纠纷解决过程中予以保障，并且使当事人能够接受处理结果；二是对中立第三方的性质和职权等进行规范；三是通过监督机制对当事人的自由性和处分权予以监督。

（三）接近正义理论与公平价值维度

1. 接近正义理论

20 世纪的中后叶，该理论在国际上开始流行，成为世界各国民商事司法改革的理论，理论的核心含义即通过多元的方式使公民无限度接近真正的正义。意大利法学家莫诺·卡佩莱蒂曾经对该理论进行了系统研究，并认为该理论可以从“接近”和“正义”两个方面进行理解，“接近”侧重的是获得权利救济和寻求解决纠纷的途径，“正义”侧重的是纠纷解决机制应当始终保持实体正义和程序正当。很多学者在论述这一理论时，往往会用金字塔模型来类比，金字塔底部的宽度象征着纠纷的数量十分庞大，尖锐的塔顶表示可能被法院受理并开展诉讼的案件，这部分案件往往是纠纷中的极少数。因此，只有通过多元化的纠纷解决方式，才能赋予当事人更多的解纷途径，从而使当事人无限接近多元的正义并缓解司法诉讼压力。这一理论扩大了纠纷解决方式的范围，即纠纷解决的功能并非法院独有而其他解纷主体同样被赋予。在该理论影响下，各国纷纷对纠纷解决机制进行了改革，包括对法院诉讼程序的一般性变革、用仲裁替代诉讼、设立专门的调解机构,用调解程序代替审判程序等。

2. 公平价值

国际商事纠纷的解决在确保效率的同时,也不能忽视公平价值,需要确保公正性才能得到当事人的认可,才能发挥纠纷解决机制的实质作用。但地方国商庭"一站式"纠纷解决机制衔接的公平价值基础与传统国际商事诉讼的公平价值基础并不同。前者侧重于当事人对纠纷解决的实体和程序利益的综合评判,允许当事人在不违背法律的前提下,经过权衡和妥协达成合意。这与国际商事纠纷的产生原因、当事人的个人价值取向紧密相关,一般不具有传统国际商事诉讼判决的规范性。公平感在本质上就是主观的一种评价,会因时代和场所的变化而变化。因此可以理解为,"一站式"纠纷解决机制融合的公平价值基础更多的侧重于当事人的主观评价。这与普通商事诉讼所追求的社会公平有所区别,国际商事纠纷在多元解纷机制下真正公平解决的本意是,既应当依赖于通过某种解纷方式而形成具有强制效力的结果,又应当依赖于当事人从主观上认同和执行该结果,实现"尽可能一次性解决纠纷"。

三、问题检视:多元化解纷方式衔接的现状与问题

(一)纠纷解决主体衔接的现状和问题

1. 主体衔接的现状

我国国际商事纠纷解决主体是指多元化解纷机制内部主持解决纠纷的组织。一是诉讼机构。国商庭作为诉讼方式的解纷主体,最高人民法院下设的国商庭目前采用中国法官与国际商事专家委员会相结合的设置模式,法庭组织的构成主要为国内法官,同时设立专家委员会作为补充组织,目前共有 61 名专家委员。这些专家委员来自中国、韩国、黎巴嫩等国家,在国际法领域有所建树,具有丰富的实务经验。[1]根据国商庭的规定,目前专家委员会的职责范围包括对纠纷予以调解、为案件的法律查明适用出具专业的咨询意见等。目前地方国商庭设在中级人民法院,法官为国内法官,部分地方国商庭也设立了专家委员会。二是仲裁、调解机构。国商庭为实现多元化纠纷解决机制的融合顺畅,采用多元化纠纷解决方式的机构包括中国国际经济

〔1〕 最高人民法院国际商事法庭:《专家委员会名录》,载 https://cicc.court.gov.cn/html/1/218/226/234/index.html,最后访问日期:2023 年 6 月 4 日。

贸易仲裁委员会等 10 家仲裁机构、[1] 中国国际贸易促进委员会调解中心等 2 家调解机构。[2] 地方国商庭主要与当地民商事调解组织、仲裁机构签订合作备忘录建立多元化纠纷解决机制。例如，南宁国际商事法庭与广西国际民商事调解中心、南宁国际仲裁院等签署合作备忘录，进一步完善诉仲调有机衔接的涉外民商事纠纷解决平台。2023 年 3 月，该法庭通过诉仲调联动机制成功处理原告南宁市某担保公司诉注册地为英属维尔京群岛的某投资公司等 11 位被告追偿权纠纷案，取得"一次性解决纠纷"的良好效果。

2. 主体衔接存在的问题

目前地方国商庭总体上仍处在发展完善初期，纳入"一站式"纠纷解决机制的仲裁和调解机构主要为地方的商事调解组织、仲裁机构，例如，成都国际商事法庭将四川天府"一带一路"商事调解中心纳入该机制，南京国际商事法庭将南京仲裁委员会纳入该机制，等等。这些地方调解组织和仲裁机构在规则机制、国际影响力、解决纠纷的经验上与最高人民法院国商庭所纳入的 12 家仲裁、调解机构相比存在一定差距，与国际化的伦敦国际仲裁院、新加坡国际仲裁中心等机构更无法相比。这对于当事人而言，可供选择的范围有一定的局限性。此外，选定纳入"一站式"纠纷解决机制的仲裁、调解机构的标准、选定纳入的程序、纳入后的管理和运行等也尚不够规范，基本上是由各地方国商庭自行探索、各行其是，缺乏统一、公开的规则指引。再者，随着当事人对多元化解纷需求的不断增长，从未来"一站式"纠纷解决机制衔接的完善趋势看，仅将地方国商庭所在地的仲裁、调解机构纳入该机制是无法满足的。若地方国商庭纳入该机制内的仲裁、调解机构范围过于局限，很可能造成当事人的程序空转一轮后最终选择放弃我国的"一站式"纠纷解决机制，转而去选择别国更为国际化的机构解决纠纷，降低我国多元解纷机制的国际吸引力，也不利于贯彻"尽可能一次性解决纠纷"的理念。

（二）纠纷解决方式衔接的现状和问题

1. 纠纷解决方式衔接的现状

纠纷解决方式是一个具有多重含义的概念，具体到本文中所指的多元纠纷解决

---

[1] 最高人民法院国际商事法庭：《第三方仲裁机构名录》，载 https://cicc.court.gov.cn/html/1/218/321/296/300/index.html，最后访问日期：2023 年 6 月 4 日。

[2] 最高人民法院国际商事法庭：《第三方调解机构名录》，载 https://cicc.court.gov.cn/html/1/218/321/286/292/index.html，最后访问日期：2023 年 6 月 4 日。

机制内部的纠纷解决方式，指的是其狭义的概念，即包含多元化纠纷解决机制中个别性的制度安排，如诉讼、调解、仲裁方式。[1] 纠纷解决方式的衔接侧重于论述的是“一站式”纠纷解决机制内部调解、仲裁与诉讼方式在纠纷解决过程中的程序衔接问题。从目前国商庭的相关规定和地方国商庭的实际运作来看，诉讼与仲裁的衔接主要体现为诉讼对仲裁的支持和监督，二者在纠纷解决过程中的程序衔接上还未足够体现出相融的特点。因此，本文聚焦于分析调解与仲裁、调解与诉讼在方式衔接上的现状与问题。

一是调解与仲裁方式的衔接。当事人向法庭申请仲裁的前提是在国际商事合同中约定了仲裁条款。法庭依据当事人的意思自治，从入选“一站式”纠纷解决机制的仲裁机构中确定该案件的仲裁机构。仲裁依据选定仲裁机构的相关仲裁规则和程序进行。调解与仲裁的衔接主要表现在调解程序可以介入仲裁过程中，这主要是依据我国《仲裁法》的规定，而在调解与仲裁方式的衔接方面，法庭相关规则对此并未做出特别规定。我国《仲裁法》第 51 条规定，在当事人同意进行调解的前提下，若裁决尚未作出，仲裁机构可以对当事人双方先行调解。此时调解职能实际上是由仲裁庭行使，并非由专业调解机构独立进行调解。调解分成功和失败两种情形，仲裁机构对于前者则依双方达成的调解协议制发调解书或裁决书；对于后者则继续仲裁程序，依仲裁规则制作裁决书。

二是调解与诉讼方式的衔接。法庭受理案件后，在庭前可组织调解。目前国商庭采取的调解与诉讼的衔接为一种委派调解，即国商庭在受理案件后的 7 日内，立案登记前，若当事人同意进行调解，则委派“一站式”纠纷解决机制所纳入的调解机构或专家委员会对纠纷进行调解。[2] 若原告同意调解，则案件管理办公室进行登记；若原告不同意调解，则国商庭予以正式立案。当事人若同意调解，可以选定“一站式”纠纷解决机制中的调解机构或者专家委员会予以调解。若当事人选择专家委员会调解，可选择由一名或三名专家作为调解员，且调解过程不公开。若当事人合意选择调解机构予以调解，则应遵循该机构的相关调解细则和流程。若调解成功，当事人可以向国商庭提出请求，国商庭确认后可依照双方合意形成的调解协议制作调解书或者判决书；调解不成功的，则进入诉讼程序。地方国商庭在调解与诉讼方式的衔接上亦是上述相类似的模式。

---

〔1〕 参见韩红俊主编：《非诉讼纠纷解决机制（ADR）理论与实务》，法律出版社 2019 年版，第 49 页。

〔2〕 参见王丽编著：《“一带一路”国际商事调解》，北京大学出版社 2020 年版，第 322 页。

三是仲裁与诉讼方式的衔接。国际商事纠纷在诉讼审理过程中存在法律适用、外国法查明等难题，判决往往较迟延，各国法院的裁判难以执行，诉讼途径难以满足纠纷当事人快速解决商事纠纷的需求。仲裁以高效率的特征而备受当事人青睐，同时《纽约公约》保障了仲裁结果可以在大部分国家得以承认和执行，仲裁已成为国际商事纠纷中被广泛选择的一项纠纷解决方式。目前，国际商事多元化解纷机制除积极引导和鼓励符合仲裁条件的当事人选择仲裁方式外，法庭给予仲裁中的当事人申请证据、财产保全的程序保障，且仲裁裁决可通过向法庭申请承认和执行得到保障，仲裁与诉讼的融合发展具有天然的优势。但是，各地仲裁机构的仲裁员业务水平良莠不齐，当事人对某些地方仲裁机构裁决质量、公信力的顾虑，是制约地方国商庭在受理案件后引导当事人选择仲裁方式解决纠纷的主要因素。

2. 纠纷解决方式衔接存在的问题

(1)调解与仲裁的衔接缺乏统一规定。国商庭对调解、仲裁的衔接并未予以特殊规定。我国《仲裁法》规定，当事人在商事纠纷的化解过程中若选择仲裁方式，仍可在仲裁中进行调解，此时由同一人充当仲裁员和调解员。实际上，专家委员会抑或机制内的调解机构与仲裁没有形成很好的衔接。目前"一站式"纠纷解决机制内的仲裁机构对独立调解程序的规定也各不相同，如北仲在仲裁规则中规定在案件审理过程中，当事人可以启动独立调解程序，但只能选择北仲调解中心进行调解，而北仲调解中心目前没有被纳入"一站式"纠纷解决机制内部，当事人也无法选择专家委员会或"一站式"纠纷解决机制内的调解机构进行独立调解。[1] 对调解方式和仲裁方式的衔接缺乏统一的规定使得调解与仲裁并未真正建立起有效衔接，这也是地方国商庭同样需要面临的问题。当下，各个国家在调解与仲裁的衔接上已经有了多种形式，如先调解后仲裁、建议型调仲衔接等模式。[2] 因此，地方国商庭可参照他国的经验做法，也统一规定调解与仲裁的衔接，更好实现法庭"一站式"纠纷解决机制"由衔到融"的发展。

(2)关于诉讼中调解的规定模糊。目前，国商庭的相关程序性文件对诉讼与调解的衔接表述为"审前调解"，然而最高人民法院在相关意见中指出支持当事人在国商庭中的任何阶段进行调解。国商庭在调解方式与诉讼方式衔接上只规定了审前委派调解的具体程序和适用规则，但对立案后诉讼当事人委托调解的具体程序和适用规

---

〔1〕 参见王丽编著:《"一带一路"国际商事调解》,北京大学出版社2020年版,第339页。

〔2〕 参见胡仕浩、龙飞主编:《多元化纠纷解决机制改革精要》,中国法制出版社2019年版,第415页。

则并未予以明确规定，地方国商庭同样面临这个问题。其实我国国内的部分法院在处理国际商事纠纷案件上，出台了详细的诉前委派调解和诉中委托调解的程序和规则，地方国商庭可从“尽可能一次性解决纠纷”的理念出发，对诉讼中当事人基于意思自治委托调解的情形加以规范，进一步对诉讼中的委托调解程序予以细化。地方国商庭在受理案件后立案前，当事人可以合意请求法庭委派机制内的专家委员会或者调解机构进行调解，专家委员调解适用各地方相关规则，调解机构调解适用该机构的规则；在立案后，当事人请求地方国商庭进行委托调解的程序和适用规则不明，合意所达成的调解协议的效力是应当参照审前调解的规定还是适用《民事诉讼法》关于诉中调解的规定，地方国商庭如果未予以说明，则无法体现出衔接的理念。对比其他国家的做法，其在调解与诉讼的衔接上赋予了当事人极大的自主权，且呈现调审分离的特点。新加坡国商庭可以根据诉讼中当事人的合意，委托调解中心进行案件调解，国商庭不承担调解职能。[1]

（三）监督的概况及其存在的问题

1. 监督的概况

法庭对仲裁、调解的司法监督广义上是指对仲裁、调解的审查及对其支持，而狭义上仅指法庭对仲裁、调解的审查。[2] 本文从狭义上探讨法庭对仲裁、调解的审查监督。法庭在多元解纷机制中处于中心地位，原因就在于法庭不仅是提供诉讼方式的解纷主体，也能对仲裁、调解方式予以监督和支持，在有效监督上做足功夫才能保障多元解纷机制衔接的顺畅。

法庭对国际商事仲裁的监督主要体现在对仲裁裁决的撤销与执行上，若当事人想对仲裁机构作出的裁决向法庭请求撤销或执行，应当将申请书提交法庭。法庭立案后进行审查，并作出相应的裁定。同时，法庭对仲裁机构的裁决主要依照相关法律予以审查。目前来看，相关法律主要指的是《仲裁法》《民事诉讼法》等。一般而言，法庭经过审查后会出现执行、不予执行和撤销仲裁裁决这几种情况。

法庭对调解的监督主要体现在对调解协议的审查方面。当事人若经过多元解纷机制内的调解组织的调解，合意形成了调解协议，法庭可以在对调解协议予以审查后，赋予其强制执行力。国商庭程序规则也规定若双方合意形成了调解协议，相关调

〔1〕 参见陈燕红、罗传钰、陈来瑶：《“一带一路”国际商事争端解决机制的队伍建设与机构完善——基于域外经验》，载《广西大学学报（哲学社会科学版）》2020 年第 3 期。

〔2〕 参见杜新丽主编：《国际民事诉讼和国际商事仲裁》，中国政法大学出版社 2005 年版，第 289 页。

解组织需要在一定期限内,向国商庭提交当事人合意所形成的调解协议和有关材料,由国商庭依法对上述文件进行审查。

2. 监督存在的问题

法庭对仲裁监督效能的发挥受制约。在办理仲裁司法审查案件中协调、联动工作机制不够健全。诉讼与仲裁在信息畅通方面还不够深入,诉仲对接的信息化共享平台建设未完善,仲裁的电子卷宗对诉讼尚未开通调阅功能,这在一定程度上制约了法庭仲裁司法审查案件的办案效能。在发挥诉讼对仲裁的监督作用上,司法对仲裁人员的业务培训指导较少,以及相互间就仲裁司法审查案件的业务交流较少等,不利于裁审尺度的统一,也不利于仲裁质量提升和规范化发展。受“诉讼优先”“诉讼万能”等传统固有观念的影响,法庭引导当事人主动了解仲裁制度、优先选择仲裁方式解决纠纷的力度还不够大。

法庭对调解协议缺乏审查规则和救济规则。法庭对调解协议的审查是法庭行使监督权的重要表现,但国商庭程序规则仅表述为“依法审查”,依据的法律和审查的方式均不明确,过于抽象和笼统,缺乏详细的审查规则。对于当事人合意形成的调解协议,法庭应当采取的审查标准是实质审查还是形式审查,审查依据的是哪部法律,审查不通过的情形包括哪些,均没有具体的规定,这使得其在审查实务的处理上无法找到法律依据。[1] 首先,我国目前并未出台相关的“商事调解法”,商事调解的司法审查在实务中大多参照的是《人民调解法》和相关司法解释,若法庭对国际商事调解协议的审查完全照搬《人民调解法》及其司法解释的规定,则无法体现出国际性和商事性的特点。经过商事专家委员会调解而合意形成的调解协议,对其审查是否能适用《人民调解法》及其司法解释还需进一步探讨。其次,法庭还应考虑到可能会出现虚假调解、恶意串通和滥用调解权利的情况,也会出现对第三人的合法权利造成损害的情况。对于这些情况中的问题,法庭目前并未制定具体的救济程序和规则,也没有明确说明这些救济程序是否直接适用我国国内相关法律的规定。

(四)文书域外执行衔接的现状和问题

1. 文书域外执行衔接的现状

国际商事纠纷当事人一般的经常居所地都在不同的国家,被执行人及被执行人的财产一旦不在我国领域内,就面临文书的域外执行问题。目前法庭对于有关裁决的域

---

〔1〕 参见刘俊敏、童铮恺:《“一带一路”背景下我国国际商事法庭的建设与完善》,载《河北法学》2019 年第 8 期。

外执行，并未规定特别的法律和程序，因此在执行问题上法庭与我国普通法院存在一定的共性。法庭“一站式”纠纷解决机制中的调解机构以及专家委员会均可以行使调解职能并出具调解协议，但对调解书的域外执行，法庭主要采取将调解书转化为判决的方式予以执行。原因在于各国对调解书的认定方式和相关执行制度均存在巨大差异，且有些国家也没有建立有关调解书的执行机制。从国际上来看，关于调解书的执行有《新加坡调解公约》，但该公约出台的时间尚短，缔约国也相对较少，还尚未建立起一个成熟的国际调解执行机制，因此目前“一站式”纠纷解决机制的调解书要想获得域外执行，只能由当事人向法庭申请，通过将调解书转化为判决书的方式，从而得到域外执行。

“一站式”纠纷解决机制中的仲裁机构，可以对商事纠纷进行仲裁并制发仲裁裁决。法庭经过对仲裁裁决的审查，若认为符合相关规定，则可以启动仲裁裁决执行程序。仲裁裁决的域外执行相对于调解书和判决书来说，已经有了一套成熟的执行机制。目前我国也是《纽约公约》众多的缔约国之一，法庭“一站式”纠纷解决机制中的仲裁裁决可通过《纽约公约》实现域外执行。

从实践来看，我国法院作出的判决在域外执行的途径过窄，法庭判决的域外执行同样受到制约。目前现状是法庭的判决申请在域外执行要根据《民事诉讼法》的规定，法庭判决的域外执行包括两种方式：一是通过法庭申请外国法院予以执行；二是当事人直接申请外国法院予以执行，这两种方式所依据的都是外国与我国的相关条约和互惠关系，若该外国与我国既不存在双边条约也无互惠关系，则法庭的判决会面临无法域外执行的风险。

2. 文书域外执行衔接的问题

(1)调解书域外执行的规定空白。通过《纽约公约》可打通法庭“一站式”纠纷解决机制中仲裁裁决的域外执行“最后一公里”，判决书亦可通过条约或互惠关系得到域外执行，但法庭对于调解书的域外执行没有特别的执行规则，调解书在可执行性上与其他两类文书无法形成衔接。2018 年，随着《新加坡调解公约》的通过，目前调解书的域外执行也仅依赖于该公约。经法庭纳入的调解机构、专家委员会成员组织调解作出的调解协议应当如何定性成为我们无法避免的问题，因为这会直接影响到调解书的域外执行能否适用该公约。根据该公约第 1.3 条的规定，若调解协议是经由法院批准或者系在法院相关程序过程中达成的，则公约将不适用于该调解协议。同时若该调解协议可以在法院地国被视为判决并具有强制执行力，则也不适用该公约。因此，经法庭纳入机制内的调解组织主持而合意形成的调解协议，其性质是否属于“在法院有关的司法程序中达成的协议”或“可以在法院地国作为判决而执行的协议”？如果是的话，调解协议将无法通过公约的途径得到域外执行，那应当通过何种方式使“一站式”纠纷解决机制中的调解协议得到执行？对于这些亟待解决的问题，目前还没有系统的规定，这将会导致“一站式”纠纷解决机制中调解机构作出的调解协议无法直接得到域外执行，只能依赖于转化为判决得到执行，大大地削弱了调解协议的实际法律效力，也不利于纠纷的一次性解决。

(2)判决的域外执行途径窄。调解书、裁决书都可通过转化为判决书的方式得到域外执行，因此判决的域外执行途径对“一站式”纠纷解决机制文书域外执行的衔接至关重要。对比域外的国商庭，我国国商庭及地方国商庭在判决书的域外执行途径上相对较窄且较为被动。新加坡国商庭的文书域外执行主要通过签订双边和多边条约予以实现。迪拜国际金融中心法院则开创了将判决向仲裁裁决转化的文书转化制度，拓宽域外执行途径。目前，法庭的判决域外执行主要通过双边条约、多边条约或互惠原则实现。与我国签署双边条约的国家共有39个，签署的有关民商事司法协助条约的内容涉及证据协助、文书送达以及判决的承认与执行等多个方面。其中只有35个国家的双边条约约定了承认与执行我国法院判决。我国与经济体量较大的美国、日本、英国等国家均未签订关于判决域外执行的双边条约。而实践中，我国法院的判决依据双边条约在外国得到域外执行仍较少，即我国的判决并非在签订了双边条约的这些国家都能很好地得到域外执行。在国际条约的签署上，我国于2017年正式签署《选择法院协议公约》，其中涉及“一带一路”倡议的签约国只有12个，而且我国政府目前尚未批准该公约。除了上述的35个国家，法庭的判决要想得到域外执行，只能依据互惠原则，而互惠原则要求事实上存在互惠，即我国法院的判决先前在该外国法院已有过承认和执行的案例。若不存在先例，我国将不会对与该国存在的互惠关系予以肯定。英国、韩国、马来西亚等国家的判决都曾经因为我国这种认定互惠关系的方式而无法得到执行。此种以认定互惠关系存在为前提的文书域外执行模式不利于法庭的判决文书在域外得到有效执行。因此无论是从双边条约、多边条约还是从互惠的角度来分析，法庭的判决在域外执行的途径过窄，成为制约法庭判决域外执行的因素。

四、路径选择：“尽可能一次性解决纠纷”理念下多元化解纷机制“由衔到融”转变

(一)完善多元化解纷主体的融合

1. 发挥党委政府统筹协调功能

发挥党委政府的统筹协调职能，进一步强化保障机制。引导非诉纠纷解决方式

逐步向一体化、融合式、高效率转变，以开放、协调、融合的工作理念格局，推动非诉纠纷解决机制从"一部门一通道、一条线一入口"向"一张网、一站式、一条龙"转变，打破"各自为战"、自成一体的局面。在保障机制方面，优化经费保障体系，加大对国际商事纠纷"一站式"纠纷解决机制中调解、仲裁机构的资金保障力度，吸引更多高素质、国际化、专业化且经验丰富的调解、仲裁人员积极参与到国际商事纠纷多元化解纷机制中，提升多元化纠纷解决平台的公信力和吸引力。

2. 扩大非诉机构的纳入范围

目前法庭所纳入的调解和仲裁机构均为我国境内的机构，地方国商庭主要将当地的调解和仲裁机构纳入，而这些机构存在数量少、国际影响力还不够等问题，这使得目前我国"一站式"纠纷解决机制对当事人的吸引力不够。在调解机构的选择上，可以考虑将我国香港和解中心等港澳台地区的调解机构纳入地方国商庭的"一站式"纠纷解决机制。我国目前已经签署了《新加坡调解公约》，法庭引入我国港澳台地区的调解机构将更有利于扩大"一站式"纠纷解决机制中调解的影响力和执行力。在仲裁机构的选择上，地方国商庭主要将当地仲裁机构纳入，这还无法满足中外当事人的实际需求。可考虑纳入我国香港地区及北京、上海等地有重要影响力的仲裁机构，以便充分赋予当事人更广的选择范围。从国际商事纠纷解决机制的国际性角度和长远角度来看，随着地方国商庭的发展完善可以考虑将境外仲裁机构也纳入该机制中，从而为当事人提供国内外的双重选定范围，增强国内外仲裁机构的协同配合与竞争发展。

（二）完善纠纷解决方式的融合

1. 明确诉中委托调解的规定

在国际商事领域，充分保障当事人对调解方式的自愿选择权，是意思自治理论的重要体现，我们应当鼓励当事人主体充分通过意思自治解决纠纷。首先，法庭应当对当事人主体意思自治的权利赋予认可并给予充分空间。[1] 因此，法庭在多元化纠纷解决方式的衔接上，对诉讼中委托调解的相关规定予以明确，构建诉中委托调解制度。在立案登记后和法院审理程序中，可以参照审前调解的规定，明确当事人向法庭申请委托调解的具体程序和适用规则。依诉中委托调解合意形成的调解协议的效力与审前调解协议相同，不必然产生强制执行力，赋予当事人申请确认效力的选择权。其次，应当考虑到在这种模式下，可能存在当事人恶意调解以拖延诉讼程序的情况。

---

〔1〕 参见卜璐：《"一带一路"背景下我国国际商事法庭的运行》，载《求是学刊》2018年第5期。

委托调解与委派调解不同，由于纠纷已经进入了立案系统，调解期限已开始计入案件审理期限，因此法庭应当对委托调解设置合理期限，避免任一当事人利用调解程序拖延纠纷的解决。

2. 创新调解和仲裁方式融合的规则

对于调解与仲裁的衔接模式，法庭可以在尊重当事人意思自治的前提下，创新并丰富调解与仲裁的衔接方式。纳入“一站式”纠纷解决机制中的仲裁机构应当允许机制内的调解机构或专家委员会将调解作为一个独立的程序与仲裁相衔接。目前仲裁庭实际上负责仲裁中的调解，从理论上来说难以界定为调解与仲裁的衔接，因为在仲裁程序中的调解实际上成为仲裁的一部分，不符合“一站式”纠纷解决机制的基本性质。〔1〕法庭可增加对当事人是否愿意调解进行询问的前置程序，即在当事人尚未选定仲裁机构启动仲裁程序前，积极引导当事人尽可能选择调解方式解决纠纷，让当事人在合理期限内决定是否选择调解方式，若当事人同意选择调解方式，则由法庭启动委托专门调解机构或专家委员开展调解的程序；反之则引导符合仲裁条件的当事人尽可能选择仲裁程序。设置询问前置程序其合理性在于可以让当事人在调解与仲裁方式中作出慎重抉择，避免在一个程序中“兜兜转转”后选择另一种解纷方式，既浪费司法资源也不利于尽可能一次性高效解决国际商事纠纷。同时，若当事人在调解失败后转而启动仲裁程序的，此时调解员应当向仲裁员提交相应的裁决建议书，内容可包括调解过程中掌握的相关案件信息和法律法规。该建议书不具有法律效力但能予以仲裁员指引，促进“尽可能一次性解决纠纷”理念下的高效仲裁。

（三）完善监督机制的融合

1. 完善对调解协议的审查规则和救济规则

法庭对国际商事调解协议的审查标准，应与当前《人民调解法》的规定不同。在保证公共利益的前提下，对国际商事调解协议以形式审查为主。原因在于从国际商事调解协议背后的法理分析，国际商事纠纷解决本就具有较强的意思自治性，国际商事调解协议体现的是国际商事主体的自治原则和处分原则，目的在于达成合意以求迅速解决纠纷。商事调解价值观的重要内容就是调解协议在法律上的安全性，即调解协议应当尽量被司法确认。从法庭对调解协议的审查基础来看，应当是从形式上对当事人合意予以认可，而非对合意内容予以评判。当事人同意在调解协议上署名，即表明双方对调解协议的内容无异议，并不需要法庭再从司法的角度作全面审查。

---

〔1〕 参见殷敏、王珍珍：《“一带一路”争端解决机制：理论与法规》，上海人民出版社2020年版，第250页。

概言之,法庭对商事调解协议的审查仅是从司法层面予以认可,使其具有强制执行效力,对其实体内容无须做全面审查,当然,损害我国社会公共利益或侵害国家利益等情形的除外。

2. 完善对仲裁的监督和支持

对国际商事仲裁进行司法监督包括对仲裁管辖权的监督和对其作出的裁决的监督。对仲裁管辖权的监督具体表现在对仲裁协议效力的审查上。当事人合意是仲裁协议达成的前提,而法律赋予仲裁协议有效性,故仲裁协议兼具司法性和契约性的性质。就司法性而言,法院对仲裁的监督重点在于对仲裁协议效力的确认是应然契合。因此,对仲裁协议效力的审查案件可进一步细化审查办理的时限,尽可能以简易的程序解决,缩短司法审查中的耗时,体现效率价值,侧面也有力地支持仲裁裁决时间的节约;加强诉讼与仲裁协调、联动机制建设,畅通信息共享和业务交流学习;同时,完善诉讼对仲裁中当事人申请证据、财产保全的快速移送机制,通过诉讼审判来鼓励和支持仲裁,更好地运用国际规则对国际商事纠纷仲裁予以承认和执行,实现司法审查监督与支持的良好效果。

(四)完善文书域外执行的融合

1. 调解书域外执行规则的完善

目前依托《新加坡调解公约》进行域外执行的关键是,"一站式"纠纷解决机制中的调解机构作出的调解协议,其性质是否属于"在法院相关程序过程中订立的协议"?因为目前法庭需要在当事人的同意下,由法院委托进行调解,这很有可能被认定为是在法院相关程序中订立的协议,从而不能适用《新加坡调解公约》得到域外执行。为此,笔者认为,对于经专家委员会和调解机构主持而达成的调解协议,在当事人申请法庭出具调解书或判决书之前,并不具有强制执行力,此时该协议仅具有普通契约的性质,仍然可以通过公约得到域外执行。但如果当事人请求法庭对调解协议予以确认,此时该协议就具有了强制执行力,该协议则无法通过公约得到域外执行。我们可以在批准公约时对公约的相关表述做限缩解释,将"法院相关程序过程中"限定为"法院诉讼程序过程中"并由法庭主持调解。将当事人在立案前、诉讼中申请调解的情形加以区分,此两种情形下由独立的调解机构或专家委员会成员对纠纷进行调解,法庭并未实际参与调解过程,可理解为并非发生在法院诉讼过程中的调解,设置调解询问的前置程序也是出于此考虑,从而保证调解协议的执行适用公约。

2. 判决转仲裁裁决的机制完善

随着《纽约公约》的签署生效,国际商事仲裁裁决的域外执行已十分成熟。迪拜国际金融中心法院创造性地提出将法院判决转化为仲裁裁决,增强其文书域外执行的可能。地方国商庭在"一站式"纠纷解决机制中文书的域外执行上,可以借鉴迪拜国际金融中心法院的经验,建立文书转化机制,从而使调解协议和判决书依托《纽约公约》得到执行。目前国商庭已经可以将调解协议转化为判决书,我国香港地区国际仲裁中心此前设立了调解转化仲裁的模式,在调解成功后,我国香港地区国际仲裁中心可以就双方合意形成调解协议作出仲裁裁决,从而完成由调解协议向仲裁裁决的转化。地方国商庭也可以借鉴这种做法,允许当事人将调解协议和已生效的判决书提交仲裁机构转化为仲裁裁决,从而增强地方国商庭判决的跨境可执行性。当然文书转化机制要立足于本国实践,将地方国商庭判决文书转化为仲裁裁决的前提是判决项下的当事人各方达成仲裁协议,以及结合调解协议和判决书所涉案件的类型等因素综合考虑。

五、结语

我国国际商事纠纷多元化解决机制集调解、仲裁与诉讼方式为一体,"三位一体"多元解纷方式的相互衔接已不断发展完善。但在"尽可能一次性解决纠纷"理念背景下,为今后更好地发挥"一站式"多元解纷机制的优势,增强我国国际商事纠纷解决体系的国际影响力和国际竞争力,"一站式"多元化解纷平台的建设不应仅停留在机制的程序衔接上,而应"由衔到融",从而助推我国打造国际商事纠纷解决"优选地",最大化实现国际商事纠纷尽可能一次性实质化解,这是本文探讨的意义所在。

试论实质解决行政争议的二元诉讼目标及广西经验

罗伊里　戴声长*

摘要:实质解决行政争议被明确为新《行政诉讼法》[1]的目标宗旨,但各界对其实现标准缺乏统一认识。中国特色社会主义司法制度的优越性决定实质解决行政争议既强调主观接受"案结事了",也强调客观实现"定分止争",确立实质解决行政争议的二元诉讼目标,有利于进一步发挥实质解决行政争议的规范作用。广西壮族自治区各级人民法院围绕实质解决行政争议探索推行"五到位工作法"(一次性立到位、一次性调到位、一次性释到位、一次性查到位、一次性判到位),进一步将实质解决行政争议目标任务转化为具体的审判程序规范,为探索实质解决行政争议标准界定提供了有益参考。

实质性解决行政争议即根本性解决行政争议,[2]现有资料可探寻的,较早将实质性解决行政争议纳入行政诉讼目的讨论范围的,见诸《行

* 罗伊里,三级高级法官,广西壮族自治区高级人民法院行政庭庭长;戴声长,四级高级法官,广西壮族自治区高级人民法院行政庭员额法官,博士。

〔1〕 指2014年11月1日全国人大常委会公布的《行政诉讼法》(2014修正)。

〔2〕 关于是否将解决行政争议确定为我国行政诉讼的立法宗旨,争议由来已久。参见胡建淼主编:《行政诉讼法修改研究——〈中华人民共和国行政诉讼法〉法条建议及理由》,浙江大学出版社2007年版,第2页;马怀德:《司法改革与行政诉讼法制度的完善——〈行政诉讼法〉修改建议稿及理由说明书》,中国政法大学出版社2004年版,第85页。

政诉讼程序目的论》一文,[1]该文从实体权利保护与行政程序法之关系推演出行政诉讼应当具有解决行政争议的目的。此后,各界对实质性解决行政争议的关注始终与行政诉讼公信力不高、诉讼程序空转、上诉上访情况突出等问题相关联。[2] 早在2008年,时任最高人民法院院长肖扬提出坚持化解行政争议的行政审判原则,即指向解决这些问题。[3] 2012年,时任最高人民法院副院长江必新也指出:"实质性解决行政争议是最高人民法院最近几年特别强调的一个命题",[4]它的目标是避免程序空转,实现案结事了。[5] 在2014年《行政诉讼法》修正时,立法工作者认为"解决行政争议",旨在进一步强化通过行政诉讼化解行政纠纷的作用,形成遇事找法,依法维权,避免出现"信访不信法"的现象。[6]

正如王万华教授所指出:"源自行政审判实践的'实质性解决行政争议'命题尚未引起学界的充分关注,其内涵也尚待进一步挖掘。"[7]虽然各界始终都期望将"案结事了"视作行政争议实质解决的评价标准,但对二者之间的关系论证总是语焉不详。这也实际提出一个理论问题,即虽然我们时刻强调行政争议的实质性解决,但我们对"实质解决行政争议的实现标准"的认知是模糊的。"穷其理必先穷其源",大力推进实质性解决行政争议,首先必须在理论上厘清实质解决行政争议的功能目标定位及其实现机制。本文拟就此展开一些研究。

一、理论基础:行政诉讼与行政争议不周延关系

(一)行政诉讼不是解决行政争议的唯一路径

行政争议又称行政纠纷,一般指行政主体在行使行政职权的过程中与处于相对方的公民、法人和其他组织发生的争议。[8] 作为行政机关在实施行政管理活动中与

---

〔1〕 参见宋炉安:《行政诉讼程序目的论》,载刘莘等主编:《中国行政法学新理念》,中国方正出版社1997年版,第358~371页。

〔2〕 参见章剑生:《行政诉讼法"解决行政争议"的限定及其规则——基于〈行政诉讼法〉第1条展开的分析》,载《华东政法大学学报》2020年第4期。

〔3〕 参见肖扬:《努力建设公正高效权威的社会主义司法制度》,载《人民法院报》2008年2月1日。

〔4〕 江必新:《论行政争议的实质性解决》,载《人民司法》2012年第19期。

〔5〕 参见刘群:《实质解决行政争议视角下的行政履行判决适用研究》,载《行政法学研究》2019年第2期。

〔6〕 参见袁杰主编:《中华人民共和国行政诉讼法解读》,中国法制出版社2014年版,第4页。

〔7〕 王万华:《行政复议法的修改与完善——以"实质性解决行政争议"为视角》,载《法学研究》2019年第5期。

〔8〕 参见马怀德主编:《行政法与行政诉讼法》,中国法制出版社2000年版,第541页。

行政相对人之间产生的纠纷,[1]行政争议具体包括行政主体与公民双方围绕着国家和个人之间权利和义务的具体分配存在的分歧或者对法律关系的认识不一致而形成的争议。[2] 在行政管理活动中,行政争议为什么会产生,这是一个复杂的社会现象,行政相对人或者利害关系人的权利因素、行政机关的职能因素和行政机关工作人员的人格因素等都会单独或者共同诱发行政争议。[3]

行政诉讼是解决行政争议的路径之一,但从来都不是解决行政争议的唯一路径,甚至不是解决行政争议的主要路径。一方面,在可选择范围内,当事人除了可以选择行政诉讼的方式解决行政争议,还可以选择包括行政复议、行政裁决、申诉信访、行政调解等方式化解行政争议。另一方面,还有大量行政争议被排除在行政诉讼程序之外,保留由相应的行政程序终局解决。这样一来,行政诉讼实际承担的行政争议解决比重是不高的。但这并不意味着行政诉讼在这些纠纷处理中可以完全"独善其身",近年来,当事人提起的行政诉讼大量被人民法院以程序性案件为由驳回,当事人又围绕此程序性案件不断申诉上访,这会成为严重影响人民法院实质解决行政争议的重要因素。这启示我们,实质解决行政争议似乎要实现救济路径的指引确认。

(二)行政争议不是行政诉讼直接审理的对象

在行政诉讼中,行政争议必须以被诉行政行为的形式存在。所谓"行政行为"是行政机关的表意,包括行政机关单方行为和行政机关与行政相对人的合意行为。[4] 虽然解决行政争议被直接明确为行政诉讼目的,但我国行政诉讼以行政行为为中心建立行政诉讼的受案制度,[5]导致我们在具体审判活动中并不直接触及行政争议。"个案"中的行政争议,已被依法转化为各项行政诉讼制度共同约束的"被诉行政行为",且因各种制度约束因素的作用,个案中的被诉行为与其所指向的行政争议呈现出不同关系。如表1所示,个案中的行政争议,可能转化为诸多不同类型的诉。由此导致当事人提出的行政争议处于不同状态。

---

〔1〕 参见侯丹华:《"解决行政争议"背景下的诉前调解问题探讨》,载《法律适用》2017年第23期。

〔2〕 参见南博方:《行政诉讼中和解的法理》(上),杨建顺译,载《环球法律评论》2001年第1期。

〔3〕 参见胡玉鸿:《论行政争议产生的原因及解决方法》,载《江西社会科学》2000年第8期。

〔4〕 参见江必新:《法律行为效力:公法与私法之异同》,载《法律适用》2019年第3期。

〔5〕 参见郭修江:《以行政行为为中心的行政诉讼制度——人民法院审理行政案件的基本思路》,载《法律适用》2020年第17期。

表1 行政争议转化情况

<table>
<tr><td rowspan="9">行政争议</td><td>转化状况</td><td>原因</td><td>处理方式</td><td>备注</td></tr>
<tr><td rowspan="3">不能转为诉</td><td>不属于受案范围</td><td rowspan="3">不予受理或驳回起诉</td><td rowspan="5">当事人起诉法院错误，涉及移送</td></tr>
<tr><td>没有利害关系</td></tr>
<tr><td>超过起诉期限</td></tr>
<tr><td rowspan="2">错误的诉</td><td>诉讼请求不具体</td><td rowspan="2">释明后做相应处理</td></tr>
<tr><td>被告错误</td></tr>
<tr><td>一诉</td><td>争议指向单一具体行为</td><td>实体判决</td><td>涉及后续行政程序的衔接</td></tr>
<tr><td>多诉</td><td>争议指向多个具体行为</td><td>分别实体判决</td><td rowspan="2">涉及不同法律程序间的衔接配合</td></tr>
<tr><td>部分转化为一诉或多诉</td><td>争议涉及不属法院管辖事项</td><td>分别实体判决</td></tr>
</table>

1. 争议暂未被处理。该情形系因当事人起诉错误所致。一是当事人的起诉不符合形式规范要求且拒绝法院释明暂时不被受理；二是当事人对争议所涉的过程性行政行为起诉，但该过程性行政行为对解决争议不发生实际影响；三是当事人解决争议的诉讼顺位错误。主要指争议的解决涉及多个关联性法律关系，当事人选择的救济顺位出现错误导致救济无门或者暂时被搁置。其中，诉讼中的中止制度主要适用该类情形。

2. 程序性终结行政争议。该情形主要是指当事人所涉争议确实直接指向某一行政行为，但因绝对被排除在法院实体审理范围外而从程序上终结了其救济路径。一是属于受案范围但因当事人无正当理由超期起诉、没有利害关系等导致程序终结；二是当事人争议所涉行为不属受案范围导致其起诉不被法院受理。

3. 阶段性终结行政争议。该情形主要指争议所涉全部行政行为符合判决条件，但仅能适用撤销判决、履职判决等方式，行政机关此后可重新启动行政程序，当事人的争议只是阶段性实现终结，最终还依赖下阶段的处理。

4. 实体终结行政争议。此种情形包括：一是行政争议所涉行政行为经实体审理后法院认为不存在合法性问题，驳回当事人的诉讼请求；二是争议所涉行政行为经实体审理后法院认为存在合法性问题，但可以适用确认判决、变更判决等实际终结争议。

行政争议不是人民法院行政审判活动的直接对象，这又启示我们思考，解决行政争议仍然必须回到行政诉讼法的框架体系去讨论和确认。所谓解决行政争议，在行政诉讼活动中更多的可能是表现为一定的诉讼现象。

二、基本结论:“实质解决”并非普遍“案结事了”

正如有学者建议从立法上扩大立案受理范围、放宽原告主体资格、延长起诉期限,到司法上优化庭审结构、强化释明引导、不断优化实质解决行政争议目标,[1]在观念上,我们对实质解决行政争议的关注,从来都以立法、司法、行政为共同手段,一体推进,不断拔高“实质解决”标准。必须充分看到,实质解决行政争议由纯粹的理论语系转化为实在的制度规范,对其目标定位,应是现行制度框架内的现实可能标准。结合前文分析,虽然我们提出实质解决行政争议最直观朴素的出发点是为了解决上诉率高、申诉率高以及服判息诉率低(两高一低)问题,最终努力实现“案结事了”,但从我国行政诉讼法的制度规范着手,将“案结事了”直接等同为“实质解决”,不仅不具有普遍可行性,而且负面影响巨大。

(一)从相互关系来看,“案结事了”是实质解决行政争议的形态之一

要厘清“案结事了”可否成为实质解决行政争议的实现目标,首先要辨析“案结事了”与实质解决行政争议的关系构成。关于实质解决行政争议的内涵外延,江必新认为纠纷的实质性解决主要包括三层意思:一是案件已经裁决终结;二是当事人之间的矛盾真正得以解决;三是通过案件的审理,明晰了此类案件的处理界限。[2] 王万华教授则指出,“实质性”理当包含“行政诉讼程序终结后未再启动新的法律程序”。[3] 这些观点实际上都隐含了当事人主观上主动终结诉讼程序的认识,虽然有观点也认为实质解决行政争议也还包括客观标准。但由此至少可知,“案结事了”无疑是实质解决行政争议的形态之一。

(二)从现实可能性来看,行政诉讼直接实现“案结事了”受诸多因素限制

虽然行政诉讼程序由行政审判法官、行政诉讼原告及行政诉讼被告等各方参与主体构成,行政审判法官的主观能动性一定程度上可以改变诉讼程序走势,但行政诉讼程序的制度约束决定了其主观能动性是受限的。由争议转为诉,其因当事人因素等,可能处于不同状态,有的起诉不被受理,有的被判决驳回等。也就是说,在各方当

---

〔1〕 参见江必新:《论行政争议的实质性解决》,载《人民司法》2012 年第 19 期。

〔2〕 参见江必新:《论实质法治主义背景下的司法审查》,载《法律科学》2011 年第 6 期。

〔3〕 参见王万华:《行政复议法的修改与完善——以“实质性解决行政争议”为视角》,载《法学研究》2019 年第 5 期。

事人无法形成最佳合意情形下，行政诉讼程序作为一个法定程序，其只能按照法定客观标准结案。但所谓“案结事了”，其既有客观内容（实现结案），更有主观评价（各方当事人接受处理结果），且主要以各方当事人主观接受裁判结果为内容。要求裁判结果普遍高度契合各方当事人的共同意志，实际上是行政诉讼客观标准与当事人主观标准的合一，其局限性是客观存在的，受诸多不确定性因素影响。

（三）从价值导向来看，“案结事了”作为普遍标准弊端明显

实质解决行政争议是更高水平的司法活动，以“案结事了”为目标实质解决行政争议无疑是最佳标准，但再高水平的法官都无法调解所有案件。以唯一标准定位实质解决行政争议，那么实质解决行政争议反而可能流于形式，难以在审判实践中发挥正向引导作用，也易于被别有用心的当事人所利用，损害司法权威。一方面，“案结事了”的实质解决标准过高，普遍实现的难度极大。一定程度上可以说，“案结事了”等同调解调撤，近年来行政案件调解撤诉率普遍低于20%，可见普遍达到“案结事了”的难度颇大。我们树立这么一种实质解决行政争议标准，可能会使审判人员主观上丧失信心，客观上难以积极按照该种标准开展工作，最终实际使实质解决行政争议流于形式。另一方面，个案中一律强调“案结事了”容易助长“歪风邪气”。行政案件服判息诉率低，一定程度上与当事人救济理念不当分不开。行政案件审判实践中，服判息诉率低与缠诉滥诉突出问题长期交织，治理行政案件“两高一低”问题，既要不断满足人民群众的正当司法需求，也要坚决打击恶意诉讼问题，引导当事人理性维权。国家的司法制度、人民法院的司法政策等，都应切实发挥充当引导当事人理性维权的“风向标”的作用。假如将个案普遍实现“案结事了”作为实质解决行政争议的目标，并围绕这一目标定位设定考核标准，会起到引导甚至“鼓励”当事人缠诉缠访的不良效果，可能将严重背离该制度设计的初衷。

三、解决思路：以诉讼活动的二元目标取代一元目标

“目标”或者说“目的”，是人类行动所期望实现的对象，以制度化手段推动实现对象，即制度目标。不同于个体目标具有较大的主观随意性，制度目标不仅要科学客观，还要具有激励效果。制度目标过高、过于主观，都会影响制度实效。“案结事了”无疑是争议获得解决的最佳状态，但其突出强调当事人的主观接受，不尽符合诉讼制度目标所应具有的客观性要求，难以普遍作为行政诉讼实质解决行政争议的实现标准。准确界定行政争议的实质解决标准，仍应回到行政诉讼制度本身。

（一）实质解决行政争议是体系概念

制度的功能目标构成，既可能以单一形态出现，也可能由多元目标组合而成，这主要由制度所设定的内涵空间决定。2014 年修正的《行政诉讼法》第 1 条开宗明义将解决行政争议、维护合法权益、监督依法行政明确为制度目标，[1]各界虽对行政诉讼法应当确立上述三种诉讼目的广泛接受，但对三者的地位关系素有争议。我们认为，三者的关系构成应当是包含与被包含、体系概念与要素概念的关系。实质解决行政争议是三大诉讼目标的统领，监督依法行政、保护合法权益是特定的实现状态。

第一，以解决行政争议作为统领目标，由行政诉讼的路径决定。行政相对人与行政机关发生行政争议，最终目的指向实体权利保护诉求，争议内容却往往表现为行政相对人对行政机关的行为方式不满、对行政机关认定的事实不服、对行政机关的执法程序、法律适用及处理结果不认同等。要在行政诉讼制度框架内解决行政争议，实际上就是"抽丝剥茧"的递进式分析解决上述问题。当事人通过行政诉讼途径解决行政争议，就是要通过以下步骤解决行政争议所涉及的问题。

步骤一：处理行政争议是否可以相应转化为行政诉讼予以受理问题，这主要是审查确定行政争议是否符合受理条件的问题并相应作出处理。

步骤二：处理行政相对人对行政行为各个构成要素的关注，即依照法律的规定，对行政机关职权问题、事实认定问题、执法程序问题、法律适用问题及处理结果等逐一作出分析评价，最终确认行政机关的行政行为是否违法不当。

步骤三：处理行政相对人实体权利诉求问题。对行政机关的行政行为违法的，进一步评价分析该违法行为导致当事人合法权益损失程度并相应确定实体权利损害赔偿（补偿）方式。

由上可知，正因为行政争议起于行政相对人的主观认识，有行政争议，并不必然代表行政机关存在违法行为或者当事人的实体权益确实遭受损害，这意味着行政审判的演进过程，必然实现某一目的，但不必然实现纠正违法行为，也不必然真实发生权利救济。我们也可以清晰地探知三大诉讼目的关系：其一，三大诉讼目的的相互关系中，在逻辑上必然以解决行政争议为统领，以监督行政机关依法行政和保护当事人合法权益为递进。也就是说，解决行政争议是初阶目标，监督依法行政、保护合法权益是衍生出的进阶目标，任何个案审理都会在一定层次上解决行政争议，但不一定真实发挥监督依法行政和保护合法权益的作用。其二，三大诉讼目的自身结构中，监督

---

〔1〕 参见袁杰主编：《中华人民共和国行政诉讼法解读》，中国法制出版社 2014 年版，第 4 页。

依法行政和保护合法权益均为单一标准,但如上文将解决行政争议划分三个诉讼步骤,不同于监督依法行政、保护合法权益的单一性,解决行政争议的实现标准具有多元性、层级性和体系性特征。

第二,解决行政争议具有体系结构,是由人民法院行政审判权的行使方式决定的。如同人民法院行使其他审判权一样,人民法院的行政审判权也都广泛由裁判与非裁判构成,从功能作用上来看,人民法院享有裁判权,是为了确保任何案件都不因当事人主观因素而得到终结。但人民法院大量采取非裁判手段展开各项行政审判活动,则是为了实现更好的审判效果。具体而言,虽然我们将行政诉讼的演进过程大致划分为上述三个步骤,但在这三个步骤中,裁判手段与非裁判手段都有作用空间,即使涉及行政机关违法行为的处理,实践中仍有通过诉讼协调这一非裁判手段予以化解的可能。正因为行政审判权的行使方式包括裁判手段与非裁判手段,也说明所谓的"解决行政争议"应是体系结构。

(二)主观标准与客观标准的提出

从理论上明确解决行政争议的目标构成具有体系性之后,我们还必须进一步确定其体系结构的具体情况。对此,理论上也有相关论述,如当事人之间的矛盾真正得以解决;通过案件的审理,明晰了此类案件的处理界限,[1]"实质性"理当包含"行政诉讼程序终结后未再启动新的法律程序"。[2] 这为我们提供了一些思路。本文中,虽然我们反复用行政诉讼制度的客观规律性论证"案结事了"作为实现标准的局限性,但这并不代表我们的审判活动可以完全无视当事人的主观需求,以人民为中心的中国特色社会主义司法制度决定了我们的行政审判活动必须要不断满足人民群众的司法新需求。要实质解决行政争议,就必须充分运用《行政诉讼法》赋予人民法院(人民法官)的各种裁判与非裁判手段,努力实现"案结事了",或者至少实现"定分止争"。前者即是通过使当事人主观接受裁判结果实质解决行政争议,后者则是强调即使我们对当事人的态度不可知,但我们的裁判结果本身应当经得住考验,具备客观终结的效果。我们将实质解决行政争议的实现标准拓展至主观层面和客观层面,主要有以下几方面考虑。

第一,主观层面的"案结事了"是最高标准,凸显中国特色社会主义司法制度的优

---

[1] 参见江必新:《论实质法治主义背景下的司法审查》,载《法律科学》2011 年第 6 期。

[2] 参见王万华:《行政复议法的修改与完善——以"实质性解决行政争议"为视角》,载《法学研究》2019 年第 5 期。

越性。一切问题都由文化问题产生,由文化问题解决。文化是人发挥主观能动性的精神存在。任何法律原则乃至具体规则首先都有文化指引目标。我们对"案结事了"耳熟能详,恰好反映出"案结事了"并非行政诉讼特有的追求,而是中国司法制度的普遍价值追求。《行政诉讼法》第1条确定的制度目标首先是文化目标,根植我国的诉讼文化基因。行政审判职能是党领导人民法院化解行政争议、厚植党的执政根基的重要审判职能,关乎民心向背,不可能不重视、不追求人民群众的主观接受。这从政治的高度决定了让人民群众主观接受裁判结果同样应是行政诉讼的最高标准。

第二,客观层面的"定分止争"是普遍标准,凸显中国特色社会主义司法制度的科学性。如果说主观上的"案结事了",严重受当事人态度影响,那么,客观标准则主要靠制度规范,它是人民法院遵循现行制度规范所必然实现的目标任务。具体而言,即使人民法院无法通过非裁判手段逐一化解行政争议三个步骤的问题,未能使当事人主观上实现"案结事了",我们无奈以裁判手段终结任一步骤的司法程序,也应在各环节实现最佳客观目标。

第三,划分主观与客观标准,有利于放大实质解决行政争议的制度效果。实质解决行政争议一旦成为诉讼制度,其必然既具有制度的规范性,又发挥制度的激励性。构建实质解决行政争议的主观标准和客观标准,能够使实质解决行政争议的制度功能最大化。一方面,重视主观层面实现实质解决行政争议,有利于激发行政审判法官的主观能动性,激励行政审判法官按照最高标准做好行政审判各环节的工作,也有利于引导行政审判法官切实树立以人民为中心的司法理念。另一方面,引入实质解决行政争议的客观标准有利于弥补主观标准的局限性,既有效扩大了实质解决行政争议的激励范围,也有效构建了实质解决行政争议的规范体系,实质解决行政争议的制度效应更加突出。

(三)客观标准的具体要求

虽然我们初步勾勒出实质解决行政争议的主客观实现标准,但这并不意味着所有问题得到解决。不同于主观标准直观展现为当事人服判息诉,客观标准难以直观通过一定的结果状态作出评价,要实现客观层面的"定分止争",实际上是要确保各项裁判行为到位。

第一,在程序方面,确保程序高效公正,避免程序空转。程序冗长、程序空转是被长期诟病的突出司法问题。如果案件的受理程序拖沓冗长,实质解决争议自然无从谈起。要实现客观层面的实质解决行政争议,有以下几个方面值得考虑:一是立案程序高效,做到直接围绕影响行政争议实质性解决的最终法律关系立案。[1] 二是审理程序高效。能够依法一并审理的案件一律并案审理,避免程序分离导致诉讼拖拉。二审法院能够直接改判的,不应发回重审导致程序拖沓。三是避免诉讼不当诱发其他法律程序空转。例如,当事人与公安机关的行政拘留争议一般不宜撤销重作。但也要注意,禁止程序空转并非否定任何情形的多方程序参与,对此应有辩证态度。

第二,在实体处理方面,应当做到全面审查、全面释明。法院以个案展开司法审查,法官重视个案处理并无不妥,但行政争议有构成上的复杂性,有时候个案处理无益于争议解决。导致这种局面,主观上与当事人错误认识有关,客观上则与有的法官仅关注具体案件的处理分不开。要推动实质解纷,更具现实可能性的路径是强化各级法院在个案中对所涉争议的全面审查并对当事人权利救济存在的全部问题予以全面释明。

四、实践探索:广西法院的经验启示

面对衍生诉讼不断严峻的问题,广西壮族自治区高级人民法院从2020年开始在该地各级法院部署开展“尽可能一次性解决纠纷”,要求个案办理中尽可能将每一个司法环节的工作做到最好,尽可能依法一次性解决案件相关联的问题,尽可能避免程序空转、产生衍生诉讼案件。[2] 应该说,广西各级法院贯彻落实的“尽可能一次性解决纠纷”理念,对立案、审理、裁判等诉讼环节都提出明确要求,实际将实质解决行政争议目标,具体转化为分解诉讼程序各环节的工作要求,具有很强的规范指引意义,值得广泛借鉴。

(一)一次性“立”到位

不同于立案问题难以导致民事、刑事诉讼的程序空转,行政诉讼实践中,近年来因行政诉讼立案问题导致的各类裁驳程序性案件占比超过实体案件的再审申诉比例。大量案件因当事人选错被告、列错诉请、来错法院等原因被驳回,既增加当事人诉累,也浪费司法资源和社会资源。广西壮族自治区高级人民法院要求立案窗口在收到起诉材料后,主动向起诉人了解案件成因,评估诉讼风险,引导起诉人选择适当

[1] 参见贾亚强:《论行政诉讼实质性解决行政争议的实现——以争讼行政法律关系的确定为研究进路》,载《法律适用》2012年第4期。

[2] 参见黄海龙、潘玮璘:《“尽可能一次性解决纠纷”理念的基本内涵与实践要求》,载《中国应用法学》2022年第5期。

的非诉讼方式解决争议,对于确实遭受损害但是诉求不当的,应提出最有利于公正高效解决问题的建议方案,供当事人选择。这对一次性做好立案工作提出了更高要求。

第一,立案工作中,要一次性做好非诉救济途径的引导,确保起诉人对各种救济渠道享有充分的知情权,确保起诉人有机会选择最适合自己的救济方式。

第二,立案工作中,要一次性做好立案材料的审查,对于不符合行政诉讼受案条件的,在裁定驳回起诉的同时还要同步释明其他纠纷解决路径。

第三,立案工作中,要一次性做好诉讼请求的梳理,对于起诉人诉讼请求不规范的,要充分与起诉人沟通后厘清起诉人所涉法律关系和实质诉讼请求,切实解决就案立案、机械理解固定当事人诉讼请求的问题。

(二)一次性"调"到位

调解、协调是行政审判广泛适用的非裁判手段,由于调解的适用范围有限,广西各级法院在依法开展调解工作的同时,高度重视行政诉讼协调工作。行政诉讼协调是发端于行政审判实践的重要司法手段,一般是指"法院在审理行政案件的过程中主动运用法律的基本原则和具体规定,在双方当事人之间,以及其他相关各方之间进行协商、调停、沟通,探索案件处理办法的活动"[1]。广泛的司法实践经验说明,行政诉讼协调有利于实质性化解行政争议。其优势在于可以突破被诉行政行为、被诉行政机关等要素一体解决行政争议,按照实质性解决行政争议的最高标准(主观标准)解决行政争议,实现"案结事了"。但正如有观点指出,我国至今未有针对行政诉讼协调的专门立法,这反映了行政协调在法律上的复杂构成。如果未做好协调方式与裁判手段的平衡,行政协调做得过头了也会适得其反,容易给当事人造成"法律是橡皮筋儿"的印象,可这样也可那样,其结果就是个案可能了结了,但给社会带来的价值导向有负面效应,没有彰显法律的原则性,[2]甚至滋生司法腐败问题。因此,在一些案件中做好行政诉讼协调工作,必须完全出于行政诉讼案件本身的需要,紧扣实质解决行政争议这一诉讼目的。

第一,以实质解决行政争议作为是否启动行政协调机制的首要标准,解决人民法院行政诉讼协调工作原则性不强问题。行政诉讼同时具有保护当事人合法权益、监督行政机关依法行政和实质性解决行政争议等多重目的,过分强调行政诉讼协调必然会影响其他行政诉讼目的的实现。

---

〔1〕 林莉红:《论行政诉讼中的协调——兼评诉讼调解》,载《法学论坛》2010年第5期。

〔2〕 参见江必新:《论行政争议的实质性解决》,载《人民司法》2012年第19期。

第二,行政诉讼协调主要适用于行政争议涉及多个不同诉讼案件协同处理情形。实质解决行政争议并非必然能通过行政诉讼协调方式推进,有的简单行政争议仅涉及一个具体的行政诉讼案件,依法穷尽判决手段即可有效实现实质解决行政争议。

第三,行政诉讼协调必须发挥人民法院院庭长的牵头和把关作用,这既是监督人民法官正确行使审判权的手段,也是行政诉讼协调的组织力量保障。通过人民法院院庭长把关行政协调的启动标准,避免具体承办法官对行政协调工作误判,甚至滥用行政审判权,拖延案件结案周期。此外,与行政机关开展协调工作,法院院庭长与行政机关领导对等参加是一种组织惯例,也确实有助于提高行政诉讼协调的成功率。广西壮族自治区高级人民法院院长黄海龙亲自主办并协调的某案件中,其数次与贵港市市长直接交换意见,避免了中间环节沟通不畅导致的信息不对称问题。这是该案得以通过协调解决的关键。

(三)一次性"释"到位

"释明"为舶来品,最早源于德国1877年民事诉讼法。1890年《日本民事诉讼法典》引入法官释明义务。其意在使不明确的事项通过阐明得以明确。我国《民事诉讼法》及其多部司法解释都有针对立案环节、准备程序、庭审和宣判事项有关问题的释明规定。在行政审判实践中,行政诉讼释明不仅存在于起诉立案阶段,同样贯穿于审理、裁判等各项诉讼流程。[1] 甚至司法实践还将释明活动延伸到判后答疑,有的法院和法官在案件宣判后,还会针对当事人的疑惑或者不满,进行相应的解释、说明、劝说和安抚。虽然学界对释明的性质,是职权还是职责,是单向活动还是双向活动等存有争议,但毫无疑问,释明的正确有效利用,能使人民法院和各方当事人产生巨大的诉讼收益。它是有效推进行政争议实质性解决的重要司法手段。但实践中的释明活动,多数只关注该案问题,且普遍以不对外的释明笔录甚至口头方式开展释明活动,这严重限制了释明作用的发挥。

第一,切实发挥释明的普法功能。自改革开放30多年以来,我国的普法工作坚持主要由专门部门通过开展普法娱乐活动、普法教育活动、普法考试活动等方式进行,这对普及法治观念具有重要的作用,但由于普法工作缺乏针对性导致普法工作与公民的用法需求发生脱节。2017年,中共中央办公厅、国务院办公厅下发《关于实行国家机关"谁执法,谁普法"普法责任制的意见》,要求建立法官、检察官、行政执法人员等以案释法工作制度。同年,党的十九大报告指出,"加大全民普法力度,建设社会

[1] 参见丁晓华:《论行政诉讼释明制度的构建》,载《法律适用》2018年第6期。

主义法治文化，树立宪法法律至上、法律面前人人平等的法治理念。”实行“谁执法，谁普法”的普法责任制，成为新时代普法工作的新路径，是行政审判中的一项新职能。广西各层法院围绕这一工作开展的广泛实践也充分说明，坚持普法责任制下的行政诉讼释明活动有利于增强法院权威，通过提高当事人运用法律的水平，积极推进行政争议的实质性解决。普法不仅包括正面指引，同样包括对义务责任的教育，实质性解决行政争议困难重重，不仅与外部因素有关，也与当事人本身的内部因素有关。确实存在一些缠诉滥诉现象导致有关行政争议无法及时实现程序终结，这和我们司法实践中不强调对此类责任人员的责任教育是有关的。裁判文书作为一项实际上具有广而告之功能的权威法律文件，在裁判文书中申明当事人一方涉嫌的违法行为以及相应的法律后果，对于督促其正确理性维权有潜在约束力量，这是能从有关法律文书中找到佐证的。

第二，切实发挥释明的指引功能。虽然从目前实际情况来看，对于如何推进“谁执法，谁普法”的普法责任制，无论是有关制度还是认识都是模糊的。[1] 这要求我们在行政诉讼中应具体结合行政审判活动的需要，针对性开展普法。我国行政诉讼围绕行政行为展开，无论是案件受理、案件审理、被告确定、举证范围确定都以被诉行政行为为限，这导致作为个案的行政裁判往往不能直接解决当事人之间的行政争议，甚至疏予理顺行政行为与行政争议的关系。努力帮助当事人厘清行政争议的法定救济途径及其救济顺序是普法释明的重要工作。对于能够在审判程序中及时予以释明的，应当及时向行政相对人说明。对于难以在行政诉讼程序释明的，应当通过强化裁判文书说理的方式予以书面释明。一是强化裁判文书的说理能力，这主要是针对大量行政裁判文书不能采用通俗易懂的法言法语进行裁判文书写作的问题，不少裁判文书都存在说理过于简单、晦涩难懂的问题。二是强化裁判文书的救济指引。实践情况反映，大量不被人民法院受理的行政诉讼案件并非确无保护价值，而是往往由于当事人错误起诉导致暂时不被法院接收，如应当提起民事诉讼的选择行政诉讼途径；应当向其他有管辖权法院起诉的，向没有管辖权法院起诉且不接受移送；应当向行政机关等其他国家机关寻求救济的，错误向人民法院寻求救济等。对于上述情形不被受理的案件，传统的裁判文书受司法保守主义影响，极少对其救济路径作出适当指引。这无疑增加了老百姓“告状无门”现象发生的可能性。

---

〔1〕 参见陈思明：《“谁执法，谁普法”普法责任制的法治思考》，载《行政法学研究》2018 年第 6 期。

（四）一次性“查”到位

所谓“一次性查到位”，是指人民法院在行政审判中，要一次性全面查清固定案件事实。一是要一次性全面查清当事人行政争议的有关背景情况。对于涉及多项法律关系、多层诉讼请求的，不能仅按照行政相对人的表述固定审查内容，还要结合法律规定特别是按照实质解决行政争议主客观标准全面审查诉讼请求可能涉及的内容。二是要一次性全面查清证据情况，避免因为证据审查不规范导致大量的衍生案件，以及各类程序不必要的空转。三是要一次性查明影响行政争议实质解决的不利影响及有利促进因素。从行政机关一方而言，主要是全面了解行政机关应诉目标，是否有主动纠错改错的可能。基于这些目标，一次性查明事实必须做好以下方面工作。

第一，正视庭审功能，行政诉讼庭审的功能价值主要在于固定诉讼请求、证据意见，查明有关事实并听取辩论意见等。但一直以来，都存在庭审作用虚化问题，行政机关应诉人员职业化现象比较严重，普遍由不了解案件情况的法制部门工作人员或者律师参与庭审，庭审中不了解案情的情况普遍存在。这导致人民法院在庭审后还将再次组织询问，严重影响了庭审效率和完整性。完善行政机关应诉机制，最重要的是要推动了解涉案具体业务的工作人员全程参与诉讼活动。

第二，正视行政机关负责人应诉作用，查清行政机关的真实意图。如若行政案件涉及行政机关重要违法问题，或者行政机关不恰当处理行政争议导致重大冲突的，可能引发行政机关负责人责任承担的问题。这是行政机关负责人知情权保障和行政争议实质性解决能够合二为一的平衡点。为了推动行政争议的实质性解决，也为了保障行政机关负责人的知情权，如果人民法院经过审理认为行政争议确实源于行政机关的违法行政行为，那么有必要将此情况向行政机关负责人通报并听取其解决意见。至于具体途径，可以通过行政诉讼制度所准许的行政协调制度、司法建议制度实施。

（五）一次性“判”到位

一次性“判”到位，是对人民法院的裁判结果作出明确要求。具体包括：一是裁判结论正确，如果裁判结论本身错误，自然不存在“判到位”的问题。二是裁判结果要实现行政争议、行政诉讼、行政行为以及其他救济途径的有序衔接。如果该案诉讼程序无法直接全面解决当事人纠纷，裁判文书要充分明确下一步的救济路径，发挥裁判文书的指引作用。三是裁判文书要实现充分说明，避免因说理不到位导致当事人产生误解，从而加大对人民法院的抵触，这要求人民法院要不断提高裁判文书制作质量。四是裁判文书要实现良好的社会引导作用。

五、结语

实质解决行政争议源于应对解决行政诉讼长期存在的上诉率高、申请再审率高、服判息诉率低等突出问题。这决定实质解决行政争议自被人们提出之日起即被人们突出赋予主观标准。但现行《行政诉讼法》坚持以行政行为为中心的审判模式，让我们必须理顺解决行政争议与依法审判的逻辑关系，通过严明的工作要求，特别重视各种裁判与非裁判手段综合运用，推动实质解决行政争议客观标准的固化。广西各级法院长期探索形成的“尽可能一次性解决纠纷”理念，为我们有机实现主观性与客观性统一提供了具体的工作思路。

“尽可能一次性解决纠纷”的机制保障及其完善

融水苗族自治县人民法院课题组*

摘要：实施“尽可能一次性解决纠纷”理念是公正价值、效率价值与秩序价值的集合，代表了司法效率提升、司法效益优化以及政治效果、法律效果和社会效果的高度统一。实践中因司法裁判者能动司法程度、当事人诉讼能力、特定类型纠纷的化解方式、一审终审程序的适用情况等主观抑或客观因素制约着“尽可能一次性解决纠纷”法律价值的实现。“尽可能一次性解决纠纷”的实现在于机制支撑和保障，应着力在辅助解纷机制、法律型解纷机制、社会型解纷机制、协同参与机制四个维度进行探索和机制创新。通过精准把握理念构建和路径设计，整合矛盾纠纷化解的资源，尽可能高效且实质性解决纠纷，以实现人民群众诉讼效益最大化，让人民群众切实感受到公平正义就在身边。

前　言

纠纷的发生和解决构成了人类社会发展的一对永恒性的矛盾，人类社会正是在解决这对矛盾的过程中不断趋于进步的。当前，我国正向全面建成社会主义现代化强国的第二个百年奋斗目标迈进，中国特色社会主义制度优越性日益凸显的同时也面临着社会转型期各种社会矛盾易

---

* 课题组成员：丁立波，四级高级法官，写论文时为融水苗族自治县人民法院副院长，现任三江侗族自治县人民法院院长，硕士学位；刘彦灵，一级法官，融水苗族自治县人民法院立案庭副庭长，学士学位；杨鲜，二级法官，融水苗族自治县人民法院民事审判庭法官，学士学位；石爽，五级法官助理，融水苗族自治县人民法院立案庭法官助理，学士学位。

发多发的现状。习近平总书记2020年11月16日在中央全面依法治国工作会议上曾指出“我国国情决定了我们不能成为‘诉讼大国’”。我国在目前新形势、转型期下的经济发展趋势和社会各项综合治理过程中凸显的问题,都决定了应当坚持习近平法治思想,持续推进诉源治理,在坚持和发展新时代“枫桥经验”源头综合治理模式下,“尽可能一次性解决纠纷”。广西壮族自治区高级人民法院黄海龙院长曾撰文指出,“尽可能一次性解决纠纷”作为重要司法理念,是统一政治效果、法律效果和社会效果的重要抓手,是坚持以人民为中心的发展思想、深化社会矛盾源头治理的实践要求,是服务优化法治化营商环境、服务国家治理体系和治理能力现代化的重要举措。[1] “尽可能一次性解决纠纷”体现了真挚为民情怀和对实践性司法规律的深刻把握,是符合中国国情、顺应新时代司法需求的重要司法理念,为新形势下推进国家治理体系和治理能力现代化、建设更高水平的平安中国、法治中国提供了有力指引。“尽可能一次性解决纠纷”的表现形式并不局限于一个诉讼标的或一个服务环节,还应扩大到在一次诉讼或一个民事程序中尽可能“多、快、好、省”地解决纷争,更是意指以最小的诉讼成本或消耗最少的司法资源实现最大诉讼效益。[2]

一、实施“尽可能一次性解决纠纷”的法律价值

“尽可能一次性解决纠纷”是效率、效益和效果的集合,代表了司法效率提升、司法效益优化以及政治效果、法律效果和社会效果的高度统一。“尽可能一次性解决纠纷”在实践中凸显的重要意义反映了该理念的三大法律价值,即公正价值、效率价值、秩序价值。

(一)公正价值

公正包含法律实质上的公正和法律程序上的公正。“尽可能一次性解决纠纷”理念要求尽量保护各方当事人在纠纷处置工作方面的权利与公平,赋予纠纷各方当事人在司法允许范围内尽量多的处分权。矛盾纠纷解决方法所要求的财产处分权公平公正,最主要的特点就是当事人完全自主、充分地行使自身合法的民事权益,使纠纷得到有效处理,而纠纷化解的途径又保障了民众的合法权益能够顺利行使。当个人自身的合法权益遭受侵犯的时候,可以运用多种方式保护自己的权益,这反映了平等

---

〔1〕 参见黄海龙、潘玮璘:《“尽可能一次性解决纠纷”理念的基本内涵与实践要求》,载《中国应用法学》2022年第5期。

〔2〕 参见姚莉:《司法效率:理论分析与制度构建》,载《法商研究》2006年第3期。

民事主体解决矛盾纠纷的基本价值导向。例如,在进入诉讼程序前,当事人能根据多元解纷机制选择诉前调解进行解纷,在诉讼程序中,能根据自己意愿约定适用小额诉讼程序进行审理、自行和解约定撤诉方式解纷等,充分体现了"尽可能一次性解决纠纷"在实践过程中赋予当事人纠纷解决权利的价值理念。德国法理学家考夫曼曾指出,人类社会公正、人权、人类自尊乃至责任及罪责皆根基于人们本身。[1] 在社会层面内大力推广"尽可能一次性解决纠纷"可以充分体现我国司法体制对公民人身自由、行使权利自由、尊重民主意志方面的重视。

(二)效率价值

"人们奋斗所争取的一切,都同他们的利益有关。"[2]马克思主义的这一经典论断,既可以揭示纠纷的产生根源,也可以用来分析纠纷的解决。当事人化解纠纷主要关注这样一些方面,首先,是在矛盾纠纷开始解决前就需要支出的成本,如交通费、咨询费等;其次,是在矛盾纠纷解决过程当中所需要付出的成本费用,如高昂的律师代理费、诉讼费、异地食宿费、差旅费、误工费等。为了降低矛盾纠纷解决的成本,在化解纠纷中获取利益最大化,目前通常采用增加解纷效率或者缩短解纷程序时间的方式来达到目的,但这必须以不违反正义价值为前提。现代社会时间就是生命,最快捷的解纷方法是大众所需,没有传统诉讼制度中冗长复杂的程序,最快速度实体解纷可以避免让当事人多次诉讼,它的效益价值,还表现在能够缓解司法人员处理纠纷的压力,有利于节约司法资源。

(三)秩序价值

对于任何社会而言,建立和维护安定的社会秩序,都是首要的治理目的和价值目标。[3] 社会秩序价值,也是"一次性解决纠纷"的基本意义所在。因为社会秩序是民众进行社会活动的必然前提。"一次性解决纠纷"不但需要实现公正价值与效率价值,也需要致力于秩序价值的实现。当事人如果在诉讼过程中过多甚至超负荷地投入人力、物力、财力和时间,因诉讼产生的消耗将直接抵销权利人所预期的诉讼利益,从而影响人们对司法公信的好感和信任甚至价值评断。"一次性解决纠纷"能够抑制纠纷双方当事人之间的矛盾,从而增进相互理解,达到感情上的融合。这也是目前中国构建民主、和谐、稳定社会的基本条件。

---

〔1〕 参见[德]阿图尔·考夫曼:《法律哲学》,刘幸义等译,法律出版社2004年版,第332~333页。

〔2〕 《马克思恩格斯全集》(第1卷),人民出版社1998年版,第82页。

〔3〕 张文显:《构建智能社会的法律秩序》,载《东方法学》2020年第5期。

二、制约"尽可能一次性解决纠纷"的实践因素

"尽可能一次性解决纠纷"是对现代社会治理体系和治理能力现代化的目标追求,司法裁判者需要在司法应对与现实问题之间往返穿梭。而实践中因主观抑或客观因素制约着"尽可能一次性解决纠纷"法律价值的实现。

(一)能动司法的纠错斧正程度影响诉讼效率

司法审判人员是诉讼的主导者,应充分发挥司法能动性,司法能动性包括法官的专业水平、办案技巧及责任心等。若司法审判人员专业水平较低、未注重办案技巧而"强判"、未谨慎处理重大敏感案件、过度追求调撤率而未注重实质性化解纠纷案件或未对当事人及时进行判后答疑释法明理,可能会导致出现纠纷久拖不结、案结事未止、"一案引发多案"的现象,严重影响诉讼效率。这与"尽可能一次性解决纠纷"的要求相悖,因此司法能动程度在降低案件衍生率方面显得尤为重要,是影响纠纷一次性化解的重要因素。在立案审查阶段,立案法官若能加强立案环节的初步审查与引导,可以有效地减少主体错误、案由错误、管辖错误、前置程序未完成等案件的数量;法官在审理离婚案件中,若能充分站在当事人的角度思考问题,引导当事人在案件中一次性解决双方的财产分割、共同债务、抚养权等问题,同时以情、理、法做双方当事人的思想工作,组织双方调解,就可能避免案后产生离婚后财产纠纷、变更抚养关系纠纷、抚养费纠纷等案件。由此可见,在案件审理中,若法官能提升办案专业性、注重办案技巧,秉着以人民为中心的服务意识和司法为民的职业素养,及时向当事人对案件法律性质、诉争焦点、举证责任以及诉讼风险等进行提示、引导,不仅能使纠纷一次性化解,减少当事人的诉累,还能提升文明司法水平,展现良好司法形象。

(二)当事人诉讼能力不足导致诉讼目的偏离

当事人如果诉讼能力不足、法律认知程度不高,在发生矛盾纠纷诉至法院时,容易发生错诉、诉错、诉求列错、盲目诉讼、诉讼预期偏差等情况,一旦发生这些情况,必然影响诉讼的进度和周期,甚至在无效诉讼或不规范诉讼后需要重复诉讼、多次诉讼,显然达不到尽可能一次性解决纠纷的目的要求。

错诉,如应当经过前置程序而未完成就诉至法院的案件,比较常见的为劳动争议案件须先经过劳动仲裁程序。诉错如错列被告、遗漏必要共同诉讼人等。诉求列错表现为少列诉求或不规范诉求导致需另案再诉,通过在裁判文书网,以理由部分包含"另一法律关系""不同法律关系""法律关系不同"为关键词在广西壮族自治区各级人民法院一审案件中进行检索,2018～2022年,裁判文书共计3325份,随机抽取200

份裁判文书，经过对该 200 份裁判文书逐一查看，发现其中有 142 件案件未达到“纠纷一次性解决”，占案件总数的 71%。盲目诉讼表现为诉讼时机和条件未成熟或是证据无准备或不足的状态下，直接诉至法院，其后果是将造成当事人来回起诉。诉讼预期偏差是指当事人以自己的知识结构和司法认知等主观因素对自身案件胜、败诉概率的预估和期待与法院生效裁判结果之间的差距。在民事诉讼中，从当事人角度来说，其主张是非理性的自己利益最大化，而法官诉讼指挥权要求理性、守法，故当事人处分权与诉讼指挥权存在牵制，后而产生当事人诉讼期待的落空。诉讼预期偏差会导致当事人在认知局限性和排异心理作用下，对案件处理结果无法接受或不易接受。诉讼预期偏差越大，当事人服判息诉的概率越低，衍生案件的产生和涉诉信访概率越高，故而对一次性解纷工作产生影响。

如果说当事人的“无知”会制约一次性解纷，那么其“有意”也会阻碍一次性解纷的实现。具体表现为当事人故意提起虚假诉讼、恶意诉讼、无理缠诉拖诉等，当事人的代理人（律师等）为了自身利益，发生挑讼或煽诉的行为。这些都会造成司法资源的浪费，背离诉讼的价值和本意。

（三）特定类型纠纷的化解方式影响目的实现

实践中，特定案件能否妥善处理，与“尽可能一次性解决纠纷”紧密相关。一是一个案件事实，附带多个法律关系的纠纷，即个案带有关联纠纷。例如，一个无证驾驶下的交通事故，涉及主体的运输合同纠纷及人身损害保险赔付两个不能并案处理的纠纷。此种案件在现有法律程序中无法在一个案件中合并解决，除非当事人自愿并案联调，通过调解的方式一次性解决纠纷。二是同一案件事实，同一法律关系的关联性、系列性案件，即批量群体性案件。例如，同一个小区中的物业服务合同纠纷、商品房销售合同纠纷，或是同一个雇主聘请多名农民工在同一地点为同一项目提供劳务的劳务合同纠纷等。此种案件往往涉及同一个物理空间的众多不特定主体，影响面广，极易引发多米诺骨牌效应，存在社会层面的不稳定隐患，同时耗费社会资源，占用大量司法资源，该类案件是否解纷得当，直接关乎一次性解纷效率要求的实现及社会和谐。三是案件事实各不相同，法律关系相同，法律适用问题相似的案件，即类型化案件。例如，金融借款合同纠纷、医患纠纷、劳动争议纠纷等。类型化案件要求法官对案件处理的裁判尺度一致，该意义在于当事人通过类案检索或了解后，形成合理的心理预期，遵从司法权威，从而服判息诉降低衍生案件产生的风险。四是衍生案件。衍生案件是指经过一审程序裁判后因上诉、再审、重审、执行、申诉信访等事由衍生形成的案件。以民事衍生诉讼案件（新收民事案件总数减新收一审民事案件数）为分子,以新收民事案件总数为分母,计算民事衍生案件比例。广西壮族自治区各级人民法院民事案件衍生案件比例2018年约为12.51%,2019年约为13.88%,2020年约为14%,2021年约为10%。广西各级法院自2020年开展“尽可能一次性解决矛盾纠纷”活动后,民事衍生案件比例有所下降。衍生案件的出现可能是程序自我纠错、当事人实现司法救济的表现,符合司法规律。但也有可能是因为办案人员怠于履职或敷衍塞责导致的一案衍生多案的非常态化体现,后者增加了当事人层层诉讼的成本和诉累,让一次性解纷的目的无法实现。同时,也要注意强化“四类案件”的监督管理,防范“四类案件”衍生风险。

（四）一审终审程序关乎诉讼效益最大化实现

在司法实践中,对简单民事案件适用简易程序,既有利于维护当事人合法权益,使当事人以较低的诉讼成本尽快从诉讼中摆脱出来,符合当事人对诉讼效率的要求,又能一次性解决纠纷,缩短诉讼周期、最大限度地节省人力、物力、财力,使有限的司法资源发挥出最大的潜能,有效缓解“案多人少”问题。民事诉讼制度创新性地制定的小额诉讼程序、督促程序(支付令)、申请实现担保物权、司法确认等简便程序都有“一审终审”的特点和“一锤定音”的效果。这既能保障当事人遭遇简易纠纷时都有机会走进法院接近司法,“接近正义”,防止当事人因轻微权利争议但又因法律知识、财力欠缺而放弃权利维护,又能以较低成本、用时短和快速启动强制执行程序的优势,一次性解决纠纷。在实践中,当事人或者司法裁判者是否主动选择适用上述程序解决纠纷,影响着当事人诉讼效益能否最大化。

三、“尽可能一次性解决纠纷”的机制保障及其完善

基于“尽可能一次性解决纠纷”的程序设定、实施主体、协同参与力量等多个要素,应着力在辅助解纷机制、法律型解纷机制、社会型解纷机制、协同参与机制四个维度进行探索和机制创新。

（一）辅助解纷机制——流程优化助力止争

1. 现代化诉讼服务,实现“一站式”低成本付出

从人类文明的长远进程来看,一般来说,现代化的演进常常使得社会关系的整合与社会结构的重构成为社会新常态。[1] 现代化诉讼服务机制通过融合“厅网线巡”一体服务,以一站通办、一号通办、一网通办、一次通办为抓手,整合送达、保全、鉴定、

---

〔1〕 参见[美]刘易斯·A. 科瑟:《社会学思想名家》,石人译,中国社会科学出版社1990年版,第402页。

评估、扫描等诉讼流程各项辅助工作，采用现场与远程、线下与线上、实体与网络相结合的服务模式，实现集约高效、便民利民、智慧精准、开放互动、交融共享的现代化要求。诉讼服务的外延具有开放性、包容性和时代性。[1] 对于异地诉讼，当事人可以通过跨域立案的方式，就近到家门口的人民法院或者人民法庭提交立案申请，由该人民法院或者人民法庭代为核对、接收并向有管辖权的法院发送跨域立案服务申请。异地开庭，当事人可以通过“云庭审”的方式，打破地域限制，顺利进行诉讼活动。目前，全国 3501 家法院全部上线人民法院在线服务平台，并与人民法院调解平台、保全平台、委托鉴定平台及各地法院审判流程、诉费交纳等系统互联互通，通过一个公共服务入口，为当事人提供立案、查询、交费、调解、庭审、保全、委托鉴定等 29 项在线诉讼服务。其中，立案、联系法官、证据交换、多方视频、调解、庭审、保全申请、委托鉴定等核心功能做到四级法院 100% 全流程在线，实现了从起诉立案到审判、送达、执行全流程在线完成，当事人参与诉讼从平均往返法院近 6 次减少到只需 1 ~ 2 次，甚至“一次也不用跑”，节省了当事人的诉讼成本和时间成本。

2. 鉴定和送达前移，降低当事人时间性成本

诉前鉴定是指鉴定从诉中剥离至诉前，在立案受理前，由法院组织提前对当事人有争议的专门性问题进行鉴定。民事诉前鉴定机制属于实践探索阶段的新兴制度。实践中，诉前鉴定不仅可以由当事人提出，还可以由法院依职权主动启动。诉前鉴定的运用，将鉴定涉及的一连串事务性工作抽离独立出来，不仅加快了诉讼审理进程，提高简易程序适用率缩短案件审理时长，还降低了诉讼过程中重新鉴定提出的概率，避免重复诉讼，符合一次性解纷关于时间成本的要求。

送达程序隶属于辅助类审判工作的事务，对民事诉讼整个流程具有重要的影响。[2] 送达工作不仅耗时费力，而且送达效果不尽如人意。案件立案受理后由于送达难、反复送达的情况，严重影响案件办理进程，与一次性解决纠纷目的相违背。实践中，将送达工作“放权”到诉前，调解员、调解法官或经法院委托的第三方机构均可组织送达，送达材料包括起诉状、证据材料、应诉通知书、举证通知书等，同时引导当事人签署《送达地址确认书》，诉前送达的效力可以及于正式立案后的诉讼阶段，通过送达力量增补、提前送达过滤，诉前送达在一定程度上缓解了送达难问题。

---

〔1〕 参见李少平主编:《人民法院诉讼服务理论与实践研究》，法律出版社 2015 年版，第 17 页。

〔2〕 参见林涓:《基层法院民事诉讼中送达难问题探析》，载《法制博览》2019 年第 26 期。

3. 诉讼引导类机制,能动促进群众高效参讼

把引导和释明工作嵌入法院诉讼服务流程中,形成机制性的必经环节。[1] 法官的释明权主要通过向当事人发问、指示以提醒或启发当事人对诉讼主体、诉讼资料予以澄清、补充、修正的方式引导当事人针对案件事实和法律权利等方面选择进行补充确认或决断。法官的释明对案件事实和保障程序公正都有着不可忽视的作用,不仅可以推进诉讼程序的顺利进行,以最快速度实体性解决纠纷,还能避免未尽释明义务或者释明错误后被二审法院发回重审的风险,减少案件的衍生。

诉讼辅导是指由诉讼辅导员对到法院的当事人,围绕诉讼常识、诉讼流程、诉讼风险提示等事项,开展解释疏导、辅导分流,中立评估,同时引导当事人选择最适宜的方式解决纠纷的过程。诉讼辅导员由专职法官和兼职人员组成,兼职人员主要有经验丰富的退休老法官或具有一定法律素养、调解能力的人员。诉讼辅导是有效的诉讼引导方式。实践中,诉讼辅导机制多应用于诉前或立案审查阶段,采用辅分调立的模式。笔者认为,该模式略显狭义,诉讼辅导不应只局限于一个阶段,可以扩展诉讼辅导在诉中、判后、执行阶段的运用范围,将诉讼辅导机制的"触角"延伸到诉中引导、判后权利救济以及执行领域。诉讼辅导除了在法律知识层面对当事人进行输出之外,还具有心理辅导职能定位,从诉讼心理出发把握当事人心理规律,从而通过其运转减少涉诉信访现象。[2] 诉讼辅导与法定释明、判后答疑等都具有引导和指导当事人的作用,互相兼补,有效完善诉讼引导目的,提高当事人认知和诉讼能力,提高诉讼流畅度和效率。

柳州市、县两级法院以运行诉讼辅导机制为工作亮点,强化法院分流对接功能,确保矛盾纠纷有效分流、源头化解。截至 2022 年 12 月,柳州市、县两级法院共设置有 70 名诉讼辅导员,其中 35 名专职辅导员、35 名兼职辅导员。经统计,2022 年 1 月至 12 月,经过诉讼辅导,全市法院诉讼辅导案件 34,639 件,分流至诉前调解 21,975 件,诉讼辅导员参与诉前调解 14,760 件,诉前化解纠纷 7593 件,当事人撤回起诉 3719 件,登记立案 8968 件,接收诉讼咨询 8237 次。

(二)法律型解纷机制——内部设计赋能提效

根据主导解纷主体来区分,可分为法律型解纷和社会型解纷。法律型解纷实施

---

〔1〕 参见黄海龙、潘玮璘:《"尽可能一次性解决纠纷"理念的基本内涵与实践要求》,载《中国应用法学》2022 年第 5 期。

〔2〕 参见乔小叶:《诉讼辅导制度研究——以眉山市两级法院为研究样本》,四川省社会科学院 2016 年硕士学位论文。

主体为司法审判人员，是指案件进入诉讼程序后的依法办案、定分止争过程。社会型解纷则是通过党委领导、政府负责、社会协同、公众参与，在法治保障下齐集各方社会力量进行的，其特点是联动、调动社会力量进行解纷，具有显著的社会治理属性。公权力机关在社会治理中起辅助、指导和服务的作用。社会型解纷更多依赖于社会组织和基层治理单位、自治群体以及特定民众的社会能力和法律觉悟，通过依靠群众、发动群众，汇聚本土社会治理资源，形成"小事不出村、大事不出镇、矛盾不上交"的枫桥式解纷模式。

1. 繁简分流，审判体系自我更新变革

民事诉讼程序繁简分流改革是破解案多人少难题、提升程序赋能、实现审判提速增效的重要举措。"在诉讼程序中，恰当的审判程序不仅应当通过裁判优化审判资源的配置，而且其程序本身可以降低成本、提高判决的效益"[1]。简案、繁案分流处理，轻重有别，区别适用小额诉讼程序、简易程序和普通程序，不仅可以实现简案审理用时较之法定审限大大缩短，更可以充分发挥小额诉讼程序高效、便捷、低成本、一次性解纷的制度优势。在流程上，法院从立案阶段开始进行繁简识别，并通过专门设置的程序分流专员，依托分案系统，采取智能 + 人工的方式精准甄别和标记案件，保证繁简分流精准度。在审判阶段，根据案件繁简程度和审判专业化分工组建审判团队。法官通过提炼案件要素开展重点审查工作，形成简化规范的审理模式，后续制作的要素式、令状式、表格式裁判文书，裁判说理精简，通俗易懂，让当事人一目了然、易于接受。简案中"一审终审"、周期短、说服力强的特点与一次性解决纠纷理念相契合。北京市朝阳区人民法院自开展繁简分流试点工作以来，小额诉讼程序平均审理用时较法定审限缩短 1/3，简易程序缩短一半。[2]

2. 示范诉讼，类案指引统一裁判尺度

"法律中所存在着的价值，并不仅限于秩序、公平和个人自由这三种。许多法律规范首先是以实用性，即获得最大效益为基础的。"[3]群体性、系列性案件在社会转型期过程中数量逐步上升，并呈高发态势，比重日益居大。据统计，柳州市、县两级法

---

〔1〕 顾培东：《效益：当代法律的一个基本价值目标——兼评西方法律经济学》，载《中国法学》1992 年第 1 期。

〔2〕 参见 2022 年 6 月 30 日北京市朝阳区人民法院在朝阳区第十七届人民代表大会常务委员会第五次会议上，关于开展民事诉讼程序繁简分流改革相关工作情况的报告。

〔3〕 [美]彼得·斯坦、约翰·香德：《西方社会的法律价值》，王献平译，中国人民公安大学出版社 1990 年版，第 2 页。

院在 2020 年和 2021 年的民事新收系列案件为 21,100 件、27,472 件,分别占当年新收民事案件总数的 39.4%、41.7%。群体性、系列性案件能否妥善处理,如何平衡有限的司法资源和大数量的群众纠纷,对实现社会稳定、构建法治政府、优化法治营商环境都有着举足轻重的作用,故而示范诉讼机制应时而生。示范诉讼的优势在于用有限的司法资源解决大量受害人救济问题。[1] 示范诉讼指的是对于系列性、群体性或关联性案件,可选取个别案件先行裁判,作为同类案件的裁判参考,通过个案示范处理带动批量案件的高效化解。选取判决的个别案件称为示范判决,群体性案件中除示范判决案件外其余的案件均称为平行案件,平行案件与示范案件具有共通的事实和法律争议点。示范诉讼往往通过一个诉讼、一个民事程序就能解决相关联的几十甚至上百个案件,诉讼成本极低,基本只是集中在示范诉讼一个案件中,不仅减少了"衍生案件",同时也通过生效文书的既判力化解很大一部分平行纠纷,极大地缓解了司法人员处理纠纷的压力,有利于节约司法资源。这也与"尽可能一次性解决纠纷"的理念高度契合。示范诉讼体现出的"以讼止讼"的功能导向,也与我国"止讼"的传统诉讼文化相契合。[2] 针对其价值,在实践中,法院对类型化群体案件通常采用的是以示范诉讼先行判决带动平行案件调解的方式来进行批量案件解纷。参见上海市高级人民法院于 2021 年公布施行的《关于群体性金融纠纷示范判决机制的规定》。一些法院在示范诉讼带动调解的基础上,对示范判决既判力的扩张进行了升级应用,即利用督促程序支付令的方式,让示范诉讼的判决及于示范诉讼程序中的平行案件,对符合督促程序条件的平行案件当事人送达支付令。例如,广州市越秀区人民法院采用示范诉讼 + 支付令的方式解决群体诉讼。部分法院在借鉴上述法院做法的基础上,创新探索"调令裁"的模式对类型化群体案件进行组合解纷。例如,融水苗族自治县人民法院在"调令裁"的模式下总结的四阶递进化解法,即通过诉前委派调解启动第一道过滤式解纷;示范诉讼判决作指引,带动第二道参照式调解解纷;制作支付令下督促,运转第三道高效能解纷;支付令失效的,进入诉讼程序,实施简案快审快结快执,最后快捷式解纷。2021 年以来融水苗族自治县人民法院运用"调令裁"的模式,成功化解商品房销售合同纠纷 171 件、物业服务合同纠纷 192 件、信用卡纠纷 96 件,诉讼成本较之常规案件降低 80% 以上,衍生诉讼案件为零。

---

〔1〕 参见洪冬英:《代表人诉讼制度的完善——以职权型示范诉讼为补充》,载《华东政法大学学报》2011 年第 3 期。

〔2〕 参见《周易》讼卦:止讼免争,至中至正。

（三）社会型解纷机制——外部联动同建共治

1. 多元解纷机制，提升社会治理水平的需要

党的十九届四中全会作出推进国家治理体系和治理能力现代化的重大部署，“完善社会矛盾纠纷多元预防调处化解综合机制”被重点提出。[1] 多元解纷机制就是汇聚、联动社会各界力量，共同参与调处矛盾纠纷，让矛盾纠纷得以快速有效化解的方法或手段。最高人民法院系统性地提出了解纷渠道、解纷资源、解纷人员、解纷平台、解纷力量“五个多元”。[2] 多元解纷机制融合了诉讼和非诉讼解决方式，最大限度地发挥各种解纷方式的作用，满足人民群众新时期司法需求。多元解纷机制首在为群众“减负”，对于当事人来说，提起诉讼是一件耗时长、花费成本过高的难事，社会调处力量可以在诉前组织双方当事人进行调解，同时，经过人民调解委员会、法院特邀调解组织或特邀调解员主持调解达成的协议，当事人还可以申请司法确认，利用司法确认程序实现零成本、速度快、高效便捷的一次性解决纠纷。

实践中，针对特定类型化案件，法院广泛与专业性、行业性调解组织合作，通过将案件委派或者委托调解的方式，充分发挥其专业、行业特长和优势，达到优化资源配置促解纷的目的。现各地法院在实践中也取得了良好效果，例如，广东省广州市中级人民法院与广州金融纠纷人民调解委员会的诉调对接机制，依托广州法院在线多元纠纷化解平台，仅用 21 天便快速调解了标的额达 8 亿元、涉及 4 家公司的股权转让合同纠纷；南宁市西乡塘区人民法院设立灵活就业人员合法权益保障联动化解中心，建立劳务报酬“劳动监察调解 + 人民调解 + 司法确认”的“一站式”快速化解机制，为 608 名灵活就业人员司法确认劳务报酬 981 万元。2020 年至 2022 年 8 月，广西各级法院共聘请各行业特邀调解组织 1185 家，特邀调解员 5643 名，诉前调解纠纷 493, 882 件，出具调解协议司法确认书 20,145 份。[3]

---

〔1〕 党的十九届四中全会《中共中央关于坚持和完善中国特色社会主义制度　推进国家治理体系和治理能力现代化若干重大问题的决定》提出：“坚持和发展新时代‘枫桥经验’，畅通和规范群众诉求表达、利益协调、权益保障通道，完善信访制度，完善人民调解、行政调解、司法调解联动工作体系，健全社会心理服务体系和危机干预机制，完善社会矛盾纠纷多元预防调处化解综合机制，努力将矛盾化解在基层。”

〔2〕《中国法院的多元化纠纷解决机制改革报告（2015 – 2020）》第 1 页，最高人民法院《人民法院调解平台应用成效暨〈中国法院的多元化纠纷解决机制改革报告（2015 – 2020）〉新闻发布会》，载最高人民法院官网：https://www.court.gov.cn/zixun – xiangqing – 287431.himl，2021 年 2 月 20 日发布。

〔3〕 2022 年 9 月 21 日在广西壮族自治区第十三届人民代表大会常务委员会第三十三次会议上，广西壮族自治区高级人民法院关于全区法院诉源治理工作情况的报告。

2. 法治力量下层,增进基层自治能力的考量

为实现基层治理现代化全面推进乡村振兴,农村地区巡回、挂点解纷机制通过下沉司法资源和力量至基层一线,打通县、乡(镇)、村、屯“末梢网络”,依托人民法庭、巡回办案点、法官工作室、联络站等,进行巡回办案、挂点解纷。例如,“一村一法官”工作、“三官一律”工作、“法官三进”工作[1]“村巷法官”工程、“321”矛盾纠纷化解工作、人民法院调解平台进乡村、进社区、进网格工作等。该机制的特点在于联动人民调解、司法调解和行政调解,形成基层法律服务“大队伍”、基层治理“大合力”,共同致力于服务基层法律事业与基层法治建设,是构建覆盖城乡的现代化公共法律服务体系重要一环。[2]

柳州市法院截至2022年年底,共结对法官380人,结对村、社区1142个,“三官一律”工作站646个,公示牌938个,2021～2022年,柳州市山区法庭共巡回审理各类案件数5280件,巡回审判率达到35%;诉前化解案件3800余件,其中调解成功进行司法确认的为730件,通过延伸司法“触角”至“最后一公里”,将纠纷一次性解决在家门口。

着眼于外向视角提升司法能力,是司法改革的取向之一。让司法与社会需求紧密结合,使司法改革的红利充分转化为社会的实际获得。[3] 新形势下诉讼服务机制的变革,不仅在于“点对点”解纷实现个案正义,其实质是一场通过法识振兴以实现社会治理法治化、平安建设和谐化的深层次大布局。法识振兴助推乡村振兴,乡村振兴必须法识振兴。司法工作人员是社会中的法识精英,特邀调解员或调解组织是社会中“法识振兴”的先进群体,农村地区的人民调解员是基层人民群众“法识振兴”的领头人。法识精英通过传授法律知识和法律技巧等指导或联动先进群体和基层乡镇、村委干部解纷,先进群体和作为“基层用法领头羊”的乡镇、村委干部在解纷中向群众输出法识观念和法律要求,结合多样化法治宣传说法,点、线、面全方位带动广泛大众参与和分享学法、传法、识法、懂法、用法,最后形成人人懂法、用法、守法、崇法的社会氛围,有效形成了一条以“先识带动后识”为形式、寓解纷于学为方法、蒲公英效应为机理的全民法识振兴新路径。孔子曰:“听讼,吾犹人也,必也使无讼乎。”孔子作为“无讼论”的倡导者,传达了“和为贵”的传统价值理念。识法则守法,守法则诚信,通

[1] “法官三进”工作指的是“同心助企直通车　法治环境再提升”暨法官“三进”(进商会、进协会、进企业)活动。

[2] 习近平总书记在党的二十大报告中强调“建设覆盖城乡的现代公共法律服务体系”。

[3] 参见顾培东:《人民法院改革取向的审视与思考》,载《法学研究》2020年第1期。

过源头治理、综合治理、依法治理，以新时代“枫桥经验”为推广，努力从化讼止争到实现局部少讼甚至无讼，才能从根源上真正惠及人民群众。

(四)协同参与机制——构建体系推动普及

1. 能动性上的补足，鼓励弘扬学法守法风貌

纠纷的发展有三个阶段：萌芽、“态小”、成讼，针对三种状态的解决方式分别是基层治理、诉前解纷和终端裁决。无论哪一种方式的解纷，都需要法律基础的支撑、法治的保障。实践中，司法工作人员的专业素质良莠不齐、法律基础扎实程度不一，但各项机制对法官的法律素养、专业知识能力都有很高的要求，繁简标准分不清、示范诉讼拿不准、涉稳案件不敏感、释明工作不到位等对解纷机制的把握缺失，都会造成当事人高成本、低效率诉讼，以及衍生案件频发的结果。特邀调解人员或组织多非法学科班出身，法律知识有限，调解技巧难以有所突破，无法精准为群众制订优化的解纷方案。公民中部分群众权利意识、义务意识、民主意识缺失，很多人法律意识比较淡薄，在出现矛盾纠纷时不会运用法律来维护自己的合法权益，或是在维权过程中付出较大的诉讼成本，这些都是“能力”方面的不足。

在“动力”方面，仍存在一些司法工作人员责任心不强，缺乏工作热情，工作作风松懈，为民服务意识不强的情况，导致“冷、硬、横、推、拖”等现象发生，严重影响办案效率、司法形象和司法公信力。特邀调解员则往往身兼数职，时间、精力有限，对难度稍大些的案件存在一定的畏难情绪，亦缺乏时间提高调解能力。此外，调解经费保障不足，难以充分调动其积极性。

针对各方主体能动性欠缺的问题，一是要打造学习型法院、建立司法作风建设常态化、长效化监督机制和质效考评机制。“尽可能一次性解纷”的成效，可以体现在司法作风转变和客观质效数据上。一审服判息诉率、案件调解率、小额诉讼程序适用率、案件结收比，案件改判和发回重审率、申诉率、长期未结案件等主要质效指标，在一定程度上可以体现一次性解纷的实际开展情况，成为评价和检验一次性解纷工作的重要参考。利用质效考评对司法审判人员形成良性推动，适时根据指标的变化来调整和改进工作方式方法，增强司法能动性，让一次性解纷工作在最大范围内最大限度地“生根、开花、结果”。但是，我们必须杜绝数据“包装”，谨防一次性解纷工作的开展走过场、走形式，而毫无实践指导价值。数据体现客观事实，客观事实能通过真实数据生动地呈现才是指标考核存在的真正意义。二是制定规范化的调解工作流程制度和调解程序规则，提高特邀调解的专业化、规范化水平。针对“联而不动”对接无序现象，要建立一整套规范、严谨的程序保障机制，畅通渠道，进行有序衔接、发挥合

力。加强对特邀调解员的培训及考核，制定培训大纲、培训规划及类型化解纷题材，聘请特邀调解培训导师，推行定期调解培训授课制度。建立特邀调解奖惩考核机制，对社会评价高的特邀调解员予以物质和精神方面的奖励，对调解工作消极、引发不良后果的特邀调解员予以通报批评、解聘并通知其所在单位。三是深化群众“以法自治”能力建设。充分发挥农村地区“乡镇用法领头羊”的统领能力。在农村，“门看门，户看户，群众看干部”。乡镇、村委干部的作用不可忽视。增强干部的法律意识、提升干部的法律水平，就是为群众找到了“法律代课人”，通过“双带动”模式，即政法干警带动乡镇、村委干部学法，乡镇、村委干部带动群众学法、守法，推进农村地区群众“以法自治”能力建设。同时，对辖区群众“以法自治”能力建设效果进行核验。可定期向群众发放法律问卷，了解群众学法、知法、懂法的效果。收集、调研各乡镇、村屯的纠纷案件类型、数量、化解方式，进而检验群众“以法自治”能力建设的效果。

2. 立法完善的推动，顶层设计发挥制度优势

本文涉及的各项机制，如释明权、诉前鉴定、示范诉讼等，多是在相关司法解释和内部规定中出现，并没有完全上升到法律层面，没有形成完整的规则体系，需要在立法层面健全。在实践层面，各项机制特别是属于探索阶段的新兴机制，各地运作标准、内容、要求不一，操作边界模糊，不利于有效指导审判实践。例如，针对释明权的规定太少，法官在对事实进行释明时无法可依，无法正确把握释明的“度”，导致不当释明和滥用释明的现象层出不穷。诉前鉴定的范围、主体以及方式亦是没有统一，各地各不相同，缺乏明确指导。针对上述问题，要推动立法，提升立法科学化和精细化的水平。加强和完善机制调研工作，采取多形式、多渠道的方式，对机制实际运作过程中发现的问题进行研究、论证、总结和反馈，推动机制完善和法规清理。

3. 利好机制的推广，共建互助营造用法氛围

法国思想家卢梭曾说过：“一切法律之中最重要的法律既不是刻在大理石上，也不是刻在铜表上，而是铭刻在公民的内心里。”法治的根基源于公民发自内心的拥护和信仰。因此，充分释放机制的影响力和优势必须考虑到社会大众对利好机制的认知度、信任度和接受度。不知则无用，不信则不受，因此提高群众对各项改革机制的知晓信任度亦是一次性解纷工作的重要组成部分。

在实践过程中我们发现，目前的宣传方式较为单一，且缺乏针对各项利好机制的专门性介绍和推广宣传，同时宣传多采用法言法语，对于本就法律知识匮乏的当事人而言，一知半解或者错误解读都会影响该机制的适用率和公众接受度。故而在利好机制的推广中，应当有所转变。一是要求利好机制的推广与机制建设同谋划、同部

署、同推进。加大宣传力度,让社会各界尤其是基层群众了解、支持和参与该机制使用,在矛盾纠纷发生后有效实现一次性解纷。节省的时间和金钱成本,可以用于集体或个人生产生活、提高居(村)民生活质量,让群众收获更多的满意度和幸福感。二是要用"接地气"的宣传方式和传播办法,融合传统与新兴媒体开展传播工作,如将"苗山坡会宣法""火塘宣法""田头宣法""族老宣法""小品宣法""情景剧宣法"与"微信宣法""抖音视频宣法"等相结合,通过群众喜闻乐见的平民化、故事化宣传形式拉近心理距离,让群众听得高兴、听得明白,全面提升利好机制的引导力、传播力和影响力。

结 语

习近平总书记指出:"要积极回应人民群众新要求新期待,不断增强人民群众获得感、幸福感、安全感,用法治保障人民安居乐业。"法治、公平、正义、安全是美好生活的应有之义。随着经济社会发展,城乡一体化进程的推进,各种文化、价值观交织碰撞,社会公众权利观念增强,形成社会变革和转型期下迫切的司法需求,大量激增的案件涌入法院。在大量的司法需求和紧缺的司法资源之间,如何平衡"案多人少"、实现"案结事了","尽可能一次性解决纠纷"的各项机制回答了这个问题,通过精准把握理念构建和路径设计,整合矛盾纠纷化解所需的资源,以最快速度实体性解决纠纷,以实现人民群众诉讼效益最大化为归依,从根源上降低矛盾纠纷解决的成本。群众置身于集约集成、融合、智慧化、信息化司法环境的同时,有效实现最大化诉讼效益,可以真切感受到法治带来的公平、正义、效率、秩序和安全,在和谐稳定发展的法治环境中持续享受美好生活。

民事诉讼释明制度的规范适用

——以纠纷一次性解决为视角

杨　钉　伍茵茵　洪肇健*

摘要：最高人民法院党组书记、院长张军在国家法官学院2023年春季开学典礼上强调，要求把能动司法贯穿新时代新发展阶段审判工作的始终。从新时代能动司法的深刻内涵和实践要求来看，人民法院应正确行使诉讼"指挥棒"，主动实现各方诉讼当事人权益的衡平，从而最终促进实质性化解人民群众矛盾、切实地解决当事人纠纷，即"一次性解决纠纷"。纠纷一次性解决旨在通过一次诉讼全盘、完整地解决当事人之间的纠纷，避免历经多程序、长时间的诉讼拖沓链条，真正实现实体公正与程序效率衡平。"尽可能一次性解决纠纷"是司法裁判坚持以人民为中心、统一公正与高效的价值取向、理念和要求。民事诉讼中法官释明环节是能动司法、有效促进纠纷一次性解决的"利器"。当前，我国民事诉讼释明制度存在规范体系散乱、释明的内容和范围不明确、释明方式和效果不清晰等问题，司法裁判具体适用中缺乏统一明确的指引，导致释明制度这一"利器"未能充分发挥制度设计的预期效果。结合一次性解决纠纷的实践要求，民事诉讼中法官释明应秉承合法性、中立性、谦抑性、公开性的原则，以释明对象为分类，应进一步从程序选择释明、诉讼

---

* 杨钉，三级高级法官，现任南宁铁路运输中级法院中国—东盟自由贸易区南宁国际商事法庭副庭长，硕士；伍茵茵，五级法官助理，现任南宁市邕宁区人民法院民事审判庭法官助理，硕士；洪肇健，五级法官助理，现任南宁市邕宁区人民法院民事审判庭法官助理。

请求的释明、事实的释明、法律的释明四个方面全方位具体明确规范适用路径。

一、问题的提出

近年来，法院受理案件数量增长速度虽在逐步放缓，但总体数量高位、“诉讼爆炸”的问题依然严峻。在法院“人案矛盾”越发尖锐的背景下，如何高质高效审结民事案件、解决民商事纠纷、实现“案结事了”，成为民事审判方式改革的重要课题。[1] 纠纷一次性解决则是该课题价值目标下的直观反映，具体是指通过一次诉讼全盘、完整解决当事人之间的纠纷，避免历经多程序、长时间的诉讼拖沓链条，节约当事人的司法成本，真正做到既要正义又要效率。司法实践中，不少案件因囿于“一案一诉”、程序空转以及因裁定驳回起诉、判决中对当事人的部分诉请生硬不予处理等导致案件多次衍生，未能一次性解决当事人之间的争议，不仅过度耗费了司法资源，也加重了当事人的诉累，甚至可能有损司法权威以及公信力。

引例：笔者所在法院审理的案件，罗某诉某投资公司签订《合作建房合同》，罗某主张其与投资公司之间存在房屋买卖合同关系且买卖合同无效，诉请确认合同无效并主张投资公司应返还已支付的款项。该案于 2021 年 10 月 11 日立案，法院经审理认为罗某与投资公司存在的是租赁合同关系非买卖合同关系，在庭审中已将合同的性质作为争议焦点审理；原告坚持原诉讼请求，法院裁定驳回起诉。罗某不服提起上诉，二审法院认为原审法院虽已将诉争合同性质作为焦点问题审理，但认为罗某符合起诉条件，不应裁判驳回起诉而应据实审理，裁定撤销一审裁定指令审理。二审法院于 2023 年 1 月 19 日重新立案审理该案件，此后仍有可能就此产生上诉等程序（流转样态见图 1）。通过图 1 可知，司法实践中当事人往往因对专业法律问题缺乏正确判断导致可能诉请被驳回的法律后果。一个案件流转时间冗长甚至引发多次诉讼，往往诱因是当事人对于合同性质、效力等存在判断偏差，法院的做法看似合法却生硬适用相关法律规定驳回起诉或者未实际作出裁判，在此过程中，法院是否应当释明、释明后产生怎样的法律后果与能否一次性解决纠纷息息相关。

---

〔1〕 2018 ~2022 年，全国地方各级人民法院受理案件 1.47 亿件，审结、执结 1.44 亿件。2022 年地方各级法院受理案件 3372.3 万件，审结、执结 3082.4 万件。然而，截至 2022 年，全国基层法院的员额法官数量仅为 12 万余名，人均结案 274 件，其中有 9 个省（区、市）的基层法院人均结案量超过 300 件，最高的超过 400 件。

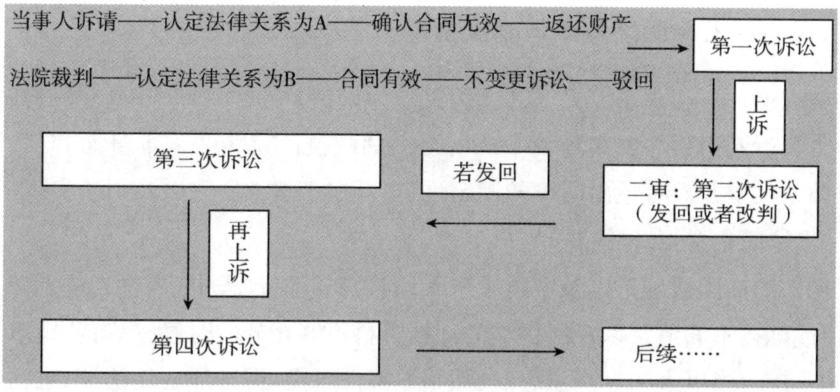

图1　对合同效力、性质释明不到位致多次诉讼示意

由图1可知，法官有效释明在诉讼过程中对于促进纠纷一次性解决具有实质意义。因大多数当事人诉讼能力存在不足，如对法律关系、性质和效力、请求权竞合等各方面相关法律规定认知缺失，如果法院在诉讼过程中能够适时发挥司法能动性，在法律规定的范围和方式下对当事人进行引导，很多时候能够避免或减少后续不必要的诉讼程序，使案件纠纷尽可能实现一次性、实质性解决，实现程序公平与实质正义的辩证统一。2020年以来，广西在全区法院开展"尽可能一次性解决纠纷"活动，主动融入诉源治理大格局，低成本、高效率地化解纠纷，力争通过司法审判执行将"结案了事"真正转化为"案结事了"，切实化解、解决人民群众的纠纷矛盾。"尽可能一次性解决纠纷"就是要通过充分释明、调解、引导等工作，"前瞻性"地把可能引发的、即将发生的、已经存在的诉求或案件，尽可能依法纳入现有的案件中一并实质解决。[1]在一次性解决纠纷的价值要求下，法院应适度发挥司法能动性，在诉讼阶段一定范围内充分行使主动权从而引导诉讼程序高效运转，实现纠纷案件的实质化解。然而，在司法实践中，释明的范围、方式、法律后果等如何有效、规范释明的问题仍然存在争议。为此，有效释明作为一次性解决纠纷的"利器"，对如何规范行使释明制度以更有利于促进纠纷一次性解决为视角展开讨论，符合"尽可能一次性解决纠纷"理念基本内涵和实践的要求。

〔1〕 参见黄海龙、潘玮璘：《"尽可能一次性解决纠纷"理念的基本内涵和实践要求》，载《中国应用法学》2022年第5期。

二、民事诉讼释明之意蕴与制度价值

释明权这一概念源于1877年《德国民事诉讼法》中的“*Aufkarung*”[1],其目的在于弥补古典诉讼当事人主义环境下法院帮助的缺位。就释明权本身而言,我国民事诉讼法律条文中并没有做出明确的规定,更多存在于学术研究以及司法实践当中。

(一)释明内涵性质阐释

释明权的内涵从理论以及实践中来看,即为在诉讼过程中,当事人的诉讼主张不当,声明或陈述不够清楚以及所提交的证据资料不够充分的时候,享有法定审判权的法官,为了探求当事人的真实意思、全面掌握案件事实、更好地适用法律,进而提高审判质效,实现诉讼结果的实质平等这一目的,以口头或书面等形式对案件当事人进行的发问、告知、晓谕和提醒。

释明权的性质在当前学术界主要分为权利说、义务说以及职权说三种不同的观点。一是权利说,法官作为释明权的权利主体在案件审理当中对是否释明、释明方式、释明内容享有充分的自由裁量权。在司法实践中,如永泰房地产(集团)有限公司、北京市四季青农工商总公司等合资、合作开发房地产合同纠纷案[(2022)最高法民终311号]中,一审法院在审理过程中未查明案件事实就认定被告主体不适格,并向原告方释明后以原告坚持不变更为由驳回原告起诉。在该案中,法院未经查明事实就以释明方式驳回起诉的行为是否属于过度运用释明自由裁量权值得思考。若未在程序上保障当事人答辩权利则会影响案件当事人诉讼权益的实体实现;过分强调释明权的权利属性,不对其行使主体以及程序进行规制则容易造成法官怠于释明或者过度释明的现象,极易造成当事人权益的损害,违背了释明权的价值初衷。二是义务说,即法官在案件审理中应承担释明的义务。为了确保当事人的知情权、参与权与平等权等基本的诉讼权利,法官在诉讼过程中应当积极履行义务。但在人案矛盾突出的司法实践背景下,若过分强调释明权的义务属性,无疑是加重法官的审判负担,不利于提升审判效率。在实践当中权利与义务具有一体性,释明权性质无论是权利或是义务,都相对应地削减或扩张当事人的权益。故上述两种观点都存在一定的逻辑悖论,不利于对释明权做出完整的定义。三是职权说,即释明权是审判权的组成部

[1] 《德国民事诉讼法典》(1877年)第130条规定:审判长应当向当事人发问,阐明不明确的声明,促使当事人补充陈述不充分的事实,声明证据,进行其他与确定事实关系有必要的陈述。审判长应当依职权要求当事人对应当斟酌,尚存疑点的事项加以注意。

分，是国家公权力对法院赋予的一定职责。释明的目的在于通过法官职权作用的发挥实现诉讼信息的对称。[1] 将释明权作为法定审判权延伸部分，法官为了更好履行审判权，承担一定的释明义务。相较于上文论述的权利说以及义务说，该学说更趋于中立，既能规避权利的滥用，也能很好地将法官从繁重的义务中解放出来。综上，本文认为释明权性质应采用职权说，即释明权系法官审判权的有机组成部分。在审理过程中，法官在一定范围内享有行使释明的权利，同时也负担一定程度上的释明义务。

（二）释明于一次性解决纠纷之制度价值

1. 体现能动司法理念诉求

近年来，能动司法理念在我国司法改革进程中逐渐被确立，这就要求司法裁判者在服务新时代社会发展的大局中，在应对各种新案由、新矛盾的挑战下，不再一味只做“僵硬”的裁判者，而应充分发挥司法能动性，灵活运用裁判指挥棒，引导当事人有序开展诉讼各环节和进程，以利于纠纷快速化解，实现案结事了，维护社会公平正义和法律秩序。[2] 能动司法理念一方面要求人民法院在司法活动中需要表现出积极主动的主观状态，另一方面则要求人民法院保证诉讼活动最终目标是解决纠纷维护社会公平正义。释明权制度作为法官在诉讼活动中能动司法的重要体现，通过适当主动“释明”，在合理的范围内保证当事人在诉讼过程中所提出的诉讼请求准确性以及提供证据的完整性，从而大大提高诉讼效率。

2. 填补当事人主义诉讼模式缺漏

我国的民事诉讼模式历经从强调法官在诉讼活动中占据主导地位的职权主义逐渐向当事人主义转变。但在当事人主义的模式下，要求诉讼当事人在民事诉讼行为中能够正确行使、处分自己的权利。在实务中，各方案件当事人的诉讼水平参差不齐，部分当事人没有能力收集必要证据，不能正确认识案件性质或不能提出适当的诉讼请求，其诉讼水平与诉讼地位无法匹配。法院在案件中如果仅就当事人主张以及现有证据作出“形式正确”的裁判，往往不利于实质正义的实现以及纠纷的实际解决。法官通过运用释明权能够填补当事人主义诉讼模式的缺漏，让原本可能因为客观原因处于诉讼不公境遇的当事人能够有机会充分有效地参与到诉讼中来，满足程序公

〔1〕 参见江必新：《民事诉讼的制度逻辑与理性构建》，中国法制出版社2012年版，第119页。

〔2〕 参见许国鹏、王晨光：《徘徊在限权与放权之间——社会转型时期对司法理念的探索》，载《现代法学》2013年第1期。

正的基本要求，更有益于实体公正价值的实现。

3. 提升法院案件审理质效

司法实践中，若法院陷于纯粹的当事人处分主义，极易出现当事人就诉讼程序应用、案件事实认定、法律条文适用等方面的认知不足甚至存在争议，必然导致诉讼程序推进缓慢，诉讼效率低下，案件纠纷无法实质化解，当事人因此不断进行上诉以及申请再审，从而造成衍生案件不断增多，进一步激化“案多人少”的矛盾。法官充分运用释明权，以加强与当事人的沟通，法官通过释明可以及时获取有效资料，在极短的时间内明晰诉讼请求，聚焦诉讼争议焦点，同时有效防止恶意诉讼故意拖延审判进程。法官通过有效的释明可以引导当事人公平公正、高效正确地完成案件诉讼行为，减少程序空转及“案结事未了”的现象发生，从而保障诉讼程序高效、高质量的推动。这对于提高司法效率、保障当事人权益，以及维护司法公正具有积极影响。

三、民事诉讼释明制度之规范梳理与实务考察

长期以来，有关民事诉讼释明制度的问题研究不断，司法实践中，释明制度也确实存在运用于法官裁判的整个过程。当前，我国立法层面上尚未完成全面系统的释明规范体系，有必要首先就现行有关涉释明的规范和实际运行状况进行整合与分析。

（一）现行民事诉讼释明规范梳理

笔者以“释明 + 标题”为关键词，在“法信——中国法律应用数字网络服务平台”中检索相关“法律”，显示无法律位阶层面的法律规定，仅有《北京市第四中级人民法院登记立案释明规则》《上海市高级人民法院民事诉讼释明指南》两部地方司法文件。以“释明 + 全文”为关键词，检索相关“法律”显示涉及民事诉讼释明的规定分散存在于不同的司法解释中，筛选出主要的释明规范具体见表1。

表1 司法解释中主要有关释明的规范

发布时间	名称	释明内容	是否强制法院释明
2022年	最高人民法院《关于适用〈中华人民共和国民事诉讼法〉的解释》（2022修正）	应当向原告释明主张诉讼标的过高或者过低的诉讼风险（第198条）	是
2021年	最高人民法院《关于审理国家赔偿案件确认精神损害赔偿责任适用法律若干问题的解释》（法释〔2021〕3号）	释明变更诉讼请求（第2条）	是

续表

发布时间	名称	释明内容	是否强制法院释明
2021 年	最高人民法院《关于审理建设工程施工合同纠纷案件适用法律问题的解释(一)》(法释〔2020〕25 号)	向举证责任人释明提出鉴定(第 32 条)	是
2020 年	最高人民法院《关于审理买卖合同纠纷案件适用法律问题的解释》(2020 修正)	释明是否需要主张调整违约金(第 21 条)	是
2020 年	最高人民法院《关于审理侵犯专利权纠纷案件应用法律若干问题的解释(二)》(2020 修正)	释明起诉被侵犯的权利对象(第 1 条)	是
2020 年	最高人民法院《关于审理消费民事公益诉讼案件适用法律若干问题的解释》(2020 修正)	释明可以变更或者增加诉讼请求(第 5 条)	否
2020 年	最高人民法院《关于审理环境民事公益诉讼案件适用法律若干问题的解释》(2020 修正)	释明可以变更或者增加诉讼请求(第 9 条)	否
2020 年	最高人民法院《关于适用〈中华人民共和国公司法〉若干问题的规定(三)》(2020 修正)	判决时释明公司应对特殊事项处理(第 17 条第 2 款)	是
2020 年	最高人民法院《关于审理民事案件适用诉讼时效制度若干问题的规定》(2020 修正)	不应对诉讼时效问题进行释明(第 2 条)	
2020 年	最高人民法院《关于审理环境侵权责任纠纷案件适用法律若干问题的解释》(2020 修正)	释明可以申请专门知识人员出庭(第 9 条)	否
2020 年	最高人民法院《关于审理融资租赁合同纠纷案件适用法律若干问题的解释》(2020 修正)	可以释明增加诉讼请求(第 7 条)	否
2019 年	最高人民法院《关于民事诉讼证据的若干规定》(2019 修正)	需要鉴定事项的释明(第 30 条)	是

此外,《全国法院民商事审判工作会议纪要》(以下简称《九民纪要》)对释明问题的规定也较为频繁,侧面反映了释明的重要性,其中涉及释明的内容归纳见表 2。

表 2 《九民纪要》涉释明的规范

条款	释明内容	是否应当释明	释明效果
第 13 条第 3 款	释明追加公司为共同被告	是	拒绝追加驳回起诉
第 36 条	合同无效时释明变更诉请或者提出抗辩	是	直接判决
第 39 条	报批义务的释明	是	拒绝变更驳回诉讼请求
第 45 条	以物抵债释明根据原关系提起诉讼	是	拒绝变更驳回诉讼请求
第 49 条第 2 款	双务合同解除时的释明	是	直接判决
第 85 条	释明非审理范围	是	未规定
第 102 条	释明按真实关系提出诉请	是	未规定
第 104 条第 2 款	释明应追加为共同被告	是	拒绝驳回诉讼请求或实体判决
第 117 条	对符合破产清算程序的释明	是	拒绝裁定不予受理

除了表 1 中相关司法解释和《九民纪要》，地方司法文件，如《上海市高级人民法院民事诉讼释明指南》制定了专门关于释明的规则，内容相对具体，涉及了释明的行使方式、适用事项等方面。对于高级人民法院出具的地方性文件，属于具有地域性质的内部指导意见，其适用范围受到“因地制宜”的限制，具有属地属性。

（二）民事诉讼释明司法实践考察

本文梳理了当前我国有关释明的文本规范，要实际了解司法实践中法官对于释明的理解和运用呈现的运行状态，需要结合法院生效文书进行剖析。笔者以全文搜索“释明”、裁判日期“2023.6.1～2023.6.1”、案由“民事案由”、案件类型“民事案件”、文书类型“裁定书”、审级“二审”为关键词在中国裁判文书网上进行检索，共检索出文书 6769 篇，其中最高人民法院作为最终审理法院的有 32 篇。笔者在最高人民法院 32 篇裁定书中剔除类案后选取 11 份具有代表性的裁定书为分析样本，具体见表 3。

表 3 最高人民法院涉释明案件择样

案号	案由	释明事项
（2022）最高法民终 311 号	合资、合作开发房地产合同纠纷	释明是否变更被告
（2023）最高法民再 3 号	合同纠纷	释明主张的法律关系与确定的案件事实法律关系不一致，需变更诉请

续表

案号	案由	释明事项
(2021)最高法民申2097号	股东损害公司债权人利益责任纠纷	释明诉讼时效起算点
(2021)最高法民申7786号	建设工程施工合同纠纷	释明提交证据
(2021)最高法民再53号	合同纠纷	释明变更事由
(2021)最高法民申6296号	确认合同效力纠纷	释明对诉请作出符合事实和法律的规范表述
(2022)最高法民申579号	股权转让纠纷	释明效力并要求其明确诉讼请求
(2021)最高法民申7433号	建设工程施工合同纠纷	释明应提鉴定
(2022)最高法民再178号	建设工程施工合同纠纷	法律关系不一致、效力
(2022)最高法民终175号	合同纠纷	不应合并受理的诉讼、遗漏当事人
(2022)最高法民终103号	侵权责任纠纷	释明当事人有权选择起诉的请求权基础

从裁判文书的庞大数量来看,司法实践中涉及释明的案例较为常见,涉及的案由、释明的事项也较为纷繁。其中,因为二审法院认为未正确履行释明义务而被发回重审的案件亦不在少数,大大增加了诉讼案件流转时长,不利于实现一次性解决纠纷的价值目标。

四、民事诉讼释明制度运行存在的问题

(一)释明规范碎片化

综合表1、表2、表3可见,作为基本程序法的《民事诉讼法》并没有出现明确“释明”的只言片语,关于释明制度的规定分散于不同的司法解释、地方司法文件以及《九民纪要》等文本当中,且分涉不同的领域,各位阶、各司法解释、条文之间的内容相互独立,彼此之间的联系薄弱,缺乏系统性、原则性指引。这将导致现有分散的一些规定无论从功效还是引导上,都对法官如何运用释明权产生疑虑,法官只有足够熟练掌握这些不成体系的规则,才能较好地运用释明规则,且对于规则之外的领域是否应当释明、如何释明均留存空白。

(二)释明内容与边界不明确

结合检索的规范条文,当前关于释明的内容、释明的适用阶段、哪些事项应当释

明、如何释明不甚清晰，释明产生的效果也较为杂乱。从法官的角度来看，哪些事项是必须释明、释明到何种限度是裁判中的关键。例如，在表3中最高人民法院的11份裁判文书中，释明的内容包括变更主体、法律关系、变更诉请、案由、诉讼时效、提交证据、合同效力等。对于规范中明文规定应当释明的事项，法官必须释明自不待言，但对于其他可以释明或者无明文规定的事项，是否应认定为法官自由裁量权的范围？释明权作为法院主动在当事人之间行使的“诉讼指挥棒”，本意为了纠纷快速合理解决，是提高诉讼效率，赋予法院对诉讼活动过程引导和智慧的一种权能，但释明的偏多或偏少都可能引发当事人对诉讼公正的怀疑。

（三）释明方式和效果不清晰

释明规范中，多为针对某个具体事项提出应当释明要求，但多并未详细规定释明的时间、具体方式，是告知、说明还是书面形式，实践中往往较为混乱。释明究竟是只需法院告知、无须当事人反馈的单方行为，还是需要根据当事人选择确定裁判结果的双方行为？对于当事人未按照法官释明的要求作出改变时，产生何种法律效果也存在多种样态，包括驳回起诉、驳回诉讼请求、直接裁判等。从该层面上，造成法官对释明难以把握。例如，在宜良一鑫桥房地产开发有限公司、南华县人民政府等建设工程施工合同纠纷案[（2022）最高法民再178号]中，再审法院认为关于该案法律关系性质问题，二审法院未对涉案合同的关系以及一鑫桥公司关于税款先缴后返主张的真实性、合理性作进一步审查或释明，撤销二审判决并将案件发回重审。又如，对于本文开始提出的引例，实践中经常出现当事人对基础法律关系、合同效力等判断与法院认定不一致，最高人民法院《关于民事诉讼证据的若干规定》（2019修正）（以下简称《民事诉讼证据规定》）第53条规定了法院应当将法律关系性质或者民事行为效力作为焦点问题进行审理，[1]修改了最高人民法院《关于民事诉讼证据的若干规定》（2008调整）第35条法院应当告知当事人可以变更诉讼请求的规定。存疑的是，应当作为焦点问题审理是否与释明相等同？是否应当释明可以变更诉讼请求，是否应事先告知如果不变更诉讼请求将产生怎样的法律后果？

---

〔1〕 最高人民法院《关于民事诉讼证据的若干规定》（2019修正）第53条规定：诉讼过程中，当事人主张的法律关系性质或者民事行为效力与人民法院根据案件事实作出的认定不一致的，人民法院应当将法律关系性质或者民事行为效力作为焦点问题进行审理。但法律关系性质对裁判理由及结果没有影响，或者有关问题已经当事人充分辩论的除外。存在前款情形，当事人根据法庭审理情况变更诉讼请求的，人民法院应当准许并可以根据案件的具体情况重新指定举证期限。

(四)"未释明"是否构成程序违法存疑

司法实践中,二审法院通常会以一审法院应当释明而未释明或者不当释明将案件发回,导致案件程序时长增加,不利于一次性解决纠纷,也加重了一审法院的工作量。疑问的是,未予释明或者错误释明是否属于必须发回重审的理由,以及未释明是否必然属于程序违法?例如,济南农村商业银行股份有限公司、黑龙江林甸农村商业银行有限公司等合同纠纷案[(2022)最高法民终175号]中,再审法院认为原审法院受理了不能够合并的诉讼且遗漏诉讼请求,原审法院未释明告知其择一起诉,严重违反程序,再审法院撤销了原判决发回重审,且明确重审时应当释明,否则应驳回起诉。但如果法院未充分释明仅涉及事实查明,二审法院是否可以通过改判的方式直接处理?发回重审是否属于必然?当前,这些问题仍然存在疑虑。

综上可见,一个案件因法院未充分释明可能导致案件历经多重程序,不利于纠纷的快速解决。在法院大量驳回、多次程序流转的案件中,如果审判人员能在审判的各环节加强释明,对案件法律性质、诉争焦点、举证责任等合法引导,可以有效弥补当事人诉讼能力的不足,实现社会的实质正义,促进纠纷一次性解决。但不可否认,在释明制度适用上,司法实践中确实存在上述指出的疑虑和问题,仍需要相应完善。

五、纠纷一次性解决目标下释明规范适用规则具体展开

(一)宏观引领:释明规范适用基本原则

基本原则贯穿于任何制度、规范的建设全过程。任何一项制度的确立都应当有其所应该遵循的基本原则。原则的作用在于指引制度设计、指导制度落实,制度则是原则扩展、延伸的具体表现形式。[1] 在案件审理过程中,基本原则是法官释明权能够正确行使的"指南针"。通过将基本原则贯穿于法官运用释明权的全过程,能够让案件的审理始终"行驶"在促进纠纷一次性高效解决,实现司法公正为民的"高速路"上。释明权的原则应当包含以下几项。

一是合法性原则。释明权的合法性原则要求,凡是释明皆循法而行,即释明权的行使界限需要通过明确的立法来确定。从释明本身来看,法律应明确规定法官作出释明的具体程序流程、释明的范围以及行使释明的方式;从法官视角来看,在案件审理过程中对于释明权的行使不能随心所欲地扩张和缩减,尤其不能滥用自由裁量权为超出法律规定的范围无中生有释明;从当事人视角来看,应当赋予当事人法定的救

---

〔1〕 参见宋朝武主编:《民事诉讼法学》(第5版),中国政法大学出版社2018年版,第69页。

济程序,使当事人在面对法官不当释明时能够及时地维护自身权益。

二是中立性原则。“法院中立常常与程序公正乃至诉讼公正画上等号,其原因在于法官是诉讼主宰者,法官中立是程序公正乃至诉讼公正实现过程中最基本的也是最重要的因素。”〔1〕中立原则贯穿于法官审理案件的全过程,是行使释明权的基本立场。释明权是在基于实现实质正义的目的下,为了防止在诉讼过程中因当事人诉讼水平差异所造成的诉讼条件不对等的一种救济手段。因此法官不应囿于程序正义从而消极行使释明权。消极行使释明权表面看是中立的,但实际损害了弱势一方的权益。在行使释明权时应当恪守中立原则,掌握好释明的时机以及尺度,在法定的范围内发挥其正面作用,从而实现程序正义以及实质正义的统一。简单来说,中立不等于放弃权利,积极中立不等同于越俎代庖。

三是谦抑性原则。谦抑性原则要求法官在行使释明权的过程中要把握好“度”。在当事人主义诉讼模式背景下,把握释明的本质要求,即推动审判程序的高效运转以及解决当事人纠纷实现实质正义。法官若在行使释明权的过程中超过限度,超出当事人的真实意思干涉其处分权,极容易将案件审理进程推向“歧途”,从而影响实质正义的实现。如果无法做到释明的谦抑,就可能会回到与现行诉讼模式截然不同的、由法官主导诉讼进程的职权主义。同时,对于释明权对案件审理的重要性,法官也不能置之不理,否则将导致诉讼效率低下,违背实质公正的原则。综上所述,谦抑性原则要求法官在释明中恰当地把握限度和效果,要准确理解释明的限度,以避免过度或不充分的释明。

四是公开性原则。法院释明权的公开性原则是指法院在行使释明权时应当保持司法的公开透明。根据这一原则,法院的释明过程和结果应当对案件的当事人和其他利害关系人清晰可见,确保司法活动的公正性和合法性。公开性原则有助于确保法院行使释明权的公正性和独立性,在实质上与形式上保障当事人处于平等地位。通过群众监督法院的行为,防止释明权滥用、消极行使的不良现象发生。公开性原则具体表现在,释明的全过程应当向案件的全部当事人公开,包括但不限于内容、时间、方式、地点等。只要法官能够书面释明的,均应书面释明。除书面释明外,法官以口头形式对当事人释明的,均应当在案件庭审过程中进行,而且法官的口头释明均应当被书记员严谨认真地如实记录在庭审笔录当中,以做到有迹可循。

〔1〕 章武生等:《司法现代化与民事诉讼制度的构建》,法律出版社 2000 年版,第 56 页。

（二）微观设计：释明规范适用的具体要求

释明权作为一次性解决纠纷之“利器”，充分体现公正与效率的审判实践价值要求。本文结合一次性解决纠纷的实践要求以及释明对象的分类从程序选择的释明、诉讼请求的释明、事实的释明、法律的释明四个方面探讨法院释明权规范适用路径的具体要求。

1. 程序选择的释明

程序选择的释明是法院行使释明权时的重要环节，它确保司法程序开始的方向正确，能够有效防止程序空转。我国民事诉讼法为进一步提升诉讼效率、尽可能一次性解决纠纷进行了许多制度设计，如简单案件“一审终审”的小额程序以及非诉程序中的支付令、司法确认调解协议等。但在司法实践中，由于当事人诉讼水平有限，甚至根本未经历过诉讼，当事人并不了解前述制度的高效优势以及制度功能，造成制度适用的缺位，影响纠纷的高效化解。在立案阶段，当事人向法院提供起诉书等材料向法院提起诉讼时，对证据材料、法律关系以及当事人争议焦点等方面认真审查，对案件审理方向及难易情况进行综合预判，合理寻找到案件纠纷所适用的最佳诉讼程序；并充分行使释明权，引导当事人选择更快捷、更能解决纠纷的诉讼程序，简单案件适用简易程序，避免司法程序空转浪费。如在一定范围内扩张小额程序的适用范围，将超出“小额”的简单案件纳入小额程序的适用。根据《民事诉讼法》规定，当事人可以在超出“小额”标准但在“二倍”以下约定适用该程序，实际上这需要法院主动做工作。法院通过向当事人释明程序的优势以及救济手段，打消其顾虑让简单案件进入简易程序，从而实现纠纷的一次性解决。

2. 诉讼请求的释明

在案件审理的过程中，当事人应有具体、明确的起诉要求，法律上称为诉讼请求。在司法实践中，当事人的诉讼请求可能存在模糊、矛盾和混乱等问题，其背后原因在于诉讼当事人的法律素养、文化水平、社会阅历等方面存在差异，致使其无法正确通过文字、语言表达其内心真实的意思表示。具体表现为：可以请求的而未请求，即遗漏诉讼请求；应该请求的表达不清楚，即诉讼请求不明确；不应请求的进行请求，即诉讼请求不当；在起诉时的诉讼请求主张标准与法庭答辩前的标准发生了变化，可以进行变更诉讼请求，但不清楚可以变更。[1] 法官在审理过程中，应在充分了解当事人

---

〔1〕 参见王占林、杨志超：《论民事诉讼中释明制度存在的问题及完善——以200份民事裁定书为分析样板》，载《法律适用》2019年第20期。

真实意思表示的前提下，通过释明引导其真实、清楚地表达自己的诉讼请求，并明确自己的诉讼请求不当或者遗漏可能带来的法律后果。在立案受理阶段应当根据法律规定的受理条件，对合法的诉讼请求进行受理，针对当事人不明确或不合法的请求进行释明，保证诉讼请求的明确以及合法；在审理阶段如果当事人的诉讼请求存在不明确或矛盾之处，法院可以要求诉讼参与方进行补充说明，以便准确理解请求的内容和目的；在处理诉讼请求阶段，法官在一定范围内对当事人诉讼请求通过释明进行合理解释和适用，以维护公正和平衡各方利益。

3. 事实的释明

我国现行《民事诉讼法》对法官针对事实的释明并没有规定，案件事实的释明是法院行使释明权的关键环节。学术界的观点认为，在案件审理过程中一旦当事人作出的事实陈述指向某一个法律规范，法官就应当对此予以释明。[1] 本文认为，在当事人诉讼主义模式的思想下，对于诉讼案件当中的事实的查明主要依托于案件当事人的举证与陈述，但当案件当事人缺乏对法律规范的准确认识时，就无法在案件的诸多事实中厘清与法律规定紧密相关的部分。在这样的情况下，诉讼过程中当事人所陈述的自然事实，往往与案件审理的争议焦点联系不大，向法院提出的诉讼请求又往往缺乏法律依据，致使法庭辩论浮于表面，其作用也大大降低。所以，法官释明案件事实，在合理的范围内是必不可少的。此外，与案件中的争议事实关联度较大的事实，法官也有权对当事人进行释明。若当事人因误解法律条文而提出不明确的主张，法官为查明案件事实，正确作出判决，在确定举证责任的同时，对事实主张予以释明，以达到明确证据的目的。为保障当事人的诉讼利益，如果当事人因法律知识欠缺而提出的事实主张与法律规范事实要件的成立不存在关联，法院应依法予以释明。如果当事人没有提出这样的事实主张，而法官从现有证据资料中足以判定事实的存在，某些关键事实可以对判决结果产生重要影响，且法官从理性的自然人角度判断当事人想提出此类诉讼请求时，法院应对该诉讼请求予以释明，以及稳妥起见予以核实。此外，法院对事实的认定要全面客观公正。法院对与案件有关的证据进行收集、审查和鉴定，确保准确了解案情。但在释明案情时，法官对当事人内心的真实意思表示也应当予以探知，只要当事人在诉讼过程中所作的事实陈述与内心的真实意思相符，当事人对案件事实没有任何误解，法官就不能对案件事实进行解释。另外，对于超过起诉状内容的案件事实，如果当事人在诉讼过程中没有追加说明，法官也不应该对案件

---

[1] 参见任重：《我国民事诉讼释明边界问题研究》，载《中国法学》2018年第6期。

事实进行解释。

4. 法律的释明

在法律的释明中，当事人仅仅享有法律适用的参与权，不享有法律适用的最终决定权，案件审理的法律适用最终决定权仅为法官所有。目前，存在法律观点释明与一般法律释明的二元释明结构，前者的释明对象为具体法律问题，这些法律问题既包括与具体案件事实息息相关却被当事人忽视的法律问题，也包括当事人与法官认识有偏差的法律问题。对法律观点释明的目的在于避免“突袭裁判”，保障当事人对具体案件中的法律问题表达自己观点的权利。后者的释明对象为一般法律规定，对一般法律规定进行释明的目的在于补充当事人法律知识的不足。因此，法律观点的释明空间基于当事人对案件事实的框定，而一般法律的释明空间则针对原有的程序法框架中当事人对程序及法律规定认知不当的部分。以往通说观点认为，法律观点释明易导致法官违背辩论原则，丧失中立地位，不具有可行性。除此之外，在目前“诉讼爆炸”“案多人少”的背景下法律观点释明不具有现实性。但《民事诉讼证据规定》第53条通过法院审理焦点问题的方式，使当事人对法律关系性质或者民事行为效力问题有充分发表意见、进行辩论的机会，以此种方式实现法律释明目的。这对司法实践中法官的法律观点释明提供了一定的指导。笔者认为，法官的法律释明应当以一般法律释明为主，必要法律观点释明为补充。在保证判决结果公正的前提下，法院与当事人应当尽量采用较少的人力、财力完成民事纠纷的解决。法官对法律释明的范围应当更加狭窄，只有在当事人对涉案法律关系性质存在误解并且这种误解影响实体公正时，法官才应当对涉及当事人的证据申请、诉讼请求、事实主张、抗辩权的法律规范予以释明。

六、结语

纠纷一次性解决作为重要的司法理念和价值取向，需要在司法审判全过程从方方面面予以规范和制度构建。释明制度作为关键一环，有效规范的释明是纠纷一次性解决的“利器”和内生逻辑要求。当前，尽管我国规范体系已经从细处着眼、由点到面不断建立起释明制度的架构，但司法实践仍需进一步完善，明确法官在程序选择、诉讼请求、事实、法律等多方面应当释明、严禁释明和可以释明的内容，以新时代能动司法服务保障好中国式法治现代化，以真正发挥释明制度的功能，回应一次性解决纠纷的现实需求。

浅谈“尽可能一次性解决纠纷”路径探索

罗　剑*

摘要：人民法院要实现“尽可能一次性解决纠纷”，应从各方面入手：在诉前调解与诉讼方面，应做到无缝衔接，采取多渠道、多元途径化解纠纷；依托智能化技术打造在线诉讼模式，避免当事人因不能到现场错过庭审而影响案件进程，为案件尽可能一次性解决赢得时间；应激发小额诉讼程序效能，标的额较小的金钱给付之诉是一种明确的可量化标准，在实际操作中应鼓励法官大胆适用，便于诉讼当事人减少诉讼费用与诉累。在少数民族地区，尽可能一次性解决纠纷需要结合当地情况，坚持深入群众，创造审判台“流动化”，把庭审开到群众家门口，同时也达到教育普法目的。

随着司法体制改革的深入，人民法院需更好地服务于人民群众，进一步公正高效解决纠纷，减少当事人讼累，节约司法资源，维护司法权威，解决“案结事未了”、衍生案件多等问题。通过司法审判执行尽可能一次性解决当事人之间的纠纷，避免不必要的后续司法程序，避免“按下葫芦浮起瓢”的现象发生，真正把“努力让人民群众在每一个司法案件中感受到公平正义”的要求落到实处。本文结合东兰县人民法院实际，浅谈“尽可能一次性解决纠纷”的路径探索。

一、利用诉调无缝衔接机制，打造调解纠纷多元化解

近年来，法院案件数量在逐年递增，各类矛盾纠纷都需要司法化解，

---

* 罗剑，四级主任科员，东兰县人民法院审判管理办公室（研究室）主任。

"案多人少"的矛盾日益凸显。为进一步满足人民群众多元化司法需求,东兰县人民法院结合本院实际,利用诉调衔接机制,积极引导当事人优先选择调解方式解决纠纷,减少当事人诉累、促进社会和谐稳定,从而优化司法资源配置,促进司法审判改革。

(一)线上线下同发力,调解无"缝"衔接

一是加强诉前调解队伍建设。东兰县人民法院积极开展矛盾纠纷调解前置机制,将调解经验丰富的资深法官也作为调解员来调解双方当事人的矛盾,为了更好地促进调解工作的实行,东兰县人民法院在院部及四个人民法庭均设置调解室,法官通过利用调解室良好的场地氛围理顺当事人的情绪,化解双方当事人的矛盾,调解室的设立使东兰县人民法院在诉讼前化解了大量矛盾及涉诉信访隐患。同时调解室的设立也使得东兰县人民法院调解撤诉率大幅提升,大量案件经调解后或撤诉和解或调解了案,使大量不稳定因素得以消融,调解工作也有效减轻了群众诉累。同时,东兰县人民法院在"一村一法官"活动的基础上在村、社区"两委"设立调解工作室,邀请村干部担任调解员,指导村、社区"两委"调解各类矛盾纠纷,把矛盾纠纷化解在村屯,使大量矛盾纠纷解决在诉前。二是利用网络平台线上调解。充分利用人民法院调解平台做好纠纷调解工作,在收到当事人的诉求材料时,将相关信息录入人民法院调解平台,指定特邀调解员,特邀调解员通过视频线上调解矛盾纠纷,如双方当事人达成调解,应及时审查并出具民事调解书,对双方不能达成调解协议,符合立案条件的,应及时予以立案受理,移送审判庭审理。

(二)多方力量同参与,调解全"面"为民

针对一些涉及面广、人员多的疑难案件,仅仅依托法院的力量难以很好地化解矛盾纠纷,针对不同的矛盾纠纷类型,适时邀请公安、司法、妇联、民政等单位开展调解工作,形成化解矛盾纠纷的强大合力,努力在诉前、诉外解决矛盾纠纷。同时应加强对基层人民调解组织的指导,不定期到村、社区基层人民调解委员会开展调解培训,讲授调解技巧及提供法律咨询服务,提升基层调解组织、人民调解员、村干部的调解技能,培育调解协助力量,助力推进调解组织建设。法院、公安、司法、妇联、民政、基层调解委员会等部门建立联系网络,形成各部门分工负责、相互协作、相互配合的调解格局,从而实现司法调解联动机制的建立。各部门在调解纠纷时,遇到问题可随时请求法院的协助,法院应随时予以支持,形成调解的良性互动。多部门联动调解矛盾纠纷极大地提升了调解工作的效率和质量,促进了社会矛盾纠纷的和谐化解。

(三)宣传引导同推进,调解从"心"开始

东兰县人民法院主动面向全社会,开展"五进"活动。通过"进企业、进乡村、进社区、进机关、进学校"的"五进"活动,主动面向社会开展矛盾纠纷大排查、大调解,设立"法院+工会"劳动争议诉调对接工作室,促进企业健康发展,也保障劳动者的权益;同时在村、社区设立诉前调解工作室,构建覆盖村、社区的联动调解网络;依托"一村一法官"活动定期到村、社区开展法律知识宣传、法律咨询、法律知识培训活动,引导群众通过多元途径解决矛盾纠纷,促进社会和谐稳定;到辖区内的中小学举办各种形式的校园普法宣传活动,预防和减少青少年犯罪,引导青少年知法、懂法、守法。同时依托"拔哥流动法庭"开展巡回审判工作,积极深入村屯一线进行现场调解、审判工作,以案释法,以案说理,使群众感受到公平正义,体会司法温情,从而达到良好的普法及预防效果。在完成调解工作后,通过微信公众号及其他网络媒体渠道把工作做法及创新之处多向社会宣传,让知晓调解的受众面不断扩大,让群众看到工作成效,从而提高群众对调解机制的了解和接受限度,努力建立为群众所了解、适应、接受、信任的调解机制,引导更多的当事人选择调解程序解决纠纷。

二、依托人工智能技术支撑,打造在线诉讼解纷模式

在新冠疫情期间,依托智能化手段,不断推进在线诉讼,有效促进信息技术和审判执行工作深度融合,进一步满足人民群众多元化司法需求。

(一)"云端"操作,实现"足不出户"办业务

东兰县人民法院依托"移动微法院"微信小程序、人民法院网上保全平台、律师服务平台、12368诉讼服务热线等平台引导当事人在新冠疫情期间使用线上的方式进行立案、申请保全、申请鉴定等事项申请,同时制定了在线诉讼规范,对于网上立案申请工作人员需在三天内进行审核并回复,材料不齐全的及时退回补正;网上申请保全的,工作人员要在48小时内审核,且需在受理申请后48小时内作出裁定;网上申请执行的案件,当事人无须提供生效证明,由相关工作人员进行查找。这些措施便利了当事人进行诉讼,同时有利于解决人数众多、聚集诉讼等问题,减少了当事人与当事人、当事人与法院工作人员之间的接触。

(二)"专业+行业"指导,实现"精益求精"化纠纷

东兰县人民法院坚持把非诉讼解决纠纷机制作为重要抓手,依托人民法院调解平台、多元解纷App等智能化支撑,平台涵盖远程视频、在线调解、司法确认等功能,便利当事人随时随地参与调解。一是提供在线专业指导,前端化解纠纷。法官通过

线上组织调解组织和调解员开展业务培训，调解组织和调解员针对工作中存在的疑难问题和特性化需求，以在线留言、即时互动等方式从法院获取专业指导，促进提升调解工作专业化水平。新冠疫情期间通过线上组织培训，助力基层调解组织、调解员增强解纷能力。二是紧密对接各行业，满足解纷需求。建立“法院＋工会”劳动争议诉调对接工作室，对于劳动争议案件通过调解平台指派给工会专业调解员进行调解，将“诉”的权威性与“调”的便利性结合起来，推动劳动争议诉调对接工作取得良好实效；在帮扶联系村设立“诉前化解工作室”，同样通过在线调解平台指派给相关村干部进行线上调解，增强调解的质量和人民的信服力；强化人民法庭在诉源治理中的作用，建立诉讼服务站、法官联络点，加强巡回服务，开展普法宣传，为基层自治组织解决纠纷提供培训指导，从源头上减少诉讼案件。

（三）“无纸化”办公，实现“一次办成”解繁杂

东兰县人民法院坚持以问题、需求为导向，以信息技术为支撑，以方便群众诉讼、为法官减负为目标，整合法院内部职能，努力为法官减负，让群众“一次办成”，推动文书送达从“当面签收”到“线上领取”。一是依托文件传输功能，法官可在核查送达对象身份之后，通过手机移动微法院建立聊天群组送达文书，由双方当事人在各自移动端查收、签名并由法官截图确认，当事人无须电话预约到庭或另外确认地址邮寄送达。二是建立集约送达平台，将电话送达、电子送达、邮寄送达、直接送达、公告送达等模块进行组合，统一集中于集约送达平台，方便办案人员根据案件情况自主选择送达方式。三是建立送达留痕机制。系统对送达全程留痕记录，方便法官随时查看送达进度、掌握送达状况，并为诉讼程序的完整性提供有力证据。工作人员通过平台和当事人进行通话或短信沟通时，操作过程全程留痕，并生成送达反馈表、通话记录、通话录音反馈给办案人员，有效地减少了案件审理过程中的程序性争议。

三、激发小额诉讼程序效能，打造诉讼速裁便民快捷

东兰县人民法院充分激活小额诉讼程序机能，结合审判实际，积极适用小额诉讼程序审理案件，实现小额诉讼程序便民、快捷、普惠的制度价值，满足人民群众多元的司法需求，提高审判效率、及时化解矛盾、促进社会和谐。

（一）适用机制保障稳扎稳打

一是加强技术保障。大力推进电子送达、在线庭审在小额诉讼案件审理中的运用，完善多元化电子送达方式，立案时鼓励当事人同意电子送达，实现案件的快速审结，在新冠疫情期间保障庭审工作的正常开展。二是坚持依法办案。坚持公平公正

与实际效率相结合、法定适用和约定适用相结合、简化诉讼程序和保障当事人诉讼权利相结合的原则，在小额诉讼审理全过程，"简"程序而不"减"权利，加强审判组织释明责任，充分发挥小额诉讼程序快速化解矛盾纠纷的功能。三是组建专业团队。不断加强各审判业务部门法官之间的学习交流，相互借鉴经验，引导法官转变办案理念，提高法官的思想认识，进一步保障案件质量和效率的"双提升"。从民事审判员额法官中抽调精干力量组建小额诉讼速裁团队，提高小额诉讼办案效率，减少当事人诉讼成本。

（二）适用规则创新越用越活

一是加强诉讼引导。根据原、被告不同诉讼心理，针对性开展诉前引导。把握引导时机，原告在立案前即开展引导，被告主要在先行调解不成后引导。向原告侧重宣传小额诉讼程序立案快、审理快、结案快、执行快的"四快"程序优势，对被告引导侧重自动履行有利于信用修复、方便快捷、低成本等效果。二是审判要素前置与简化。对于符合民事诉讼规定的情形，立案时根据"小""简""普"的顺序，一次筛选分流。简化庭审方式，在保障当事人合法权益的基础上，允许当事人在举证的同时一并发表辩论意见。在新冠疫情期间，通过网上庭审在线开庭的方式进行案件的审理。简化送达程序，以电话通知为主，上门送达为辅。推行约定适用，在诉调阶段，征询当事人意见，对于合意适用小额诉讼程序的，先行记录，立案时直接适用小额诉讼程序。实现小额诉讼程序案由全覆盖，更好发挥繁简分流改革对提升审判绩效的积极作用。三是优化审判资源。合理配置各业务部门法官和法官助理资源，先由法官助理进行首轮梳理和摸排，同时告知当事人该案拟适用小额诉讼程序及相关须知。后由承办法官对前期梳理工作进行甄别，对少数不宜按小额诉讼程序审理的案件转为按简易程序的一般规定审理。关注程序衔接和审限管理，明确司法确认程序、小额诉讼程序、简易程序、普通程序和审判组织形式转换的条件、要求和相关审批程序，严格规范案件审理过程中的程序衔接转化，实现案件审限和流程的从严把控，提升司法效能。

（三）长效机制创新多式多样

一是广泛宣传，增进公众认同。在司法实务中，由于宣传力度不够，很多当事人对于什么是小额诉讼程序、小额诉讼程序的适用条件以及小额诉讼案件实行"一审终审"制缺乏了解，因此难以选择小额诉讼程序这种更为快捷、方便的方式维护自己的权益。为此东兰县人民法院加强诉讼服务中心、立案窗口的宣传，进一步提高当事人对小额诉讼程序的了解；丰富宣传渠道，通过法制进校园、法制进企业、法制进景区等活动，多途径、多角度提供法律咨询服务，进一步加强对小额诉讼程序的宣传推广；组织法官进行普法讲解、答疑解惑等方式，积极宣传，延伸服务方式，进一步提高小额诉讼速裁程序的群众知晓度和满意度。二是深入当事人，关注适用感受。对小额诉讼程序在机制、程序适用中反映出的一些问题，及时跟进，解决当事人和法官的后顾之忧。在庭前庭后及时征询小额诉讼程序参与当事人和律师的意见，悉心听取参与人意见感受，收集需求，及时发现和解决问题。三是总结成效，形成长效机制。民事审判庭、人民法庭等适用小额诉讼程序的部门，定期报送小额诉讼适用情况，对期限内适用小额诉讼程序的案件进行司法统计分析，并总结归纳在程序适用中反映出的问题与建议。由民事法官会议及审判管理办公室共同组织研讨，根据改革进程和需求积极采取措施，优化小额诉讼程序适用。

四、深化流动审判法庭应用，打造民族特色司法服务

东兰县是中国早期革命三大农民运动领袖之一韦拔群的故乡，是右江革命根据地的“腹心”地、百色起义的“策源”地。作为建设在这块“红土地”上的隘洞人民法庭，大力弘扬革命老区的优良传统，在借鉴吸收以往开展巡回法庭工作的经验基础上，深化创建“‘拔哥’流动法庭”打造适合少数民族地区矛盾纠纷有效化解的司法审判模式。

（一）坚持党建引领，强化组织领导

一是推行“党建＋流动审判”模式。隘洞人民法庭位于东兰县东部的隘洞镇，辖两镇四乡，辖区面积1025.6平方千米，人口近11.28万人，是全县管辖区域最广、人口基数最大的法庭。针对辖区人口多、居住分散的实际，隘洞人民法庭主动深入当事人所在村屯一线进行现场开庭、调解，基本上实现当庭结案，让矛盾纠纷在当地得到及时化解、实质化解、一次化解，避免群众因为开庭来回奔波，切实减轻群众诉累。三年来通过流动开庭审理案件340件，结案340件，结案率100%，深受广大群众欢迎。二是把“‘拔哥’流动法庭”作为党员干警特别是青年党员、入党积极分子的锻炼平台，进一步丰富党员实践活动，助推青年干警快速成长成才。三是优化流动法庭工作团队。改变过去法官、书记员“单打独斗”的局面，增设后勤保障组，专门配备技术人员、法警和新闻宣传员，让审判人员专心开展案件审理工作。

（二）坚持机制创新，强化工作保障

一是实行“山区巡回审判模式＋信息化应用”的全新运行模式。强化科技设备的创新运用，更新移动科技法庭等设备，现场实现同步录音录像、打印复印等功能，克服以往流动办案工作效率低及无法同步录音、录像等难题。二是建立完善的绩效考评

体系，将"'拔哥'流动法庭"办案指标纳入绩效考评体系，明确全年以"'拔哥'流动法庭"方式办理的案件数量不得低于审结案件的 10%。对流动法庭的工作进行了重新定位，不仅对于婚姻、赡养、相邻纠纷等民事案件开展流动审判，对一些符合条件、适宜在当地开庭、办理的行政、执行、信访案件，也纳入"'拔哥'流动法庭"的办案范围。三是建立健全诉前调解工作机制，变"坐堂办案"为"主动下访"。结合"一村一法官"活动，创新开展"无讼村屯"创建工作，在村委会建立"法官工作室"，设立"'拔哥'流动法庭"驻三弄瑶族乡工作站，实行"法官 + 村干部"诉前调解机制、"法官 + 族长"会议制度，定期进村开展调解技能培训、矛盾纠纷排查，促进矛盾纠纷"止于诉前"，切实维护民族地区和谐稳定。

（三）坚持服务群众，护航民族团结

一是建立涉少数民族纠纷"四优先"机制。针对少数民族人口占东兰县总人口 91.3% 的实际，建立涉少数民族纠纷"优先调解、优先立案、优先审理、优先执行"的"四优先"工作机制，对困难少数民族诉讼当事人实行减、免、缓诉讼费等措施，确保少数民族困难群众能够"打得起"官司。二是组建壮汉双语审判团队。针对一些当事人不通晓汉语的情况，法官进村开展壮汉双语审判，消除少数民族群众参与诉讼的语言障碍。三是加强精准普法力度。结合流动案件的庭审，对案件相关的法律适用进行详细解答，做好周边群众的法治宣传教育工作，切实增强群众的知法、懂法、守法、用法意识，实现"审理一案、教育一片"的目的。法官定期深入辖区村屯、库区码头开展普法宣传，围绕反家庭暴力、促进民族团结进步、促进生态环境资源保护等内容开展法制宣讲，培育民族地区基层群众的法治意识、法治思维、法治精神。

五、结语

"尽可能一次性解决纠纷"是司法体制改革的需要，更是体现"司法为民"的宗旨。在诉讼活动中，法官要始终坚持当事人"少跑腿"，尽可能把案件一次性解决，避免案件空转、拖延或难于执行等问题。对于当事人，在面对法律诉讼纠纷时，要坚持法治理念，落实到具体的诉讼过程中，需要做好前期工作、尽可能地整理好整个诉讼所需材料，完整阐述诉讼请求或应诉准备。法院、当事人以及社会都共同努力，"尽可能一次性解决纠纷"问题会逐步得到解决，当事人在诉讼过程中才能体会到"努力让人民群众在每一个司法案件中感受到公平正义"。

“案结事了”的实践探索

黄　瑶*

摘要：“案结事了”指进入法院诉讼程序的案件能够获得公正审理，当事人之间的矛盾纠纷获得有效化解，无论是调解还是判决都能得到当事人及时履行，对于同一纠纷不再争议，矛盾彻底地平息。当前人民法院尽管为实现“案件事了”做了诸多努力，但一些情况下仍未真正实现“案结事了”。人民法院应当不断强化生效裁判的终局性，提高案件质量水平，充分发挥释法明理在服判息诉中的关键作用，尽可能实质性、一次性化解矛盾，最终实现“案结事了”。

引　言

在法治社会中，司法作为化解社会纠纷的主要方式之一，对于社会纠纷的解决，以及社会秩序的正常运行具有不可替代的作用，这既是国家运用法律的方式实现社会治理的必由之路，也是人民群众权利确认和权利救济的理性选择。从司法的职能上看，司法旨在化解纠纷，定分止争，实现“案结事了”。纠纷进入司法途径，往往是纠纷主体的矛盾已经穷尽其他纠纷化解方式而不能解决，进而期待人民法院通过判决的方式尽快对双方的权利义务关系进行裁决，使得纠纷可以公正、彻底地解决。与其他纠纷解决机制相比较，司法以人民法院作为中立第三方，人民法院作出的生效判决是履行行为的权威性依据，涉及纠纷的主体必须严格履行，否则将会遭受一定程度上的不利后果，故司法较其他纠纷解决方

* 黄瑶，四级法官助理，广西钦州市中级人民法院，硕士学位。

式更应该彰显其"终局性"。然而,在人民法院解决社会纠纷的具体过程中,"案结事不了"的现象日益凸显,与此同时,党的二十大报告进一步强调了要"深化司法体制综合配套改革,全面准确落实司法责任制,加快建设公正高效权威的社会主义司法制度"[1],这意味着健全公正司法制度体系已经迫在眉睫,"案结事不了"这一现象的滋生,正在威胁着司法权威的树立和司法公正的实现。

一、"案结事了"的内涵及判断标准

(一)"案件事了"的内涵

在很多情况下,仅在法律层面上的解决并不能完全解决争议,案件在诉讼程序中的终结也不意味着争议不复存在。"案结事了"一词最早见于"能调则调、当判则判、案结事了"的民事审判工作指导方针以及"定分止争、胜败皆明、案结事了"的民事审判工作目标之中,[2]最后成为人民法院审判工作的目标。从严格意义上讲,"案结事了"并非一个法律概念,而是服判息诉、定分止争的另一种表达,是指进入法院诉讼程序的案件能够获得公正审理,当事人之间产生的矛盾获得有效化解,无论是调解还是判决都能得到当事人及时履行,双方不再为同一纠纷所纠缠不休,从而彻底化解纠纷。进一步言之,"案结事了"应最大限度地实现社会效果、法律效果二者之间的有机统一,法律在具体案件的适用过程中不仅要讲"法理""事理",更要讲"情理",使得案件的处理结果获得各方当事人的认可。从"案结"和"事了"二者之间的关系来看,"案结"是裁判的基础,强调人民法院对进入法院的诉讼纠纷作出终局性、权威性的裁决,而"事了"则是更高层次的要求,更强调纠纷实质性化解、尽可能一次性化解,二者是辩证统一的关系。"案结事了"的内涵要求人民法院在审理案件时,一方面要严格遵循诉讼审理程序,保证程序合法,发现案件事实真相,认定事实正确,结果符合法律规定的逻辑;另一方面要求在审判过程中要关注案件中的"情理、法理",做到设身处地为当事人着想,理解当事人的正当诉求,切实维护当事人的合法权益。

(二)"案结事了"的判断标准

从"案结事了"的内涵中不难看出,"案结事了"的判断标准应当包括以下三个方面。

---

〔1〕 朱孝清:《司法公平正义观和人民监督司法路径的创新》,载《法治研究》2022 年第 6 期。

〔2〕 参见王明达、马立娜、伍涛:《充分发挥审判职能作用 努力实现案结事了》,载《人民司法》2013 年第 1 期。

一是裁判的生效。一份生效的裁判文书是“案结”的重要体现，也是“案结”的基础，表明纠纷当事人的权利义务通过司法裁判确立下来，若非经过严格的司法程序，无论是法院、当事人还是其他主体均不得任意修改裁判文书的内容，是司法“定分止争”的依据。

二是生效裁判得到执行完结。从司法价值的最终实现来看，生效的裁判并不意味着纠纷得到彻底化解，只有裁判的内容得到当事人的自觉履行和遵守，或是通过法院加以执行，才是司法审理环节的最后步骤和最终目标。

三是案件裁判结果公正且符合社会主流价值观，得到当事人和社会公众的认可，案件息诉罢访，实现“事了”。换言之，案件的处理结果不仅符合“法理”，更符合社会公众对案件的期待和心中的道德标准，不发生案件处理结果不公正、背离社会现实、引发社会不满或是强烈反对的情况；当事人的矛盾冲突得到有效化解，停止心理和行为上的对抗，不再上诉、申诉或上访，社会秩序得以恢复。

二、钦州市、县两级法院关于“案结事了”的实践探索

钦州市、县两级人民法院充分发挥人民法院的司法能动性，以“两个一站式”建设工作为抓手，主动融入诉源治理大格局，以低成本、高效率化解纠纷，力争通过司法审判执行一次性解决当事人之间的纠纷，避免后续不必要的程序，实现“案结事了”。

（一）完善多元纠纷联动衔接机制，主动融入诉源治理大格局

2020 年以来，钦州市法院主动融入党委和政府领导的诉源治理工作大局中，把非诉讼纠纷解决机制挺在前面，持续完善诉前多元纠纷联动衔接机制。

一是创新发展新时代“枫桥经验”，提升法院主导下的多元纠纷联动衔接机制效果。与市司法局协调联动，共同下发《关于推进诉前调解联络员制度的实施方案》，积极构建诉前调解联络员制度。与市工商联联合印发《钦州市中级人民法院、钦州市工商业联合会服务企业工作机制》，在工商联设立非公巡回法庭，联合化解涉企矛盾纠纷，2022 年辖区内涉企案件一审服判息诉率达 90.49%，较 2020 年、2021 年显著提升，涉企纠纷矛盾化解效果成效显著。引入社会资源，建立共解矛盾机制，与市调解委员会合作，积极开展诉前调解工作，不仅成功化解纠纷双方当事人的矛盾，还为企业营造良好营商环境。

二是以调解促进纠纷解决，实现矛盾纠纷解决和“案结事了”。坚持“调解优先、调判结合、多元并举、案结事了”的办案理念，多次召集纠纷当事人进行面对面调解，采用诉前调解、庭前调解、庭中调解、庭后调解，积极引用第三方调解机制，设置法官

工作室，穷尽各种手段解决当事人的矛盾。在加强调解工作的同时，规范调解，切实贯彻自愿、合法原则，防止因片面强调调解带来的“以判压调”或久调不决。

（二）规范裁判行为，强化诉讼释明，尽可能减少衍生案件发生

衍生案件的出现，一定程度上反映了进入法院诉讼程序的案件纠纷没有得到高效、实质性的化解。案件经一审程序裁判后仍因上诉、再审、重审、执行、上访等原因而无法终结，案件一拖再拖，不仅让群众深陷诉讼泥潭，更浪费了本就紧张的司法资源。近三年来，首先，钦州市法院受理的案件数量呈上升趋势，上诉案件数量保持稳定且集中于民事类案件，但由于全市法院案件数量总体相对较少，上诉案件的数量仍不容忽视。其次，执行案件成为衍生案件的主要来源。从执行案件的数量上看，2020 年，钦州市法院受理的执行案件为 11,000 余件，而到了 2022 年则为 16,000 余件，执行案件数量增长迅速，占钦州全市法院收结案件数量的 36% 左右。最后，案件质量好坏影响衍生案件的数量。从钦州市法院上诉案件、再审案件被改判和发回重审的情况来看，2022 年钦州市法院上诉案件改判、发回重审的案件为 570 余件，上诉案件发改率为 4.45%；再审案件被改判、发回重审的案件为 40 余件，其中再审案件改判率为 45.16%，发回重审率为 20.97%。无论是再审案件还是重审案件，都一定程度上反映了纠纷未能有效地一次性化解。因此，为了减少衍生案件的数量，减少程序的空转和非必要的诉讼环节，提高民众对裁判的认可度，钦州市法院制定了诉讼释明规则，明确法官的释明义务、范围和责任，充分发挥法官对诉讼的指导和控制作用；帮助当事人依法准确表达诉求，提升诉讼效能，尽可能满足人民群众的司法需求；强化裁判文书的说理过程，阐明裁判结论所包含的法律逻辑，以及适用的依据，情理结合，不断提高裁判的可接受性；细化审判管理，强化审判监督制约机制，逐步完善协调一致、相互配合的审判执行监督体系。

（三）深化分调裁审机制改革，提升审判效率

钦州市法院持续完善繁简分流工作机制，强化“分调裁审”效果，提高快速审判的质量和效率。积极探索符合钦州市法院实际的案件繁简分流工作机制，尤其是二审案件的繁简分流工作机制。进一步完善民商事、行政案件繁简分流标准，根据诉讼要素，精准确定“简案”范围。运用智慧法院系统和大数据分析，同时辅以人工把关的方式，对案件实现“精准分流”。发挥速裁法官团队的作用，从简从快审理简单案件。同时，建立简案速裁快审配套机制，开展类案集中办理，建立示范诉讼模式，充分运用智慧法院系统提升审理效率。通过这一系列工作，钦州市法院小额诉讼程序适用率较之前获得显著提升，2022 年共适用小额诉讼程序审结案件 6210 件，接近 2021 年的两

倍，辖区内的部分法院小额诉讼程序适用率达55%。其中审理天数少于30天的占比达46.7%，平均审理天数为34.2天，小额诉讼程序优势正在逐步显现。

（四）持续深化执行工作长效机制，构建完善“法院+”执行联动机制

钦州市法院将执行工作作为要务之一，一方面通过“动之以情，晓之以理”的方式督促被执行人及时履行裁判文书的内容；另一方面完善执行工作配套制度，切实推进“案结事了”，印发实施《钦州市关于建立执行联动工作机制的实施意见》，召开钦州市执行指挥中心2022年度联席会议，推进钦州市“切实解决执行难”各项工作高质量发展。

三、“案结事不了”的困境及原因分析

（一）当前“案结事不了”的困境

“案结事不了”一直是困扰各级人民法院的司法实践难题，人民法院与纠纷主体、社会公众对于案件的观点、看法可能有着不同的立场，尤其是“只要当事人仍然觉得不公平，他总是可以请求统治阶层复审”[1]的这一心理认知仍广泛存在民众心中，“案结事不了”的现象仍然严峻，法院的审判执行工作还未真正做到“案结事了”。具言之，“案结事不了”主要表现在：一是当事人认为裁判文书或是案件一审审理的程序不符合其心理预判，存在司法不公，进而向上级法院上诉；二是当事人对二审的审理结果仍旧不满申请再审，若案件符合再审的程序性和实体性要求将会使本应终局的裁判又一次进入审判程序；三是当事人通过司法程序外的途径，如向相关部门申诉、信访等；四是案件虽然已经审结，但是矛盾纠纷并未一并彻底化解，进而产生衍生案件。

以钦州市法院为例，“案结事不了”具体表现在以下四个方面。

1. 一审服判息诉率有待优化。一审服判息诉率越高，意味着进入司法程序的案件越大可能得到一次性解决，该比例越低，则反映了纠纷引发多个司法程序的现象越多。[2] 以2022年为例，2022年钦州全市法院一审服判息诉率虽达89%，但全区排名仍相对靠后，并且辖区内两级法院的一审服判息诉率差距较大，数据分布较为不

---

〔1〕 於兴中：《非终局性、“青天大人”与超级法官赫尔克里斯——简论传统中国的公正观》，载《杭州师范大学学报（社会科学版）》2012年第5期。

〔2〕 参见黄海龙、潘玮璘：《“尽可能一次性解决纠纷”理念的基本内涵与实践要求》，载《中国应用法学》2022年第5期。

均衡。

2. 再审案件因错误被改判和发回的数量偏多。近年来,再审案件数量有呈上升的态势,以中院为例,2022 年共有 11 件案件因出现错误被高级人民法院改判和发回重审。这反映了在审判工作中,无论是案件质量还是审判效果都有待进一步提高。

3. 涉诉信访的数量仍较多。2022 年,钦州全市法院共有涉诉信访案件共计 400 余件,涉诉信访数量偏多,很大限度上反映了“案结事了”的工作未能得到很好落实,社会公众对案件处理的接受程度以及法院的“释法明理”工作仍有待提升。

4. 存在“空调”“空判”现象,案件进入执行程序的比例较高。由于立案、审判、执行环节之间的衔接不到位,导致部分案件的执行存在困难,当事人不自觉履行甚至逃避执行的现象仍旧突出。

(二)“案结事不了”的原因分析

1.“司法公正”与“实质公正”所追求的目标差异导致“案结事不了”。当前我国社会正处于转型的关键时期,社会纠纷与以往相较呈现出鲜明的特点,社会纠纷的多样性、复杂性和矛盾尖锐性使得纠纷解决的难度直线上升;伴随着司法改革的深入推进,人民群众对“司法公正”的实现需求比以往任何一个时期都要迫切,然而,“司法公正”与“实质公正”之间的差异或成为“案结事不了”的重要原因之一。与“实质公正”不同,人民法院强调的“司法公正”具有鲜明的合法性要求和程序性公正等技术性理性特征,尤其是在法治国家的理论体系中。人们认为,法官是一个职业高度专门化的职业团体,其运作和实现法律价值是一种形式的司法逻辑,[1] 司法的技术理性和形式逻辑使得整个诉讼严格按照一套设计精巧的规则来运行,一方面,这套规则保障当事人能够参与到诉讼程序中来,充分行使自己在诉讼上拥有的权利,对自己的主张进行举证和辩论;另一方面,这套规则确保了法官判决具有“可预测性”和“可计算性”,如果根据确凿的合法先决条件和所获得的证据,运用严密的法律规则的逻辑性来证明判决的合法性,就可以得出符合正当性和合法性的裁判结论。但同时也应看到,如果一个裁判仅考虑遵循形式理性和法律规则,就极易使司法裁判以表面合法的形式掩盖一种实质上的不公。机械套用法律规则,容易忽略案件可能存在的各种复杂情况,也不符合现实社会生活的多样化要求,由此作出的裁决甚至违背了一般大众的价值观,违背了道德、天理和人情,也违背了大众对于“实质公正”的期待。

---

〔1〕 参见岳彩领、杜月秋:《从依法审判到案结事了——审视当下中国实用主义司法哲学观》,载《学海》2014 年第 2 期。

具言之，无论是中国既有的司法传统还是现存的法律制度，人民法院在司法判决过程中常常受制于社会对“实质公正”的追求和偏爱，进而导致司法判决无法获得终局性结果。[1] 特别是当前我国的诉讼模式已由职权主义转向当事人主义，[2] 从以往法院全面调查证据、查清事实到“谁主张，谁举证”，法院仅专注于当事人主张的证据和收集的事实的认定，法院处于居中裁判的位置，但由于当事人举证能力和收集证据能力的局限性，通过证据反映的案件事实可能存在真伪不明的风险，尽管可以通过诉讼中的证明责任规则来分配当事人在事实真伪不明时所要承担的不利后果，但以此为基础作出的事实认定和裁判可能与人们心中的朴素正义感背道而驰，因而难以得到人们的理解和接受；若当事人在诉讼程序内无法获得符合其内心正义情感的有效救济，就可能在诉讼之外寻求上访、信访或者其他非理性的救济方式。民众最后无奈选择这种非理性的救济方式其实也是在情理之中，追求案件的事实真相是审判的重要价值，只有建立在事实真相基础之上的裁判结论才经得起时间的检验，才能获得群众内心的真正认可，让群众心服口服。

2. “人案矛盾”突出，导致法官无法在“事了”上投入足够精力。随着我国立案制度由审查制改革为登记制，加之诉讼费用成本降低，民众进入司法程序的道路日渐畅通，然而与之对应的法官人数却呈现下降趋势，法官员额制改革后，法官数量规模的增长更无法匹配诉讼案件数量的增长，[3] “人案矛盾”更加突出。以钦州市法院为例，作为一个案件体量相对较少的地区，其员额法官人均结案数在 2022 年已达 210 件，而在广西区内经济较发达的地区其员额法官人均结案数已经高达 400 余件。由此观之，在人均结案数量如此之多的情况下，法官在每一个案件中投入的精力势必会集中于“案结”，使“事了”这一环节无法得到有效落实。

3. 部分审判人员的法律水平和工作能力距离“案结事了”的工作要求仍有一定差距。除面临较大的办案压力外，部分审判人员对“案结事了”的内涵和目标学习不到位，理解不透彻，仍满足于“就案办案”，而不是从实质性、一次性化解矛盾纠纷的角度出发，只是为了满足完成结案指标。甚至有的法官在案件审理过程中，仅仅将重点放在自己关注的法律事实之上，而忽视了当事人的真实意愿和想法。在法律适用方面，对于一些新问题、新情况，仍满足于依靠“经验”办案，而不去学习最新的法律规定或

---

〔1〕 参见王国龙：《判决的既判力与司法公信力》，载《法学论坛》2016 年第 4 期。

〔2〕 参见李瑜青、张建：《司法实践中“案结事了”理念——以法社会学为视角》，载《华东理工大学学报（社会科学版）》2014 年第 2 期。

〔3〕 参见陈瑞华：《法官员额制改革的理论反思》，载《法学家》2018 年第 3 期。

是更新自己对法律的理解。

4. 案件质量水平无法达到“案结事了”的标准。部分案件因事实不清、法律适用错误等原因被上级法院改判或发回重审，影响了案件顺利了结。法院对同一类型的案件裁判尺度不一，出现“同案不同判”现象或者法律适用分歧较大，无法统一裁判尺度，这不仅损害司法在民众心中的权威性，更使案涉纠纷的当事人与诉讼无休止纠缠。此外，对案件裁判的说理不明确或是说理简单，也影响了办案的质量。“案结事了”的一个重要前提就是办案的质量经得起时间、经得起群众的检验，若办案质量不符合标准，或是存在问题，这无疑是导致“案结而事不了”的重要原因。

四、实现“案结事了”的进路

通过前文的分析可知，“案结事了”关乎司法权威的树立、司法公正的实现，“案结事不了”不仅动摇社会公众对司法的信赖和认可，更不利于和谐社会的构建，因此，反思和探索实现“案结事了”的进路是我国当前司法改革的关键。

（一）提高生效裁判的终局性程度

一是充分发挥“一审终审”制度作用。基于民事诉讼的效率价值目标，对于部分民事纠纷案件实行“一审终审”制度是十分有必要的，[1] 我国《民事诉讼法》也详细规定了部分民事案件适用“一审终审”制，主要包括适用简易程序、小额诉讼程序的案件以及适用特别程序、督促程序和公示催告程序的案件。然而，“一审终审”制度的价值却没有被充分发挥，具体表现在小额诉讼程序的适用率不高，尤其是当事人选择适用小额诉讼程序的情况更是少之又少，甚至存在一些案件后续转为适用普通程序的情况。法院应当充分发挥主观能动性，积极引导符合约定适用小额诉讼程序的当事人选择适用该程序，向当事人释明该程序的高效优势，也告知其“一审终审”不代表没有救济途径，让其放心选择适用该程序。更为重要的是，在立案阶段就应树立“极简案件适用小额诉讼程序、相对简单案件适用简易程序、复杂案件适用普通程序”[2] 的这一理念。对于一些可以通过申请支付令、申请实现担保物权等非诉程序解决的纠纷，应当在立案之前就及时进行识别，尽可能引导当事人选择非诉程序。

---

〔1〕 参见张晋红：《关于构建民事诉讼一审终审制的立法思考——从完善民事诉讼审级制度的视角》，载《河北法学》2005年第8期。

〔2〕 左卫民、靳栋：《民事简易程序改革实证研究》，载《中国法律评论》2022年第2期。

二是坚持多元化解纠纷，注重调解制度与审判的衔接。人民法院要始终坚持“能调则调、当判则判”的理念，不断提高调解的质量，尽可能实现诉前调解的“案结事了”，使纠纷得到彻底的解决，不至于进入诉讼程序。[1] 要坚持发展新时代“枫桥经验”，不断强化诉源治理，加强矛盾纠纷的源头预防，尽量从源头上化解矛盾纠纷。同时人民法院还应加强与人民调解、行业调解等调解组织的联系，加强诉调环节的衔接，不断提升纠纷的处理效率。同时，不能仅仅为了“调解”而“调解”，要注重调解的品质。对于无法在现场履行的调解协议，要尽快进行法律上的确认，防止已经妥善处理的争议再次走上法庭。人民法院还应最大限度避免调解案件进入强制执行程序，在调解时要注重调解内容的可执行性，探究调解案件进入执行的深层次原因，并采取针对性措施予以应对。

（二）提高纠纷当事人对生效裁判的心理认同度

能否真正实现“案结事了”，从实质上取决于纠纷当事人对生效裁判的心理认同度。在法治社会中，存在多元化的规范体系，法律仅仅是社会规范中的一种，除此之外，还存在道德规范、社会习惯、村规民约、行业惯例、民族习惯等其他非成文法的规范，尤其是道德规范和社会习惯已经融入社会大众的观念之中，故裁判结果越符合这些规范，越能为社会大众所接受，越有助于纠纷的实质性化解。例如，在婚姻家庭领域，道德因素和社会习惯影响更为突出，在处理婚姻家庭纠纷时如果一味地强调严格适用成文法，甚至会造成民众的反感，取得适得其反的效果。因此，人民法院应强化道德规范、社会习惯等非成文法规范在法律中的应用程度；强化裁判文书的说理过程，尤其是针对当事人的辩论主张从程序到实体等方面强化论证和说理，对于诉讼主张是否成立予以针对性回应，即便是未被采纳的当事人主张也要说明不采纳的理由，进而增强当事人对裁判文书的认可度。在案件宣判之后，也要重视判后的释法答疑工作，对于当事人，特别是败诉一方或群体纠纷当事人提出的疑惑要做好充分细致的说明解释工作，引导当事人理性看待案件的处理结果，做到息诉罢访。

（三）打造高素质法官队伍，为“案结事了”提供队伍保障

高素质的法官队伍是高水平审理案件的基石，是实现“案结事了”的根本所在。人民法院要提升法官队伍的专业素质，与时俱进，不断提升法官的专业化水平，针对

---

〔1〕 参见张甲天：《新时代人民法院实现案结事了的方法路径》，载《山东法官培训学院学报》2021 年第 1 期。

不同类型的案件开展精准化培训。强化法官之间的经验交流，通过设置专门课程、案例研判交流等方式，使法官队伍的专业“实战”能力进一步增强。同时发挥经验丰富法官的“传、帮、带”作用，使“法官教法官”要求落到实处，将“案结事了”的经验传授好。

案外人执行异议之诉中"确权之诉"的审查范围

——以"尽可能一次性解决纠纷"为进路

苏灵艳　黄雪妍*

摘要：财产共有人作为案外人，以执行标的是共同财产为由提起案外人异议，执行法院裁定驳回后，案外人作为原告向法院提起执行异议之诉，在主张排除执行的同时，要求对涉案财产的权属份额一并做出裁判的，在所有共有权人均已参加诉讼的情况下，人民法院在确认原告对执行标的享有合法权益的同时，对原告享有的权属份额一并作出裁判，可以使得申请执行人与案外人在下一步执行标的变现后直接对价款进行分配，既提高了执行效率，节约了诉讼成本，也符合"尽可能一次性解决纠纷"的司法精神。

引　言

根据最高人民法院《关于适用〈中华人民共和国民事诉讼法〉的解释》（以下简称《民诉法解释》）第310条[1]的规定，在案外人基于共有权提起案外人异议之诉的情况下，其同时提起"确认权利"的诉讼请求

* 苏灵艳，四级高级法官，南宁市江南区人民法院党组成员，副院长；黄雪妍，五级法官助理，南宁市江南区人民法院审判管理办公室（研究室）法官助理。

[1] 《民诉法解释》第310条规定，对案外人提起的执行异议之诉，人民法院经审理，按照下列情形分别处理：(1)案外人就执行标的享有足以排除强制执行的民事权益的，判决不得执行该执行标的；(2)案外人就执行标的不享有足以排除强制执行的民事权益的，判决驳回诉讼请求。案外人同时提出确认其权利的诉讼请求的，人民法院可以在判决中一并作出裁判。

的,人民法院可以一并作出判决。而“确认权利”是否包含了权利界限(确认共有的份额),司法解释没有明确规定。因此,在案外人执行异议之诉中确认当事人对执行标的享有合法权益的同时,可否对其享有的权属份额一并作出裁判一直饱受争议。争议的焦点主要表现在案外人执行异议之诉中对案外人权益的认定,是仅需要在达到“定性”的程度即可,还是应该对共有的“界限”一并审查到底?存在的问题则是裁判理由与裁判结果的论证常常自相矛盾。

本文将通过一起案件的探讨,回顾案外人执行异议之诉中“确权之诉”合并进程,梳理出在执行异议之诉中当事人在请求“确权”同时对权属“份额”一并确认的司法观点,回归到基础理论并贯彻“尽可能一次性解决纠纷”的价值理念,希冀对案外人执行异议之诉中的“确权之诉”形成统一裁判意见有所裨益。

一、案外人执行异议之诉中“确权之诉”的司法观点梳理

(一)个案考察:悬而未决的问题

N 市 J 区人民法院在执行申请执行人蒋某与被执行人张某民间借贷纠纷案过程中,拟对保全阶段查封被执行人张某位于 N 市 J 区的房屋采取拍卖强制措施。被执行人张某的前妻吴某以案涉房屋系双方共同财产为由提出案外人异议,N 市 J 区人民法院经审查后裁定驳回吴某的异议请求,吴某对该异议裁定不服,提起案外人异议之诉。吴某主张,其与张某于 2019 年 2 月 18 日离婚,案涉房屋属于经济适用房性质,其中包含女儿和儿子的份额。原告与张某离婚后,房屋贷款由吴某偿付,尚有 9 万余元房贷没有还完。请求:(1)判决立即停止对张某位于 N 市 J 区的房屋的查封与拍卖;(2)确认原告吴某对上述房屋占有 80% 的份额,被告张某占有 20% 的份额。

样本案例涉及案外人基于共有权提起案外人异议之诉的情况,根据《民诉法解释》第 310 条的规定,“对案外人提起的执行异议之诉,人民法院经审理,按照下列情形分别处理:……案外人同时提出确认其权利的诉讼请求的,人民法院可以在判决中一并作出裁判”。案外人吴某在主张排除执行的同时,要求对涉案标的物的权属份额一并做出裁判的,在所有共有权人均已参加诉讼的情况下,人民法院在确认原告吴某对执行标的享有合法权益的同时,能否对原告吴某享有的权属份额一并作出裁判,司法实践存在较大分歧。

观点一:样本案例中案外人吴某提起案外人执行异议之诉,请求同时对讼争房屋的权属份额进行确认,符合相关法律规定。基于夫妻关系的共有并无份额之分,也不

依赖于出资份额,离婚时应转变等额共有,即每人占50%的份额。

观点二:样本案例中涉案房屋系张某与吴某在婚姻关系存续期间购买,应为夫妻共同财产,吴某对涉案房屋享有份额,但张某与吴某对涉案房屋所享有的具体份额,不属于执行异议审理范畴。

(二)全景概览:强制合并的背后考量

分析最高人民法院司法解释出台前案外人执行异议之诉中"确权之诉"从任意到强制合并的历史变革,可以看出顶层设计的理念是一脉相承的。对于这一过程的把握有助于透过历史把握为什么司法解释放开对确权的一并裁判限制。各地高级人民法院对案外人执行异议之诉与确权之诉处理方式由表1可见。

表1　各地高级人民法院对案外人执行异议之诉与确权之诉处理方式梳理

发布时间	法院	相关规定	处理方式
2010年10月27日	浙江省高级人民法院	浙江省高级人民法院《关于审理案外人异议之诉和许可执行之诉案件的指导意见》第3条	执行过程中,不予受理案外人另行提起的确权之诉,已经受理的,驳回起诉
2011年7月28日	北京市高级人民法院	北京市高级人民法院《关于审理执行异议之诉案件适用法律若干问题的指导意见(试行)》第3条	法院针对执行标的物的强制执行过程中,案外人另行提起确权之诉的,不予受理,已经受理的,应当裁定驳回起诉
2011年8月31日	广东省高级人民法院	广东省高级人民法院《关于执行异议诉讼案件受理与审理的指导意见(试行)》第14条	争议财产已经在执行过程中被人民法院查封、扣押、冻结的,案外人不得另行提起普通的民事诉讼
2019年4月30日	黑龙江省高级人民法院	黑龙江省高级人民法院《关于审理执行异议之诉案件若干问题的解答(修订版)》第8条、第13条第2款	将执行异议之诉与确权之诉合并审理
2015年7月2日	江苏省高级人民法院	江苏省高级人民法院《执行异议之诉案件审理指南》第8条	可以单独提出确权之诉,法院合并审理后依法做出判决

从表1中可以看到,最高人民法院在出台《民诉法解释》第310条强制合并两诉的司法解释之前,司法实务中如存在案外人就执行标的向执行法院提起执行异议之诉后,又向法院提起确权之诉以请求法院就执行标的权属进行确认的情形,不同地方的规范合并路径不同。

从以上立法情况来看，关于案外人执行异议之诉的确权诉请的相关立法还存在以下两个方面的不足：一是法院在审理案外人执行异议之诉中的“确权之诉”时都不否认法院可以对确认原告享有执行标的的合法权益进行认定，但没有对案外人执行异议之诉确权诉请怎样审理和裁决进行具体的规定；二是对于案外人执行异议之诉中确权诉请的权利审查，有些地方法院制定了相关的审理标准，但未能形成类型化和体系化，同时也没有形成全国范围内统一适用的标准。

二、学理价值：案外人执行异议之诉中“确权之诉”的理论基础

司法审查观点之间的分歧及立法进程的沿革不仅存在对法律条文的操作与理解问题，其背后亦蕴含着深厚的理论背景。对案外人执行异议之诉中的“确权之诉”的基础理论经验进行剖析，有助于更准确地把握案外人执行异议之诉中的“确权之诉”司法审查的实践状况。

（一）案外人执行异议之诉中“确权之诉”的基础理论

案外人执行异议之诉，是指案外人在执行程序中不服执行异议裁定，主张对法院查封、扣押、冻结的执行标的享有排除执行的民事权益，而向执行法院提出的诉讼。

在案外人执行异议之诉中，对于诉讼请求指向的执行标的物，案外人依法可以一并提出确权的诉讼请求，人民法院“可以”一并作出判决。这就是案外人执行异议之诉中的“确权之诉”。《民诉法解释》第 310 条规定：“对案外人提起的执行异议之诉，人民法院经审理，按照下列情形分别处理：（一）案外人就执行标的享有足以排除强制执行的民事权益的，判决不得执行该执行标的；（二）案外人就执行标的不享有足以排除强制执行的民事权益的，判决驳回诉讼请求。案外人同时提出确认其权利的诉讼请求的，人民法院可以在判决中一并作出裁判。”该条第 2 款明确了案外人可以同时提起“确认其权利的诉讼请求”，人民法院可以一并作出判决，即赋予了人民法院在审理案外人执行异议之诉时，享有合并进行确权之诉的选择权。

该制度不仅有利于高效地完成案件的审理和执行异议程序的完结，同时还能防止案外人通过向非执行法院另行起诉等方式，将物权、债权优先等级等执行因素排除在外，导致另诉法院作出冲突判决，还可以防止被执行人与案外人串通提起虚假诉讼，损害债权人的利益。

（二）案外人执行异议之诉中确权诉请的基本类型

在案外人异议之诉中请求确权的基础事实，现实中主要包括“借名”买房、善意取得、共有权等。因此案外人执行异议之诉确权类型包括但不限于物权，还有物权请求

权、租赁权等。

1. 基于物权提起的诉请

基于物权请求权的确权诉请最常见的就是确认财产份额，比如开篇样本案例中提到的基于夫妻共有要求在案外人执行异议之诉中析产，在涉案财产被法院采取强制措施之后，配偶另一方以离婚协议有分割涉案财产或者基于夫妻共同财产制为由要求法院确认其对涉案财产享有所有权。

2. 基于租赁权提起的诉请

承租人以在不动产采取强制措施之前，与被执行人订立的租赁合同为由，在案外人执行异议之诉中向法院提出确认其享有租赁权的诉讼请求，以此拒绝交付租赁物。

此外，还有基于物权请求权、股权资格确认之诉请求权等类型。

三、案外人执行异议之诉中“确权之诉”的审查的完善

（一）重述案外人执行异议之诉中“确权之诉”司法审查的总体规则

在以共有权为基础的案外人执行异议之诉中进行一并“确权”，首先要讨论的是“确认权利”的界限，即对于案外人对执行标的享有共有权这一“小前提”的审查界限问题。在对案外人的共有权进行审查时，是仅需要达到可以确认其享有共有权即可而无须确认共有份额，就可对能否排除执行作出判断，还是需要在查明其共有份额再作出能否排除执行的判断呢？

案外人执行异议之诉主要解决的是能否排除强制执行的问题，是否享有合法的民事权益是案外人执行异议之诉审理的先决条件，该民事权益包括所有权、用益物权、担保物权、债权、物权期待权等。在案外人以所有权主张排除执行的情况下，所有权认定与排除强制执行之间就具有了逻辑上的紧密关系。案外人应当就其对执行标的享有足以排除强制执行的民事权益承担举证的证明责任。当该所有权为共有形态时，案外人还应当就共有关系进行举证。在确认了案外人享有合法的民事权益后，下一步才能对该权益是否足以排除强制执行作出判断。

从案外人执行异议之诉的审查逻辑可以看出，无论案外人是否提出确权诉请，在执行异议之诉中对实体权利进行审查都是必然的。也就是说，即使案外人没有在执行异议之诉中提出确权的诉讼请求，法官在判决前也应当查清执行标的在实体法上的权利归属，这是判决的前提和依据。

案外人执行异议之诉的审查逻辑已经明确了案外人对执行标的是否真实合法地享有权益，是法院审理该类案件的基础及过程，对于审理过程中作出不得或准予执行

标的物判决前的实体审查部分，按照案外人的诉讼请求，顺带对标的物权属作出裁判，并不是新增审查内容，而是对审查过程得出的“小前提”予以确认。

在以共有权为基础的案外人执行异议之诉中，该“小前提”不仅包括对共有关系的审查，还应当包括对共有份额的审查。首先，对共有份额这一“小前提”的审查，影响是否能够排除强制执行的“结论”。共有份额决定了案外人的权益是否可以排除原定的执行方式。以不动产为例，因不动产属于不可分的财产，在对财产进行变现时，一般采取整体查封、拍卖的强制措施，而如果经执行异议之诉审查，在被执行人的共有份额较小的情况下，如果仍然对该不动产采取整体拍卖，对于享有大部分份额的案外人而言，将影响其作为共有权人的处分权，甚至影响其居住权。在确认共有份额这一“小前提”的基础上，除需要按照法律法规之外，还应当参考常理、常情作出是否能够排除强制执行的“结论”。其次，对共有份额是否进行审查，决定了下一步执行过程中的救济途径。最高人民法院《关于人民法院民事执行中查封、扣押、冻结财产的规定》第 12 条规定：“对被执行人与其他人共有的财产，人民法院可以查封、扣押、冻结，并及时通知共有人。共有人协议分割共有财产，并经债权人认可的，人民法院可以认定有效。查封、扣押、冻结的效力及于协议分割后被执行人享有份额内的财产；对其他共有人享有份额内的财产的查封、扣押、冻结，人民法院应当裁定予以解除。共有人提起析产诉讼或者申请执行人代位提起析产诉讼的，人民法院应当准许。诉讼期间中止对该财产的执行。”也就是说，在权属份额没有得到生效文书确认且共有权人未合理分割的情况下，申请执行人在下一步执行过程中还需要代位提起析产诉讼，这将导致以完整诉讼程序推进的执行异议之诉出现“程序空转”的现象。

需要明确的是，该“确权”过程并不必然等于“析产”，在共有权中，“确权”仅仅是对共有权人的共有关系、共有份额进行确认，并不要求当事人有转移份额的意思表示。而“析产”则更倾向于体现共有权人消除共有关系的意思表示。在案外人执行异议之诉中，案外人提出排除执行的诉讼请求，旨在保持标的物原状，故对权属的确认过程，并没有“析产”之嫌，并未超出执行异议之诉的审查范围。

（二）案外人执行异议之诉中“确权之诉”贯彻“尽可能一次性解决纠纷”理念弥补规则之缺失

1. 案外人执行异议之诉的“确权之诉”中落实“尽可能一次性解决纠纷”的必要性

司法解释放开对确权的一并裁判限制，主要也是出于对“尽可能一次性解决纠纷”的考虑，至于为什么没有进一步明确确认权利的份额，笔者认为，立法者主要是考虑到了案外人对执行标的存在享有完整权属的情形，如将该规定确定为“案外人同时提出确认其权利份额的诉讼请求的”，显然是画蛇添足。

既然确权与排除强制执行具有逻辑上的紧密关系，那一并处理就应与人民法院“尽可能一次性解决纠纷”的审判理念相吻合。

从经济角度出发，另案起诉和一并处理是法院内部的程序设置，法院不应当给当事人设置门槛，在案外人的诉请符合法律规定且顺应案外人执行异议之诉审查逻辑的情况下，如不能顺带、直接作出裁判，这样做既不符合普通群众的法律认知，造成司法资源的浪费以及当事人的诉累，又会降低纠纷解决的效率，甚至可能出现判决结果的冲突。此外，最大限度地节约当事人的诉讼成本作为民事诉讼制度设计的一个重要标准，就是要求诉讼权益与实现成本之间具有相当性。案外人执行异议之诉的案件受理费已经按照财产标的物价值计收了诉讼费，在此情形下不尽可能一次性解决纠纷，导致当事人在另诉析产时按照财产标的物价值再次缴纳诉讼费，这无疑增加了当事人的诉讼成本。

以夫妻共有权为例，夫妻一方作为被执行人因负担外部债务，需要分割共有财产偿还债务。虽然《民诉法解释》中关于案外人异议之诉中“确认权利”的规定较为模糊，但案外人在执行异议之诉中就案涉房产的共有关系已查明且和已确认其享有份额这一“小前提”的情况下，并据此作出了不得排除强制执行的“结论”，此时结合“一站式解决纠纷”原则的具体要求，在案外人执行异议之诉案件中案外人请求确认共有份额的，人民法院可以一并处理，而不应仅以“不属于执行异议之诉审查范围”为由，要求当事人另行起诉，后续增加各诉讼参与人的诉累，造成裁决的不稳定性，浪费司法资源。

2. 案外人执行异议之诉的“确权之诉”中“尽可能一次性解决纠纷”原则的适用条件

《民事诉讼法》以及相关司法解释对执行异议之诉的参与人进行了相关规定，执行异议之诉的当事人只能是提出执行异议的案外人、申请执行人和被执行人。当共有权人不限于案外人、被执行人，还有其他共有权人未参与诉讼的情况下，不宜直接依据案外人的证据对共有份额进行判断，否则将影响其他共有权人的诉讼权利。也就是说，在案外人执行异议之诉中适用“尽可能一次性解决纠纷”原则条件应为该标的物的所有利害关系人均参与了诉讼。如在夫妻共有权中案外人执行异议之诉除了案外人、被执行人，其他主张对案涉房屋享有权属的利害关系人（子女作为第三人）均参与了诉讼，在此情况下对共有权关系及份额作出判断，既符合诉讼规律，实现诉讼效率优化,也保障了利害关系人的诉讼权利。

因此,司法解释对执行异议之诉中确权程序的启动,首先要基于案外人的诉讼请求,而最终决定权在于管辖的人民法院。故司法解释中采用了"可以"一并判决的概念。从案外人的角度考虑,该"可以"是法律技术设置,更合理的解释是法律赋予了案外人对确权申请的选择权,即案外人可以在执行异议之诉中提出,也可以另案提起确权之诉。而根据处分原则,人民法院在当事人申请的情形下应当对案外人的确权申请进行审理,否则可能构成"漏判"。

结　语

综上,当事人在请求"确权"的同时对权属份额一并确认可以使得申请执行人与案外人在下一步执行标的变现后直接对价款进行分配,提高了执行效率,节约了诉讼成本,也符合"尽可能一次性解决纠纷"的司法精神。如仅确认当事人对执行标的享有合法权益,但对权益的边界(份额)不予同时确定,在后续执行中各方当事人对共有权份额不能达成一致时,债权人还需要另行提起代位析产诉讼,导致执行异议之诉程序空转,也造成当事人多次诉讼,与"尽可能一次性解决纠纷"的价值取向不符。

构建执前调解督促机制，减少启动执行程序

——以平南法院实践为研究对象

陈枢文*

摘要：基本解决执行难后，各地法院要向切实解决执行难迈进，都纷纷出台各种举措，不断优化执行资源配置，想方设法提高执行质效，但是近年来执行案件激增，案多人少的矛盾依旧突出，执行工作面临着前所未有的巨大压力，案件程序空转、案结事未了的现象依然存在。平南法院深入贯彻落实“尽可能一次性解决纠纷”的理念，创新实践执前调解督促机制，对即将进入执行程序的案件通过执行前置程序尽可能促成当事人和解或者自动履行，减少诉讼案件进入执行程序，从而促进案件实质化解和执源治理。

引 言

当大量执行案件涌入法院，权利义务虽已在审理阶段划分界定，但尚未实现“定分止争”的效果，如何保障权利人及时兑现权利和督促义务人及时履行义务，需要国家强制执行作为后盾保障。面对庞大的执行案件数量，片面追求强制执行促进化解纠纷和解决案多人少的矛盾，可能事与愿违，但是以“先礼后兵”的工作方式得到的效果可能是事半功倍，执前调解督促机制更好地填补了强制执行的前期的空白。通过执前调解督促机制，提高当事人对生效法律文书的自动履行率，从源头上有

---

* 陈枢文，三级法官，平南县人民法院审判委员会委员、执行局局长。

效减少诉讼案件进入执行程序，降低案件衍生率，缓解案多人少的矛盾；预防再次激发当事人矛盾，减轻当事人执行费的负担，并节约司法资源，提高工作效率；优化便捷执行与其他机制高效对接，进一步充实与完善一次性解决纠纷机制，提升司法工作水平。

一、构建执前调解督促机制的现实意义

执前调解督促机制是当事人根据生效的法律文书向具有管辖权的法院申请强制执行前，执行法院根据案件情况或权利人的申请，对于可能自动履行或者促成和解的案件，可通过执前调解督促机制即通过思想疏导、法律释明等非强制方式进行调解，安排调解督导员组织双方当事人进行协商，不经强制执行程序即可促成双方自行和解或自动履行生效法律文书的法律效果和社会效果。执前调解督促机制是基于多元化纠纷解决机制改革上衍生的机制，[1]将化解纠纷机制贯穿于诉讼执行全过程，真正实现“案结事了”。

案例 1：权利人 Z 银行与义务人李某借款合同纠纷案，由于义务人李某不按约定向权利人 Z 银行归还借款本金及利息，Z 银行将其诉至人民法院，经审理判决李某归还 Z 银行借款本金及利息 80 万元，判决生效后，李某陆续向 Z 银行偿还了 20 万元，剩余 60 万元一直未及时履行完毕。而后，Z 银行向人民法院申请强制执行，在执行过程中，人民法院依法向李某发出执行通知书责令其限期内履行完毕，李某到法院称其一直与 Z 银行协商还款，但该银行不同意李某的还款计划，即李某承诺于一个月内还清剩余全部款项。人民法院组织双方协商并达成了和解协议，李某依约在一个月后将剩余款项全部还清。

案例 2：权利人张某与义务人吴某健康权纠纷案，经人民法院审理认定，判决吴某应当支付赔偿款 3 万元给张某。判决生效后，张某向人民法院申请强制执行，在执行过程中，人民法院向吴某送达了执行通知书，吴某称其一直想履行赔偿款，却不清楚如何履行，担心将款项直接支付给张某，张某日后不认账。义务人吴某在收到法院送达的执行通知书后一次性将赔偿款履行完毕。

司法实践中也经常遇到上述类似的案例情形，一些义务人并非不想履行，也并非想成为“老赖”，而是可能存在资金突然无法周转运行的情况，短期内无法全部履行完

[1] 参见杜万华主编，最高人民法院民事审判第一庭编：《民事审判指导与参考》，人民法院出版社 2017 年版，第 4 页。

毕，需要时间缓冲以筹集资金，如案例1。大部分义务人也可能因为与权利人发生纠纷后，彼此不再信任或不想再见到对方，一直不知该如何履行义务，如案例2。为此，构建执前调解督促机制具有现实可行性和必要性，既可有效缓解案多人少的矛盾，又可切实化解当事人矛盾，促进社会稳定。

二、研究对象的实证分析

2016年，最高人民法院提出“用两到三年时间基本解决执行难问题”，将执行工作作为当前法院工作的重中之重来抓，推进执行工作体制机制改革，执行模式得到了较大的转变，执行工作得到了高速的发展，形成了综合治理执行难的大格局〔1〕。但是随着社会经济不断发展，执行案件不断激增，平南法院从“尽可能一次性解决纠纷”机制着手，创新实践执前调解督促机制，减少因程序空转问题衍生的新案件，推进纠纷实质化解。

（一）案件呈现逐年增长趋势

以平南法院2018年至2020年3年期间的执行案件数据为例。2018年受理首次执行案件1540件，执行结案1195件；2019年受理首次执行案件1716件，执行结案1514件；2020年受理首次执行案件1986件，执行结案1612件。收结案数量均呈现逐年递增趋势，案件大幅增长加剧了案多人少的矛盾，在执行法官总体人数不变的情况下，案件大幅增长，办案压力大。

（二）执行完毕率逐年下降

执行完毕率集中体现了当事人对执行工作的获得感，执行完毕率越高，当事人的权益越能得到兑现，平南法院执行完毕率从2018年的33.17%、2019年的30.16%到2020年的26.89%，呈现逐年递减的趋势，年均以3个百分点逐年下降，执行完毕率低也从侧面反映了执行效果不明显，成效不突出。

（三）自动履行率较低

自动履行率是指义务人收到人民法院执行通知书后，按照执行通知书内容主动履行完毕生效法律文书所确定的义务，不需要人民法院强制执行。司法实践中，义务人自动履行率低的成因很多，既有本身履行能力弱问题，如负债百万元、千万元，谈何能一次性履行完毕，又有义务人故意躲避、抗拒执行，即有能力履行而拒不履行的“老赖”。纵观平南法院近3年执行完毕的案件中，均是人民法院对义务人采取强制执行

〔1〕 参见最高人民法院执行工作办公室编：《执行工作指导》，人民法院出版社2006年版，第10页。

措施后义务人才履行,只有少部分案件系主动履行。

三、执前调解督促机制的实践构想

多元化纠纷解决机制是指在一个社会中,诉讼与非诉讼解决方式各以其特定的功能和特点,结成一种互补的、满足社会主题多样需求的程序体系和动态的运作调整系统,以多元解纷机制促进纠纷一次性解决是解纷机制价值取向[1]。随着社会不断发展,矛盾的主体及纠纷呈现类型多元化,化解纠纷需求也是多元化,以诉讼为主的传统单一化解纠纷的体系已不能够满足当前现实发展的需要,为此,多元化纠纷解决机制既有法治属性也有社会属性。执前调解督促机制是从多元化纠纷解决机制延伸出来的一种机制,也是“尽可能一次性解决纠纷”理念的具体实践。“充分运用调解手段和执行措施,积极促成执行和解”[2],也表明最高人民法院明确了人民法院可以依职权综合采取措施促成一些案件的当事人达成执行和解,即在一定意义上为执前调解督促机制给予了制度上的支持。

(一)明确执前调解督促机制的定位

负有履行义务的一方未按生效法律文书所确定的内容履行义务,享有权利的一方可向人民法院申请强制执行,执前调解督促机制是执行程序的一种前置程序,即将执行程序中的执行和解前置,与诉前调解功能大体一致。人民法院受理执行案件前,告知权利人是否同意通过执前调解督促机制实现权利,若当事人同意则立即将该案转为执前调解督促程序,并由专门办案人员组织双方进行和解,若无法联系义务人或者无法促成和解的,则及时转入执行程序。

(二)执前调解督促机制的程序设计

1. 适用情形

根据前文的两个案例情况来看,并不需要规定小标的额才能适用执前调解督促程序,关键是要根据案件情况分析,是否存在自动履行的可能。关于如何判断案件是否存在自动履行的可能,笔者认为可以参照《民事诉讼法》第 160 条[3]关于适用简易程序审理案件的规定,但“事实清楚、关系明确、争议不大”的规定过于空泛,在实际

---

[1] 参见范愉:《多元纠纷解决机制》,厦门大学出版社 2005 年版,第二章。

[2] 最高人民法院《关于进一步贯彻“调解优先、调判结合”工作原则的若干意见》(法发〔2010〕16 号),自 2010 年 6 月 7 日起施行。

[3] 参见《民事诉讼法》第 160 条规定:基层人民法院和它派出的法庭审理事实清楚、权利义务关系明确、争议不大的简单的民事案件,适用本章规定。

中很难把握。为此准确判断存在自动履行可能的案件是确保执前调解督促程序高效开展的重要前提。实务中，可以从当事人是否配合法院工作、审理情况以及案件情况进行综合分析。

执前调解督促程序中的“事实清楚、关系明确、争议不大”，首先，可以参考当事人是否服判息诉去判断，特别是看案件是否上诉。一般情况下，当事人上诉是因其不服人民法院的判决，矛盾纠纷可能进一步加剧，即使二审法院的判决生效，也总有一方难以服判，因此较难适用执前调解督促程序化解。其次，通过标的额的大小去判断，标的额的大小应当结合《民事诉讼法》适用小额诉讼程序的诉争标的额为基准去确定，之所以结合小额诉讼程序所确定的金额来适用执前调解督促程序，是因为小额诉讼程序属于一审终审程序，适用小额诉讼程序审理的案件都是严格按照小额诉讼程序的适用标准来确定的，也基于执前调解督促机制不能与《民事诉讼法》发生冲突。当前广西壮族自治区各法院确定小额诉讼诉争标的金额为42,000元以下，由于该金额随着城镇非私营单位就业人员年平均工资变化而变化，每年的金额都需要做出调整。再次，应从是否有明显的财产线索去判断，如义务人的财产已被采取保全措施，并且可以足额清偿债务。最后，参考义务人是否曾有其他执行案件被法院执行，且执行案件均已全部履行完毕，不属于有能力履行而拒不履行的情形，实务中该类情形案件大多数为涉及房地产开发公司逾期交房支付违约金的案件。又或者是诉讼阶段经法院调解结案的案件；义务人的经济状况良好或者有稳定的收入，如涉及公职人员欠债务的案件；到庭参加诉讼活动，并且通信保持畅通的义务人的相关案件。

2. 运行模式

(1)审查告知

在诉讼服务中心成立专门的执前调解督促小组，主要职责是在当事人向人民法院申请强制执行立案前，通过审查案件材料以确定是否存在自动履行的可能；基于是否启动执前程序不能忽视权利人的权利，因此当事人的选择权依然需要保护，若法院依职权直接启动执前调解督促程序，则违背了“不告不理、意思自治”原则〔1〕，也让义务人一方误解法院偏袒权利方，影响了司法权威。负责审查案件的人员应当征询权利人是否同意启动执前调解督促程序的意见，明确告知执前调解督促程序的相关权利和义务，要求权利人签署同意执前调解督促程序告知书。

执前调解督促机制一启动，首先应当明确该项机制不具有强制执行的职能，只是

〔1〕 参见张文显主编：《法理学》(第5版)，高等教育出版社2018年版。

在强制执行前先通过调解或者督促方式促使义务人主动履行相应的法律义务。在此期间由于不能采取任何强制执行措施,可能会导致义务人在此期间转移、隐匿财产导致后期执行不能。为了防止此类情形出现,并确保执前调解督促机制的优势不被损害,人民法院应当在权利人同意启动执前调解督促程序后,及时向义务人送达相关责任告知书,明确告知义务人在裁判文书生效后故意转移、隐匿财产导致执行不能的,将依法追究义务人的刑事责任〔1〕。

(2)操作办理

借鉴诉前调解的调解员工作职能,执前调解督促程序应由诉讼服务中心的法官负责执前调解督促工作,即调促员,主要职责系对是否启动执前调解督促程序进行再次审查,因为在立案伊始由于一些立案人员可能存在业务不熟悉等因素,导致一些不应进入执前调解督促程序的案件却进入了,所以调促员应当再次审查是否启动执前调解督促程序。符合启动执前调解督促程序条件的案件,交由其团队的其他辅助人员制作执前调解督促履行通知或执前督促履行提示函,并及时向义务人送达上述法律文书。上文也说到,启动执前调解督促程序可能会导致义务人在此期间转移、隐匿财产,所以应在执前调解督促履行通知或执前督促履行提示函中明确告知义务人并将告知内容进行特别标识,若义务人在法律文书生效后拒不履行义务并且故意转移、隐瞒财产,将依法追究法律责任〔2〕。一方面,防止义务人转移财产拒不履行义务的现象出现;另一方面,也可倒逼义务人积极履行生效文书确定的义务,不及时履行将会受到人民法院财产强制执行措施。

发出执前调解督促通知后,调促员当及时告知义务人积极主动向权利人履行生效文书确定的义务,或者通知双方当事人在规定的时间内到人民法院指定的场所开展协商调解工作。通过上述的通知形式,明确了义务人履行义务的情况,上述案例2中的双方本就存在矛盾纠纷,被告不想直接将赔偿款给原告,因其担心原告存在不认账的可能,根据人民法院发出的执前调解督促通知,被告可以直接据此将款项转入对方账户或者人民法院的专款账户。

调促员组织双方进行协商调解,应当在双方自愿的前提下开展调解工作,调解时

〔1〕 参见全国人民代表大会常务委员会《关于〈中华人民共和国刑法〉第三百一十三条的解释》规定:《刑法》第313条规定的“人民法院的判决、裁定”,是指人民法院依法作出的具有执行内容并已发生法律效力的判决、裁定。

〔2〕 参见《刑法》第314条规定:“隐藏、转移、变卖、故意毁损已被司法机关查封、扣押、冻结的财产,情节严重的,处三年以下有期徒刑、拘役或者罚金。”

做到不偏不倚、公平公正，要注重调解的技巧和工作方式方法，对当事人给予积极的引导，最大限度促成双方达成执前和解协议。上文案例1中，根据义务人的经济情况，其可以通过分期还款以履行还款义务，但是由于权利人的不信任并且也担心时效过期，不愿也不敢给予义务人充足的时间分期履行还款义务，然而在进入执行程序后，义务人作出承诺并且在一个月内全部履行完毕，若该案系通过执前调解督促程序化解而不是进入执行程序，将不产生任何执行费用，最大限度地减轻义务人的成本负担，才是真正实现法律效果和社会效果相统一。义务人本来是有能力完全履行的，只是需要宽松期限用于筹集资金，但其却因未能及时履行而进入执行程序从而负担一笔执行费用，这无疑是加重了义务人的负担，也与法律设计[1]背后所蕴含的"案结事了"理念背道而驰。

(3)后续处理

在调促员穷尽执前和解措施后仍未能达成双方和解，或者义务人未按照约定的期限履行和解协议的，则立即转入执行程序。调促员做好工作记录并且将执前调解督促工作开展情况及相关材料附在执行卷宗，交由执行法官在执行过程中作为参考。同时，进入执行程序后，执行法官不再对义务人发出执行通知书、报告财产令等法律文书，因执前调解督促程序的通知书已经具有执行通知的法律效力。此外，调促员在组织执前协商调解中发现义务人有转移、隐匿财产的可能，应立即采取执前财产保全措施，对义务人名下的财产采取冻结、查封、扣押等强制措施。

3. 执前调解督促的结果

首先，执前调解督促程序不是实际意义上的执行程序，最大的特点是不需要义务人负担相应的执行费用，在一定意义上大大减少了义务人履行义务的负担及成本。其次，执前调解督促程序高效便捷，即一个案件只能启动一次，而且在双方未能达成和解或者义务人未按期履行时，则直接转为执行程序，不需要权利人再次到法院申请立案。最后，人民法院不再向义务人发出执行通知书，不再给予义务人时间履行，而是直接对义务人的财产和人身自由采取强制执行措施，此时义务人将会面临更大的法律责任，如支付迟延履行期间的债务利息(加倍)、罚款，拘留，涉及犯罪的将依法追究刑事责任。

---

〔1〕 参见王利明、尹飞、程啸：《中国物权法教程》，人民法院出版社2007年版，第二节。

（三）执前调解督促程序运行保障

严格把握案件适用，执前调解督促程序只是执行机制的一种辅助制度〔1〕，在审查时严格把握适用标准，并非所有的案件都可适用；同时，该项机制本身具有局限性，非紧急情况下不得使用强制手段，以防止矛盾进一步被激化，违背制度设立的初衷。其他不适用执前调解督促程序的案件要即刻立案执行，防止以适用执前调解督促程序为由拖延立案。严控义务人的行踪及财产，执行程序的设计保障生效法律文书得以及时实现，不让法律文书成为“一纸空文”，在执前调解督促程序运用中，要特别做好对义务人及其财产的管控，要明确告知义务人的权利义务，使其清楚了解自身义务“可为不可为”的界限。严惩拒执行为，防止一些义务人故意以执前调解督促程序来争取时间拖延执行、转移或隐匿财产，对于此类行为必须依法追究相关人的法律责任，以惩戒一人、宣传一例达到教育一片、履行一批的社会效果。

四、执前调解督促机制的现实价值

平南法院树牢“尽可能一次性解决纠纷”的理念，坚持诉源治理原则，加强对诉前、执前案件进行大调解、大督促，尽最大限度促进矛盾纠纷一次性解决，提高化解矛盾纠纷能力。平南法院创新实践执前调解督促机制，减少了大量案件进入执行程序，有效缓解案多人少矛盾，极大方便了当事人履行义务。平南法院从 2021 年 1 月开始探索试行执前调解督促机制，截至同年 5 月符合适用执前调解督促程序的案件共 46 件，促成履行 33 件，成功率为 71.74%。平南法院通过该项机制提升了执行质效，首先，执行案件数量有所下降，2021 年 1 ~ 5 月新收执行案件 1077 件，增长幅度为 16.54%，低于近三年的平均值 20.37%；其次，执行完毕案件数量有所上升，2021 年 1 ~ 5 月执行完毕案件为 356 件，同比增加 113 件；再次，执行用时大大缩短，2021 年 1 ~ 5 月平南法院执行案件平均用时 86 天，同比减少 14 天；最后，执行金额到位率大幅增长，2021 年 1 ~5 月执行到位金额为 8907.41 万元，同比增加了 1895 多万元。

结　语

执前调解督促机制是落实“尽可能一次性解决纠纷”理念的具体举措，也是有效妥善化解矛盾纠纷的一大方式。人民法院作为各种矛盾纠纷的“集结地”，执行案件

〔1〕 参见陶洁：《依托“法官进综治中心”平台探索建立执前督促机制——以临安市人民法院为视角》，载《法制与社会》2013 年第 20 期。

数量大幅增长,通过执前调解督促机制将矛盾化解在执行程序前,通过和解“软措施”进行疏导,引导义务人积极主动履行生效法律文书确定的义务,增进信任,促进和谐,对推进社会稳定发展具有重要的意义。

破产衍生纠纷的治理模式：破产管理人协会参与调解

——以柳州市破产衍生纠纷调解中心为样本

孙　翔　肖舒森*

摘要：破产衍生纠纷调解中心的成立是破产管理人协会拓展职能边界、积极参与社会治理的体现，适应了破产衍生纠纷类型多元化和解纷能力专业化的要求，有利于降低当事人主张权利的成本，推动了诉源治理和纠纷实质性化解。柳州市破产衍生纠纷诉前调解中心主要从调解员队伍建设、能力建设、调解程序规范化建设等方面着手，不断提高调解中心的解纷能力；通过"互惠原则"等多种激励机制，提高管理人参与调解的积极性；并从案卷资料、示范判决、调解协议可执行性等方面不断强化诉调对接、强化调解效能，为管理人参与破产衍生纠纷调解、切实减少衍生诉讼做出了有益探索。在破产衍生纠纷调解中心实际运行过程中，如何实现管理人受托人角色与处分权的平衡、管理人独立履职与调解中心集思广益的平衡、"调成"与"调对"的平衡，仍有待进一步研究与探索。

一、问题的提出与研究现状

推动诉源治理，实现纠纷的实质性、一次性化解离不开多元化的解

* 孙翔，四级高级法官，柳州市中级人民法院民事审判第一庭庭长；肖舒森，柳州市中级人民法院民事审判第四庭五级法官助理，法学硕士。

纷主体。2009 年最高人民法院在《关于建立健全诉讼与非诉讼相衔接的矛盾纠纷解决机制的若干意见》中首次明确要建立法院与商事调解组织、行业调解组织相衔接的矛盾纠纷解决机制，为行业调解组织参与解纷奠定了基础。2016 年最高人民法院在《关于人民法院进一步深化多元化纠纷解决机制改革的意见》中，再次强调"积极推动具备条件的商会、行业协会、调解协会、民办非企业单位、商事仲裁机构等设立商事调解组织、行业调解组织……提供商事调解服务或者行业调解服务"。推动行业调解组织的发展迈入快车道。目前学界及实务界对物业服务〔1〕、金融行业〔2〕、电力行业〔3〕等领域行业协会参与解纷工作的实践已有较为丰富的研究，亦有学者就国外行业调解工作的开展情况进行了引介〔4〕。但受制于相关实践较少等客观因素，目前针对破产衍生纠纷领域矛盾的多元化解研究还比较薄弱。为践行新时代"枫桥经验"，贯彻习近平总书记关于"把非诉讼纠纷解决机制挺在前面"的指示精神，在柳州市中级人民法院的指导和支持下，柳州市破产管理人协会于 2022 年 7 月 8 日成立目前已知全国第一个正式挂牌运作的破产衍生纠纷诉前调解中心，率先展开管理人协会参与破产衍生纠纷化解的探索。该中心在定位上属于柳州市破产管理人协会的内设机构，接受柳州市中级人民法院的业务指导；在案件受理范围上，包括债权确认纠纷、破产企业财产清收纠纷等各类衍生纠纷；管理人和当事人均可提出调解申请，且暂时无须缴纳受理费、调解员报酬等费用。本文拟以该中心为样本，对引导管理人协会参与破产衍生纠纷诉前化解的可行路径进行研究，为拓宽行业协会参与纠纷调解的研究领域、推动管理人协会有序参与诉前纠纷化解提供柳州经验。

二、成立破产衍生纠纷调解中心的必要性与积极意义

（一）拓展破产管理人协会职能，引导管理人协会参与社会治理

管理人协会是自我服务、自我管理的组织。按照传统观点，管理人协会主要代表管理人的利益，破产衍生纠纷作为破产管理人或其代表的债务人与其他主体的纠纷，应由中立的法院予以处理。但有学者指出，社会组织一般具有"政治参与和利益传

〔1〕 参见北京市物业管理行业协会：《物业纠纷行业调解机制建设与运行研究》，载《物业管理课题研究优秀成果汇编（2016—2018）》。

〔2〕 参见董新义：《论金融纠纷的行业与诉讼联动调解》，载《法律适用》2011 年第 12 期。

〔3〕 参见温春海等：《多元化纠纷解决机制改革背景下的电力行业调解发展初探》，载《中国电力企业管理》2020 年第 22 期。

〔4〕 参见张晓茹、张美娟：《行业调解的困境与出路》，载《北京仲裁》2015 年第 2 期。

递”“进行行业联合和治理”“提供公共服务”“化解社会冲突和促进社会公正”四种功能，其中满足“化解社会冲突和促进社会公正”功能的并不限于人民团体类社会组织或有官办背景的社会组织。[1] 因此，管理人协会的行业组织属性并不妨碍其参与到破产衍生纠纷调解工作中。中共中央《关于坚持和完善中国特色社会主义制度、推进国家治理体系和治理能力现代化若干重大问题的决定》亦鼓励“发挥行业协会商会自律功能，实现政府治理和社会调节、居民自治良性互动，夯实基层社会治理基础”。破产衍生纠纷诉前调解中心的成立，是破产管理人协会主动挖掘其职能新内涵，积极参与社会治理尤其是诉源治理工作的重要体现，符合国家治理能力和治理体系现代化的要求。

（二）适应破产衍生纠纷类型多元化和解纷能力专业化的要求

破产衍生纠纷涉及法律关系复杂多样，尤其在破产债权确认纠纷案件中，产生债权的基础法律关系包括买卖合同、借贷合同、劳动合同、建设工程施工合同、股权转让合同等关系，破产审判法官的知识储备、业务经验未必能够完全胜任此类案件的审理。虽然按照衍生纠纷的基础案由分配到相应业务庭室能部分缓解以上问题，但又引发其他业务庭法官对破产案件及破产法程序规则不够了解，个案处理不当影响破产案件整体推进，甚至引发不当示范效应的问题。相较之下，破产管理人协会的会员中不仅包括执业经历更丰富、知识背景更具有复合性的律师，也包括为数不少的会计师、税务师、资产评估师等专业人士，甚至有的大型律所能协调不同事业部提供相关领域智力支持，因此在处理相关领域专业问题时较法官有更明显的优势。

（三）破产管理人协会在调解中立性方面具有优势

作为社会中介机构的管理人是从行政化破产向市场化破产转轨过程中替代政府部门主导的清算组的产物，且在行业主管部门上尚无成例，例如深圳市是以社会科学院（社会科学联合会）、无锡市是以哲学社会科学界联合会作为业务主管单位，南京市是由司法局担任业务主管单位，广州市和温州市破产管理人协会则根本未在章程中对业务主管单位进行规定。[2] 不仅管理人协会在主管单位的设置上具有灵活性甚至缺位，而且管理人协会的经费基本来源于会员缴纳会费、管理人报酬提留等内部途径，不存在行政拨款资金，因此管理人协会行政色彩和本位主义较为淡化，行政机关

〔1〕 参见祁春轶：《我国社会组织的能力培育及其制度完善——以功能分析为视角》，载《法学》2020 年第 5 期。

〔2〕 参见王静、蒋伟：《破产管理人自治模式实证研究》，载《法律适用（司法案例）》2018 年第 14 期。

对协会的影响控制力远不如物业、汽车、保险等其他领域,有助于减少管理人协会在调解过程中面临的外在干预,保障其中立性。

(四)有助于降低破产衍生纠纷当事人的主张权利成本

降低主张权利成本、提高救济效率是诉外调解相较于诉讼解纷的共性优势。[1]该优势在破产程序中显得更为重要。例如,在破产债权确认之诉中,诉讼费按照原告主张的标的额而非实际清偿数额计算,起诉时预缴的诉讼费就足以成为主张权利的巨大门槛,遑论律师代理费等其他额外开支。一旦当事人认定通过诉讼无助于真正实现利益,就会通过各种诉外渠道,如信访、向法官施加压力甚至请托管理人、组织群体性事件等方式表达诉求,严重干扰破产案件正常办理。再如,在追缴未缴出资、追收对外应收账款等破产企业作为原告的案件中,若起诉,在企业资产寥寥无几的情况下,需要管理人或者债权人垫付起诉费用,而欠缴出资的股东及次债务人是否有实际履行能力存在高度不确定性;若直接分配又受到债权人数量、债权人之间信任程度的限制;而直接放弃追缴予以核销又难以使全部债权人认可,让管理人处于左支右绌的为难境地。

相较之下,破产衍生纠纷调解中心免收调解费的特征,不仅能较好解决上述问题,还能够起到吸收当事人的不满、在情绪激动的当事人与法院之间起到“过滤器”和“防火墙”的作用,因为有时原告并非不了解清偿率低的事实,主张权利不过是基于“不蒸馒头争口气”的心理。同时调解员作为破产领域的专业人士,在调解过程中可对非管理人一方进行释法说理,起到平衡双方诉讼能力的效果。

三、破产管理人协会参与破产衍生纠纷化解的具体进路

(一)组建优秀调解员队伍,提升解纷调解

在提高解纷专业能力和调解效果方面,柳州市破产管理人协会破产衍生纠纷诉前调解中心主要从以下三个方面展开探索:

1. 严把入口关,挑选经验丰富的管理人工作人员作为调解员。考虑到调解员均由管理人协会会员单位委派,按照“受益越多,能力越强,承担责任越重”的原则,要求三级管理人至少推荐1名调解员,二级管理人至少推荐2名,一级管理人至少推荐3名,且一、二级管理人机构的负责人必须作为调解员;在调解员执业经历方面,要求具有丰富的实践经验和较高的办案技能。目前,调解中心调解员队伍已经壮大到49

〔1〕 参见参晓茹、张美娟:《行业调解的困境与出路》,载《北京仲裁》2015年第2期。

人,且调解员基本有两年以上办理破产案件的经验,其中不乏资深律师、会计师、税务师等专业人士以及具有资产管理机构、公司法务工作经历的复合型专家,能够较好匹配常见衍生纠纷的案件调解需求。

2. 重视对于调解员的培训工作,提高处理衍生纠纷的能力。柳州市中级人民法院相关业务庭室专门组织长期从事破产衍生案件审理的法官梳理了衍生诉讼中涉劳动、金融、建设工程、公司领域的常见问题,用于对管理人协会会员进行专门培训,提升对于相关纠纷的处理能力。同时也鼓励调解员在实操过程中不断积累经验、共识,完善管理人协会在此方面的业务指引,增强行业规范和行业准则的科学性和实用性。

3. 强调程序正义,保障调解程序的规范性和公正性。调解活动虽然以意思自治和尊重当事人处分权为优先,但仍需遵循基本的程序正义。对于管理人而言,相较于普通诉讼案件,破产衍生诉讼存在权利主体与诉讼担当主体不一的情形,遵循相应程序规则可降低履职风险;对于另一方当事人而言,在调解时有相应的程序保障,也显示出调解中心运作的组织性和规范性,增强其对于调解公正性的信赖。调解中心在无先例可供参考的情况下,借鉴其他行业调解中心的运作规则并结合调解员的实务经验,制定了《柳州市破产衍生纠纷诉前调解中心管理制度》,专章对调解流程及相关程序性事项,如调解员选任规则、回避规则、调解时限、调解保密规则等做了规定;还特别规定实行案卷评查制度,保证案件受理、取证合法性,事实认定准确性以及法律适用正确性可追溯和可检验。此外,调解中心还参照诉讼文书样式制作了受理通知书、成立调解组通知书、调解失败通知书等文书模板,提高了调解工作的标准化和程式化程度。

(二)合理设计激励机制,提高调解员参与调解的积极性

破产衍生纠纷调处工作中,调解员的积极性主要面临两个约束:一是时间精力约束。由于调解员本身属于兼职,可分配到调解工作上的精力较为有限。二是报酬约束。从目前调解中心的管理制度上看,尚未规定参与调解的当事人需向中心缴纳费用,且从调解中心非市场化运作的定位来看,未来也不宜收取调解费用,由此报酬约束更加凸显。

与其他商事调解组织通过市场化收费作为激励机制不同,基于在不同破产衍生诉讼个案中的管理人协会会员既可能是管理人,也可能是调解员这一特征,柳州市中级人民法院及柳州市破产管理人协会主要通过“互惠原则”来强化会员单位参与调解工作的积极性。具言之,在一个案件中某管理人机构派出调解员免费为其他管理人调处破产衍生纠纷,换取该机构作为管理人的另一个案件中别的机构派出调解员免

费调处破产衍生纠纷。也正是基于这种互惠原理，要求承办较难破产案件、涉及衍生纠纷更为复杂的高级别管理人委派比低级管理人更多调解员的做法也就具有了合理性。

除此之外，其他激励还包括在柳州市中级人民法院对管理人进行的年度考核中将对积极参与调解活动的管理人机构予以酌情加分，好的年度考核结果有助于管理人机构级别的提升，更高级别的管理人则更有机会参与复杂疑难案件的办理，获取更为可观的管理人报酬；另外，在调解过程中积攒的办案经验，在当事人面前展现的扎实专业功底和高超法律水平也有利于增强在行业内的口碑和竞争力，获取潜在客户，开拓案源。物质激励方面，将诉前调解中心与司法行政部门的人民调解组织衔接融合，让调解中心加挂柳州市破产衍生纠纷诉前人民调解委员会的牌子，使之具备人民调解组织的属性，为调解员参与调解工作争取相关办案补贴。

（三）强化诉调对接，提升调解效能

为了强化调解中心与人民法院的合理联动、有效对接，构筑起应对破产衍生纠纷的立体体系，柳州市破产衍生纠纷的诉调对接主要从以下三个方面体现。

1. 资料对接。在债权确认纠纷中，调解成功后债权人可直接通过破产财产分配程序或者重整计划受偿，无须管理人另行提出给付行为，因此此种纠纷的诉调对接主要是调解资料的对接。例如，在管理人债权审查意见书上，倡导管理人加上“债权人如对本复核结论不服，可在收到本复核结论之日起 15 日内向柳州市破产衍生纠纷诉前调解中心申请调解”的表述，引导申报人主动在诉讼之外选择调解中心作为解纷渠道。调解成功的，要求调解中心及时将调解结果通知破产受理法院，并将受理、处理过程中形成的案卷材料及时归档，以备法院核查。调解不成功且申报人提起诉讼的，要求调解中心及时整理调解过程中形成的资料并移交法院，以便法院尽快固定当事人间已达成何种共识，就何种问题还存在分歧，争议焦点是哪些，提高审判效率。审判后，法院处理结论与调解中心调解意见不同的，法院应将相应裁判结果及理由与调解中心进行沟通，并根据实际需要举行座谈会、业务培训会等会议，反馈解纷质量，及时总结经验和教训，不断提高调解中心解纷水平。

2. 通过“示范判决”促使当事人形成合理预期，以判促调。调解中心为法院承担着过滤破产衍生纠纷的功能，但调解中心处理纠纷的精力是有限的，即使不考虑纠纷数量和调解中心调解能力的问题，法院也应当就某一类纠纷如何处理进行指导，树立标准，以免调解中心与法院处理方案不一致对调解中心的权威造成损害。因此，在大批量同类纠纷进入调解中心，或者调解中心在调解过程中发现纠纷具有较强的类案性时，调解中心应主动向法院报告该情况，由法院斟酌是否使其中的典型纠纷进入诉讼程序并尽快形成裁判，为调解中心后续纠纷调处工作树立标杆和标准。

3. 赋予调解中心人民调解组织身份，强化调解协议的可执行性。在破产企业资产清收、追缴股东出资等案件中，需要考虑在调解成功、签订调解协议后如何确保被告实际履行的问题。根据现行《人民调解法》第三十三条的规定，若调解协议是在人民调解组织的参与下达成，当事人可通过向人民法院申请司法确认的方式赋予调解协议强制执行力。而不具有人民调解组织属性的其他行业调解组织则无法申请司法确认，即便达成调解协议也只是具有合同性质，若在履行过程中发生纠纷，仍需要通过诉讼程序予以解决。在推动将人民调解机制移植到行业调解组织方面，司法部在 2011 年就出台了《关于加强行业性专业性人民调解委员会建设的意见》，该意见规定，“社会团体或者其他组织可以结合相关行业和专业特点，在县级司法行政机关的指导下，设立行业性、专业性人民调解委员会”。在柳州市司法局的指导和支持下，目前调解中心已加挂破产衍生纠纷人民调解委员会的牌子，以便更好地发挥人民调解组织的特有优势，服务破产衍生纠纷化解。

四、破产衍生纠纷调解中心运行过程中应注意的问题

（一）廓清管理人参与调解时处分权的边界

在破产程序中，管理人根据《企业破产法》的规定对债务人财产享有管理权，代表全体债权人管理、处分债务人财产，因此管理人在参与调解、行使处分权时，难免会受到是否属于“慷他人之慨”的诘问。例如，在破产债权确认纠纷中，常见案型是申报人对管理人的审核结论不服，要求多确认债权数额或将债权性质确认为更优先顺位的债权，如果调解中心的意见是促使申报人让步，接受了管理人原先审核结论，不至于引发其他债权人太多异议；但若调解中心的意见是促使管理人作出了让步，确认了更多数额的债权或更优先的债权，则可能引发其他债权人的异议，对此，是否要求管理人在债权人会议中作出特别说明，保障其他债权人的异议权或起诉权将成为争议问题。一旦其他债权人起诉，管理人在调解程序中做出的让步是否仍有效？再如，在股东出资追缴纠纷中，有时股东并不否认尚有未实缴到位出资，但一时间难以缴纳完毕，并提出若可减免部分出资，则会尽快筹资履行义务。此时是否必须通过债权人会议表决确定是否接受该调解方案？如果动辄需要过会表决，不承认管理人在一定程度上基于全体债权人利益最大化的原则进行的处分，可能会对调解中心存在的基础构成毁灭性的打击。

（二）正确认识调解中心角色，压实管理人履职的主体责任

在破产衍生纠纷中，占据绝大多数比重的债权确认纠纷并不直接产生收益，而有的案件法律关系复杂，需要花费大量精力。在没有调解中心的情况下，若管理人不认真审查，审查结论不被申报人认可，可能要付出额外的时间精力准备诉讼，故在审查时偷懒懈怠的动机还会受到一定遏制。但在有调解中心的情况下，不排除少数管理人会抱有侥幸心理，凡是犹豫不决或过于复杂、不予处理的就暂时先不予认定，如果调解中心调解员经过审查后认为应予确认的意见确实成立，再改变审查结论。对此，应摆正调解中心的性质和功能，将其定位为破产衍生纠纷双方提供解纷咨询的智囊机构，调解员只是基于其执业经验和专业知识对纠纷如何解决提供建议，但不是替代管理人去履行职权、调查事实和提出法律适用意见，在疑难案件中进行类案检索、广泛收集各种学说观点的主体责任仍由管理人来承担。换言之，对于基本事实不清、管理人提供的审核理由过于简略的，应考虑赋予调解员要求管理人进一步核实、补充否则可以拒绝调解的权力，不能把调解中心当作“保姆”，让管理人成为碰到疑难问题就甩包袱的“巨婴”，避免管理人与调解员职能和定位错位，不当加重调解员工作负担。

（三）坚持正确导向，处理好“调成”与“调对”的关系

实践中，管理人接受调解意见的动机未必都是认可意见的合理性。一种可能是作为激励机制的互惠原则异化为“面子文化”，即作为当事人一方的管理人接受调解员的意见纯粹只是不想“让调解员出力不讨好，驳了对方的面子”，避免下次在自己作为调解员时对方“不配合工作”；另一种可能是由于调解中心出具的意见某种程度上代表着中立第三方的“众意”，在管理人对自己的处理方案没有十分的自信、处于左右皆可的游移状态时，就容易放弃自身判断，顺水推舟而接受；还有一种可能是，调解中心为了追求“调成率”以体现自身工作成效，不当地向当事人施加压力，迫使其接受调解方案，避免成讼。对此，首先，应坚持公开原则，管理人在调解方案中进行较大让步时，应向债权人会议或债权人委员会披露，接受债权人监督。其次，应明确调解中心出具的意见并不能成为管理人出现履职失误的免责事由。相应地，应鼓励管理人基于自身专业判断进行债权审查，不宜仅将是否接受调解中心意见来判断其是否尽责履职的标准。最后，调解中心在运作的过程中不宜仅以“调成”为唯一导向，调解意见的做出应建立在相应的证据与事实基础之上，正确适用法律，不能片面为了追求“调成率”而偏向非管理人一方当事人，坚决杜绝以“配合工作”为由要求管理人接受调解意见的现象。

五、结语

与诉讼程序相比，破产程序具有集中清理企业债权债务关系，实现债权集体清偿的功能，避免权利经过一审、二审、执行程序后仍无法实现造成的司法资源消耗，但“节外生枝”的破产衍生纠纷一定程度上削弱了破产程序的集中清理功能，亟须妥善化解。最高人民法院院长张军指出，“民事审判最大的实际就是案多，解决这个问题，就要求我们主动融入国家治理、社会治理，坚持办理一案、治理一片，坚持实质性化解矛盾、解决问题，坚持把诉调对接的‘调’再向前延伸，促进实现‘抓前端、治未病’”。柳州市中级人民法院指导、支持柳州市破产管理人协会成立破产衍生纠纷调解中心，契合了“能动司法”理念，是柳州市中级人民法院探索破产衍生纠纷多元化解的重要成果。作为已知全国第一家专门处理破产衍生纠纷的行业调解组织，柳州市破产衍生纠纷调解中心的成立和运作带有明显“摸着石头过河”的特征，相关体制机制建设有待进一步完善。希望柳州市在这方面的探索能够起到抛砖引玉的效果，让更多人关注到管理人协会在化解破产衍生纠纷方面的潜力，推动相关实践的蓬勃开展。

跨境在线诉讼的实证研究和探索展望

——以构建中国—东盟跨境在线诉讼框架为设想

王华妍*

摘要:2020年新冠疫情的暴发加速在线社会的到来,互联网技术和司法深度融合,助推智慧法院建设,审判流程大量从线下转移到线上,诉讼各个环节都发生深刻变化。在线诉讼作为互联网司法的关键内容和重要表现形式,是未来司法审判工作的主要形态和发展方向,本文所探讨的跨境在线诉讼主要方向是涉外民事诉讼领域,是在线诉讼的国际化应用情景。传统的涉外民事诉讼现有的基本理论和基本制度已经无法解决全球疫情导致跨境在线审判需求暴增所带来的新问题,包括跨境在线审判的域外效力、互联网时代下的司法协助模式、跨境在线诉讼规则的建立和融通等。本文将通过展现主要国家跨境在线诉讼的多种实践样本,检视样本中现实存在的问题,并尝试以第三届中国—东盟大法官论坛《南宁声明》第5条作为指引,探讨在中国与东盟成员国之间搭建涉外民事跨境在线诉讼的框架,在“和平、主权、共治、普惠”原则下将跨境在线诉讼作为构建网络空间命运共同体的重要一环,纳入建设更为紧密的中国—东盟命运共同体战略中。

一、跨境在线诉讼的概念

我国从2005年开始就有个别法院尝试通过QQ审理离婚案件开启

* 王华妍,三级高级法官,南宁铁路运输中级法院,中国—东盟自由贸易区南宁国际商事法庭副庭长,法律硕士。

在线诉讼的探索,但直至新冠疫情暴发,从未在法律层面明确"在线诉讼"的概念和效力。2021 年 8 月 1 日起施行的《人民法院在线诉讼规则》(以下简称《在线诉讼规则》)是最高人民法院颁布的首部指导全国法院开展在线诉讼工作的司法解释。该解释第 1 条规定,"人民法院、当事人及其他诉讼参与人等可以依托电子诉讼平台(以下简称诉讼平台),通过互联网或者专用网络在线完成立案、调解、证据交换、询问、庭审、送达等全部或者部分诉讼环节。在线诉讼活动与线下诉讼活动具有同等法律效力",首次在法律上明确了在线诉讼的内涵和效力。在线诉讼三大关键因素是互联网技术、诉讼平台、诉讼行为,将传统司法活动具有的物理空间在场性、当事人亲历性等特征逐渐弱化,使法院跳脱出物理空间的限制,具备了空间虚拟性以及当事人非现场化、非同步化等特征。而跨境在线诉讼作为在线诉讼的一个子类,又将国内的法律系统基于互联网的程序运作以虚拟方式扩张到域外,《在线诉讼规则》并没有对其进行界定,但国内学理界普遍认为跨境在线诉讼是法院对自己拥有管辖权的涉外案件,[1]通过信息网络技术对位于境内和境外的当事人进行在线送达,开庭审理的时候,位于境外的证人和当事人也不必实际达到法院所在地的物理性质的法庭空间,而是通过信息网络技术,在其境外的所在地直接参加庭审和出庭作证。

二、跨境在线诉讼实践样本类型

一般而言,国内程序法的运作效力要及于国外,需要国家之间存在协议或互惠关系,且需要请求的程序法运作不违背被请求国家的基本政策。但跨境在线诉讼的参与者在域外参加国内的案件审理,却不需要所在国的协助,这究竟是国内的司法权经由在线程序扩张到域外,还是说并未扩张到域外,而仅是域外参与者通过互联网程序参与到国内的庭审。鉴于此,笔者按照不同标准将各国跨境在线诉讼的实践样本进行分类梳理,主要分为三种情况:

1. "全程式"和"阶段式"。[2] 基于正当程序原则的要求,民事诉讼要赋予当事人一定的程序选择权才能实现程序权益的保障,故按照在线方式参与诉讼阶段的程度,跨国在线诉讼分为全程式和阶段式。全程式是指在线诉讼所有流程都在线上完成;阶段式是指诉讼过程中基于当事人的合理选择在某个或多个诉讼环节进行在线诉讼活动。

---

〔1〕 参见段厚省、王泽:《我国跨国远程审判的域外效力探讨》,载《法律适用》2021 年第 9 期。

〔2〕 参见龚中航:《基于主权原则的跨国在线审判正当性构建》,载《求索》2022 年第 6 期。

2.“辅助式”和“并列式”。很多学者认为在线诉讼本质上是一种独立、有效的诉讼方式,但基于传统诉讼模式仍是主流的情形,按照在线诉讼与传统诉讼的关系,跨国在线诉讼分为辅助式和并列式。[1] 辅助模式下的在线诉讼只能是传统诉讼的辅助手段,无论单一阶段还是全流程适用,都只能作为传统诉讼模式的补充,其核心功能在于填补传统诉讼模式在特殊情况下的缺陷或者提高审判的效率性、便利性。并列模式通常指当事人对诉讼方式进行排他性选择,体现出在线诉讼作为特定诉讼方式的独立性。

3.“当事人主义”和“国家主权主义”。从其他国家的实践经验来看,各国对待跨境在线诉讼因法律体系不同而形成不同立场,基本形成当事人主义和国家主权主义。[2] 采用当事人主义模式的主要是普通法系国家,如英国,是指以诉讼当事人的利益为核心来构建跨境在线诉讼的正当性,其核心在于为处于域外的当事人提供诉诸司法和公平审判的机会和权益保障,避免其他不可抗力(如新冠疫情)导致的诉讼程序受阻。虽然普通法系国家规定只有特定种类的在线审判才能适用跨境在线程序,但该模式因无法解决司法权与国家主权的冲突问题,其跨境在线审判的正当性大多基于法官对法律的扩张解释。国家主权主义相较于当事人主义趋于保守,坚守法院的司法管辖权原则止于国家物理空间边界,在线诉讼与线下诉讼均属于国家主权行为,跨境在线审判仍应遵守国际法的基本原则,尊重别国的领土主权,典型代表是大陆法系的德国、法国。但自从新冠疫情后,国家主权主义模式对跨境在线诉讼的诸多适用限制条件开始松动,并逐步探索构建更为宽松的适用基础。

三、跨境在线诉讼的实践样本

(一)我国境内跨境在线诉讼的实践探索

在学术界对跨境在线诉讼争论不休的时候,我国境内关于跨境在线诉讼的司法实践探索却因疫情3年而蓬勃发展,[3]广东法院为涉港澳案件推出“AOL授权见证通”,福建省福州市中级人民法院通过“云法院智慧庭审系统”实现境内外5地连线开庭审理涉外涉侨民间借贷案件,广西壮族自治区法院自2021年以来开展民商事涉

---

[1] 参见侯学宾:《我国电子诉讼的实践发展与立法应对》,载《当代法学》2016年第5期。

[2] 参见龚中航:《基于主权原则的跨国在线审判正当性构建》,载《求索》2022年第6期。

[3] 《最高人民法院关于人民法院涉外审判工作情况的报告》,2022年10月28日第十三届全国人民代表大会常务委员会第三十七次会议。

外在线诉讼活动150余次。2020年1月最高人民法院发布《民事诉讼程序繁简分流改革试点实施办法》,首次规定适用简易程序或者普通程序审理的案件,经当事人同意后均可以采取在线视频方式开庭。2020年2月随着新冠疫情的发生,最高人民法院出台《关于新冠肺炎疫情防控期间加强和规范在线诉讼工作的通知》,将在线庭审的适用范围扩大到行政案件。2021年随着改革试点的推进、实践经验的积累以及疫情防控进入常态化,最高人民法院又颁布《在线诉讼规则》,以司法解释的形式明确在线诉讼适用案件的范围以及适用规则,这意味着国家将在线诉讼作为一项常态化的诉讼模式对待,并将结合智慧法院建设致力打造新型诉讼形式。2021年年底修订的《民事诉讼法》第16条也再次明确在线诉讼与线下诉讼活动具有同等法律效力。2022年7月,第3届中国—东盟大法官论坛《南宁声明》第5条提道"与会各方将继续加强在线诉讼问题的研究与交流,以适应数字经济时代的司法需求。在充分尊重和保障当事人诉讼模式选择权和程序利益处分权的情况下,各国将积极考虑推进跨境民商事案件在线诉讼方式的运用,提升司法服务现代化水平",更是首次将推进跨境民商事案件在线诉讼方式作为国际性司法合作论坛的主要议题进行广泛探讨。与会的广西壮族自治区高级人民法院院长黄海龙表示,在信息化时代和常态化疫情防控双重背景下,推动跨境在线诉讼成为各国深化互联网司法实践,助力疫情防控和经济复苏的司法应对,已被实践证明非常有必要。[1] 推进跨境在线诉讼需要各国法院在司法领域不断深化合作与交流,相互借鉴、相互分享审判执行、司法改革、智慧法院建设以及司法行政管理方面的有益经验做法。

(二)其他国家跨境在线诉讼的实践

1. 英国。英国将在线庭审作为司法改革的一项重要内容,2018年开始在税务法庭试点视频听证,到推行《法院法》(Courts Act 2003)第85A条规定法官可以指示诉讼程序以在线方式(视频或音频)进行。2020年3月颁布《2020新冠病毒法案》(Coronavirus Act 2020)扩大原有在线审判的适用范围,主要是允许社会公众申请旁听在线庭审,上诉案件也能适用在线诉讼,因感染新冠肺炎被隔离的当事人必须适用等,[2] 该法案并未区分当事人跨境与否,这为跨境在线审判的运行提供了一定程度

〔1〕 黄海龙:《推进跨境在线诉讼 深化互联网司法合作》,2022年7月19日在第3届中国—东盟大法官论坛上的发言。

〔2〕 HMCTS Telephone and Video Hearings During Coronavirus Outbreak, https://www.gov.uk/guidance/hmcts-telephone-and-video-hearings-during-coronavirus-outbreak.

的法律依据。2020 年“胡贝尔夫妇诉 × 游艇公司”一案就是该法案适用的直接例证，主审法官明确提出该法案的立法目的就是尽可能运用技术手段保障法院在疫情期间正常运行，应推定立法者们在制定规则时已考虑到跨国因素，如果禁止处在境外的当事人在线参与庭审是狭隘的，基于保护案件原告合法权益的需要，可以采用跨境在线审判的方式维护诉讼当事人的公平和平等，这也是前述分类中“当事人主义”模式的典型表现。[1] 疫情期间英国司法部下属的法院及法庭服务处（HMCTS）出台《指引——新冠疫情暴发期间 HMCTS 电话与视频庭审》（Guidance – HMCTS telephone and video hearings during coronavirus outbreak），为在民事和刑事案件中使用音频和视频技术提供非常具体的技术层面的指导，英国法院也出台《民事司法远程听证协议》（Civil Justice in England and Wales Protocol Regarding Remote Hearings），为民事案件的远程听证提供基本指导。英国在疫情期间迅速推出的在线诉讼规定虽然一定程度解决疫情期间案件积压问题，但对于跨境与主权、便利与风险的平衡等问题没有解决，导致法官自由裁量尺度和司法腐败的风险加剧。

2. 德国。德国作为大陆法系国家，是典型的国家主权模式。依照《德国民事诉讼法典》第 128a 条第 1 款“法院可以依申请或依职权许可当事人及其代理人和辅佐人在言辞辩论期间停留在其他地点，并在该地实施辩论行为，并且审理的音像同步在该地点和法庭之间传输”、第 128a 条第 2 款“法院可以依申请允许证人、鉴定人或者当事人通过视频会议的方式接受讯问”的规定，[2] 德国实施在线诉讼并无障碍，但在新冠疫情之前，德国法院极少适用视频会议，主要原因在于大多数德国法院缺乏技术设备和视频会议经验，以及对于直接言词审理的价值优先于节省时间和费用的考量。新冠疫情期间科隆高等法院的银行法庭，组织 23 位诉讼参与人和翻译人员在场的情况下，在线对身处英国的证人进行一整天的讯问。德国的法官对于在线审理无论跨境与否都给予积极的反响，但律师们则热情不高，超过一半的代理人并不接受法院提出的视频庭审倡议。上述第 128a 条规定虽然并无明确对诉讼参与人在线参与庭审所处的位置进行限制，但在 2020 年德国司法机关对现代民事诉讼建议的报告中明确指出，第 128a 条规定不涉及国际视频审判，该法条并未针对在国外的诉讼当事人参与视频庭审或视频讯问提供法律依据，德国法院通过视频庭审或讯问境外的诉讼参与者可能被视为干涉他国的地域主权，应当通过司法协助或基于国际法为之。如在

---

〔1〕 Huber & Anor v. X – Yachts（GB）Ltd. & Anor［2020］EWHC 3082 TCC.

〔2〕 参见《德国民事诉讼法典》，赵秀举译，法律出版社 2021 年版，第 44 页。

欧盟范围内询问证人,应当遵守2001年欧盟在德国提议下颁布的《关于成员国法院间民商事取证合作第1206/2001号条例》。[1]

3. 美国。美国是世界互联网领域技术和发展的最大掌控者,其早在20世纪70年代就开始探索互联网在线作证,但如今美国的互联网在线庭审的发展已经落后于中国。美国联邦法院和州法院对于在民事审判中适用音视频技术的态度有所不同。很多州法院允许在诉讼程序中适用,而联邦法院则趋于谨慎和保守。新冠疫情期间,美国出台《新冠病毒援助、救济和经济安全法案》也仅是允许在某些刑事司法程序中使用视频会议且有诸多限制。与在线庭审的不积极发展相对应,美国为维护互联网霸权地位,以奉行"当事人主义"为由在跨境取证上出台长臂管辖的法律,即2018年3月的《澄清合法使用境外数据法》(Clarifying Lawful Overseas Use of Data Act,以下简称《CLOUD法案》),[2]该法案与"微软诉合众国案"密不可分,该案是美国首例企业反对执法部门搜查存储于境外爱尔兰的电子数据而提起的诉讼。《CLOUD法案》改变了1986年《存储通信记录法》(Stored Communications Act)中"数据存储地标准",旗帜鲜明地采用"数据控制者标准",在特定案件中可以授权执法部门和所谓"适格外国政府"通过电子通信服务的提供者获取存储于境外的电子数据。一方面,美国坚持网络空间无主权,借助立法和其在互联网绝对技术优势长臂获取他国电子数据,削弱他国数据掌控能力;另一方面,美国又"疑邻盗斧",对外国法院获取美国的电子数据进行极其严苛的法律限制。以TikTok的遭遇为例,美国认为中国政府可能通过强制其母公司字节跳动来获取TikTok的美国用户数据,即使TikTok花费巨资开展得州项目,通过数据隔离、人员管控和技术审计,几近完美解决隐私保护和数据安全问题,但仍受到美国国会的无理诘难,这只是海外中资互联网公司艰难处境的一角,也已经超出技术和法律的问题,而是美国逆全球化和冷战思维下的政治问题。

4. 东盟国家。东盟国家法律体系较为复杂多样、法治化程度差异大,有以大陆法系为主的泰国、越南,有典型普通法系的新加坡,也有两者混合的菲律宾,还有融合伊斯兰教法的文莱、印度尼西亚、马来西亚,因此在前序先行介绍大陆法系和普通法系典型代表国家对待跨境在线诉讼的态度和实践做法。

(1)越南。近年来,根据越南执政党和国家关于推进第四次工业革命及司法改革

[1] 参见孙珺:《欧盟〈关于民商事取证合作第1206/2001号条例〉的法律分析》,载《法学评论》2010年第5期。

[2] 参见孙珺:《欧盟〈关于民商事取证合作第1206/2001号条例〉的法律分析》,载《法学评论》2010年第5期。

的指导方针，正在积极开展“电子法院”建设，越南法院系统已建成并投入使用了800多个连接地方法院和军事法院的网络电视系统。[1] 2021年7月14日，越南最高人民法院和信息通信部签署了一项关于法院数字化转型的合作方案，旨在推进“电子法院”建设，更有效应对新冠肺炎疫情对法院立案、审判、执行工作带来的冲击，并提出在2025年前完成“电子法院”建设。越南法院非常重视我国2021年8月施行的《人民法院在线诉讼规则》，[2]第一时间组织翻译，并结合本国实际在2021年11月12日颁布类似的《举行在线审理》决议，允许人民法院对情节简单、性质简单的刑事、民事、行政案件的一审和上诉在线审理，并规定审判形式和简要规则。2022年3月，胡志明市守德市人民法院通过在线方式审理4起案件，成为胡志明市第一次在管辖范围内通过线上方式审理案件。

（2）印度尼西亚。印度尼西亚素有“千岛之国”之称，由17,500多个岛屿组成（其中约6000个是有人定居的岛屿），拥有2.76亿人口，要在人口庞杂且地域特殊又广阔的国家构建公平、公正、公开、高效的司法系统，难度可见一斑。2018年印度尼西亚最高法院发布2018年第3号条例《以电子方式管理法院案件》（SCRNo. 3/2018），[3]首次引入在线诉讼，意在符合世行营商环境报告调查中的“执行合同”指标。该法规随之成为在印度尼西亚实施“电子法院”（e－Court）的法律框架，各地案件通过e－Court门户网站在网上立案、网上缴费、网上送达，大大减少人们诉诸司法的时间和成本。2019年印度尼西亚最高法院进一步建立在线诉讼系统，经当事人同意可以通过视频会议对证人或专家证人进行在线询问，但对证据的审查仍需在法庭现场进行。值得注意的是，印度尼西亚的电子法院和电子诉讼系统只对诉讼律师开放，而针对个人用户的进一步规定尚未发布，但未聘请律师的当事人可以通过申请临时账号访问电子法院，临时账号只对本案有效，案件完结即失效。在新冠疫情期间，印度尼西亚最高法院曾下发指令，要求所有下级法院都使用Zoom视频会议平台在网上进行审判，尽管出现了各种技术故障，从视频和音频质量差到互联网连接不稳定，中断了对证人和被告的讯问，但法院还是在举行虚拟审判方面取得了成效。虽然现在印度尼西亚境外的法律主体仍无法直接在线上向印度尼西亚法院提起诉讼，因为前述电子法院系统目前只对已注册的诉讼律师开放，只能通过他们进行立案，但随

---

〔1〕 参见陈志宏：《越南通过“电子法院”建设增强民众对于司法系统信心》，载《中国审判》2021年第15期。

〔2〕 参见何帆：《数字司法的时代之问与未来发展》，载《数字法治》2023年第1期。

〔3〕 参见陈志宏：《“千岛之国”印度尼西亚的司法信息化之路》，载《中国审判》2021年第5期。

着 2021 年印度尼西亚国内通过《海牙认证公约》，文件认证程序更为合理高效，以及电子法院系统的不断完善，印度尼西亚认为跨境在线诉讼是未来需要认真考虑的方面，尽管法律的协调和统一任务向来艰巨，但仍需不断努力，因为透明、一致和协调的法律体系必将对贸易提升、经济复苏大有裨益。[1]

(3)马来西亚。直到 2020 年，在线诉讼在马来西亚都还是很少听闻的概念，虽然在此之前司法部门已经将大部分资源数字化，但庭审仍在各级法院的法庭中实地进行。新冠疫情早期阶段，法院和律师被迫转向在线庭审，后来马来西亚议会对在线庭审作出明确法律规定。法院一方面投入更多 zoom 账户以便实现更多的在线听证和会议，另一方面提升法庭和审判室硬件，建立网络操作中心和安全操作中心，用以监测和维护法院的整体网络稳定性和运行安全性。马来西亚联邦法院首席大法官东姑麦润认为，在线庭审模式在马来西亚是可行的，即使它的初衷是为了克服新冠疫情期间无法参与诉讼的问题，但现在已经成为马来西亚诉讼体系中一个永久特征，即使疫情消失之后，在线庭审制度也会持续存在，并且蓬勃发展。[2]马来西亚司法部门将毫无保留支持跨境在线诉讼的发展，实际上现在也有实际案例，比如法官和律师在夜间处理案件是为了使在其他司法管辖区的证人能够进行线上作证。

(4)新加坡。在民事诉讼方面，新加坡早在 1996 年就通过立法修正案扩大法院权力，法院可以远程听取证人证言，包括身处海外的不能到新加坡出庭的证人证言。疫情之下，新加坡加速司法体系的数字化变革，主要包括三方面：一是实行远程审理，包括更多地允许证人远程作证。二是实行异步审理，在征得当事人同意的情况下，通过电子形式将书面与口头听证的优势相结合，以异步方式进行调解、证据交换、审判等活动。虽然异步审理对处理的争议限定在无争议的申请、审判方向的申请等方面，但异步审理在疫情特殊时期也帮助解决了相当部分的司法诉求。三是更多使用线上工具，促进纠纷解决。[3] 截至 2021 年 12 月，新加坡法院已经全面施行在线诉讼程

[1] 印度尼西亚共和国最高法院大法官伊·古斯蒂·阿刚·苏马纳什在 2022 年 7 月 19 日第 3 届中国—东盟大法官论坛就“推进跨境在线诉讼，为疫情防控和经济复苏提供司法助力”议题所作主旨发言。

[2] 马来西亚联邦法院首席大法官东姑麦润在 2022 年 7 月 19 日第 3 届中国—东盟大法官论坛就“推进跨境在线诉讼，为疫情防控和经济复苏提供司法助力”议题所作主旨发言。

[3] 新加坡高等法庭法官兼国家法院首席法官洪承利在 2022 年 7 月 19 日第 3 届中国—东盟大法官论坛就“推进跨境在线诉讼，为疫情防控和经济复苏提供司法助力”议题所作主旨发言。

序，异步审理方式也正在逐渐扩大应用。[1] 新加坡法院审理的很多纠纷涉及跨境问题，当事人、证人、律师甚至纠纷标的物都常常涉及不同司法管辖区域，因此，新加坡期待与邻国推进相关司法领域的务实合作，使得司法程序可以跨越遥远的距离，确保利益相关方有效地伸张正义。

从上述实践样本的情况不难看出，即使在东盟十国范围，因各国经济、文化、宗教等背景各异，司法环境也大不相同，虽然签署了《南宁声明》支持跨境在线诉讼的发展，但要搭建中国—东盟在线诉讼框架，将其作为构建网络空间命运共同体的重要组成部分，还存在诸多困难和问题。

四、构建中国—东盟跨境在线诉讼框架的问题检视

（一）跨境在线诉讼域外效力之不确定性

我国一贯主张国家主权拓展延伸到网络空间，网络空间主权是国家主权的重要组成部分。[2] 这个理念在后来立法中得以明确，如《网络安全法》第 1 条即开宗明义“网络空间主权”，虽然在法律层面还缺乏对于网络主权边界的明确规定，但我国在世界互联网大会上指出，网络主权是国家主权在网络空间的自然延伸，是一国基于国家主权对本国境内的网络设施、网络主体、网络行为及相关网络数据和信息等所享有的对内最高权和对外独立权。[3] 同时，我国也一贯反对外国法院绕过我国法定程序的司法行为，《数据安全法》第 36 条明确规定我国主权范围内的组织和个人非经批准不得向外国司法或执法机构提供数据。由此，无论是在理念上还是制度上，我国都始终坚持维护国家司法主权的基本立场。另外，疫情下所做的跨境在线司法实践与现有的诉讼制度以及国家主权原则可能发生冲突，比如直接运用互联网技术绕过国际司法协助的相关程序，诉讼行为包括立案、作证、询问、庭审、送达等都由法院和诉讼参与人通过网络诉讼平台完成，无须他国有积极的具有诉讼性质的行为予以协助。2021 年颁布的《在线诉讼规则》没有对身处外国的诉讼参与人在线参与诉讼进行规定，我们现在所做跨境在线诉讼实践是否为对《在线诉讼规则》的扩张适用，还是默认《在线诉讼规则》理应也已考虑跨境因素，若仅基于保护当事人诉讼权益而允许其跨

---

〔1〕 新加坡最高法院首席大法官梅达顺在 2021 年 12 月 3 日参加第五届中新法律和司法圆桌会议时就“在线诉讼规则”议题所作发言。

〔2〕 参见《国家网络空间安全战略》，载国家互联网信息办公室网 2016 年 12 月 27 日。

〔3〕 参见《网络主权：理论与实践（3.0 版）》，载世界互联网大会网 2021 年 9 月 28 日。

境在线参与诉讼，这又陷入与国家主权模式对立的"当事人主义"模式。归根结底，在线诉讼的跨国性突破了传统国际民事诉讼的跨国性，其诉讼行为的效力到底是以法院所在地还是以参加诉讼时实际所在地的程序法去衡量尚不明确。东盟国家虽然都重视在线诉讼的重要性和独立性，但因各国实践操作普及程度不一，在内缺少国家层面跨境在线诉讼的法律规定，对外除《南宁声明》的倡议外尚未有达成双边或多边协议规范跨境在线诉讼的适用，这让跨境在线诉讼行为效力处于不确定状态。

（二）跨境在线诉讼程序保障之不稳定性

传统的诉讼模式因注重现场性、公开性和直接言词辩论原则，在诉讼程序上对诉讼参与人提供保障，与实践中在线诉讼的程序保障存在一定张力。主要体现在：（1）跨境在线诉讼选择的不可控性。无论国内还是国外，主流观点都认为在线诉讼可能对当事人的程序利益造成减损，所以在线诉讼程序的适用一般以当事人同意为前提，以体现合法自愿原则，但东盟各国对于适用在线诉讼案件类型和阶段的规定不尽相同，当一国在线诉讼范围较宽，而另一国家的范围却仅限于无争议的小额诉讼，或者一国在线诉讼可适用于全流程，而另一国家只能用于作证、质证阶段，这些差异会直接影响跨境诉讼的参与人对于适用在线诉讼的选择意愿，这让构建区域间统一的跨境在线诉讼程序选择规则增加了难度。（2）跨境在线诉讼公开的不可控性。传统诉讼的审判公开可以通过庭审直播、现场旁听等，公开权限和途径都由法院根据法律规定来确定。跨境在线诉讼的公开理论上没有障碍，但实际上因规则缺失、技术受限，导致实践中可能出现应当隔离的证人在线旁听或受到干扰，或者网络故障、电力中断等不可抗力原因中断，或者过度围观导致隐私被泄露、案件被炒作，造成在线诉讼的公开存在不稳定性。虽然《在线诉讼规则》第 24 条、第 25 条对在线诉讼的出庭人员所处环境以及纪律作出要求，但因在线诉讼没有传统法庭场景，客观上缺少庄严感，不能凸显民事主体的平等性，在线设备镜像角度因受限无法呈现全貌，一定程度上也会影响审判的公开程度。（3）跨境在线诉讼妨害行为的不可控性。我国《在线诉讼规则》第 28 条规定了实施妨害在线诉讼行为的处罚规则，但法官对于跨境出庭的人员出现禁止性行为作出的训诫、罚款或拘留等处罚却难以执行，对于网络故障等不可抗力原因出现在线诉讼中断的情形，如何甄别是否为当事人主观故意为之，现有技术还难以核实，若一概按缺席或视为撤诉处理，可能会降低当事人选择在线诉讼的积极性。

（三）跨境在线诉讼软硬件发展之不均衡性

本文在开篇时提到互联网技术和诉讼平台是实现跨境在线诉讼的两大基础，互联网技术是在线诉讼发展的基本前提，而诉讼平台是开展在线诉讼的基本载体，这就是跨境在线诉讼的软件和硬件。各地经济发展水平存在差异，一国之内智慧法院的发展也存在参差不齐，诉讼平台的种类各异缺乏统一的标准和模式。但国家之间，经济水平和地域大小有时候却不是推动在线诉讼发展的最关键因素，除经济因素外，还受到政治、文化等其他因素的影响。如东盟中的文莱是世界人均 GDP 最高的国家之一，但直至 2021 年 8 月第二波新冠疫情后，司法机构才开始修订立法，尝试引入在线审理，虽然法院组建了技术工作委员会，却没有搭建专门的诉讼平台，而是通过购买 Microsoft Teams 和 Zoom 的软件使用许可和订阅权限来协助法院实现在线庭审工作。[1] 菲律宾与文莱相似，也是通过购买商业软件系统来开展在线诉讼，而且其在线审判主要是针对刑事案件。[2] 此前介绍的越南、印度尼西亚、马来西亚、新加坡是东盟国家中较为积极发展法院信息化建设以及在线诉讼的国家，特别是经济改革大背景下的越南，虽然 2022 年 3 月才有第一宗通过在线审理的案件，但前期大量的投入主要用于电子法院的基础设施建设，这对打造完整的跨境在线诉讼流程至关重要。老挝、缅甸、柬埔寨 3 个东盟国家因经济基础薄弱和政局因素，法院整体的信息化建设还在起步阶段。不难看出，东盟国家的法院现代化进程呈现出 3 种样态和阶段，硬件和软件发展水平也不均衡，这为构建中国—东盟跨境在线诉讼框架带来不小的挑战。

五、构建中国—东盟跨境在线诉讼框架的设想

（一）由远及近构建中国—东盟网络空间命运共同体

跨境在线诉讼是一个全球性问题，需要有全球性方案，针对网络空间“发展不平衡，规则不健全、秩序不合理”的现象，习近平总书记提出“构建网络空间命运共同体”的重要理念，网络空间是人类共同的活动空间，网络空间前途命运应由世界各国共同掌握，各国应该加强沟通、扩大共识、深化合作，共同构建网络空间命运共同体。[3]

1. 远搭框架。在尊重数据主权的前提下，借由中国—东盟大法官论坛、中新法律

---

〔1〕 文莱最高法院首席大法官张惠安在 2022 年 7 月 19 日第 3 届中国—东盟大法官论坛就“推进跨境在线诉讼，为疫情防控和经济复苏提供司法助力”议题所作主旨发言。

〔2〕 参见陈志宏：《数字化转型中的菲律宾法院系统》，载《中国审判》2021 年第 3 期。

〔3〕 参见《习近平在第二届世界互联网大会开幕式上的讲话（全文）》，载新华网 2015 年 12 月 16 日。

和司法圆桌会议等合作交流平台，推动构建中国—东盟跨境在线诉讼框架，为各国正当司法行为进行的网络数据传输提供制度安排，促使各国在互惠基础上一定程度相互让渡部分数据主权。如欧盟各国就跨境获取电子证据的相关法规和指令草案达成合意，旨在成为现行国际合作与司法协助机制的替代工具，也是跨境数据国际治理的新机制。[1]

2. 近架桥梁。与中国相邻的越南、缅甸、老挝等以大陆法系为主的国家，因具有边境、边贸、边民的特点，无论官方还是民间的司法交往活动都更活跃，也为跨境民商事纠纷解决提供新的路径。中越边境的凭祥、东兴法院在疫情前就一直推行"国门法庭"经验，注重以调解方式化解边贸、边民纠纷，并将调解点设在边境巡回法庭、边检站、边民互市点、边防派出所等边境线上。疫情封关期间凭祥法院又尝试开展跨境在线调解，由懂越南语的法官坐镇，加入商会、司法局等联动部门共同参与调解，将调解点转换到"网线"上，并以实际兑现作为调解成功的标志，仅2021年疫情期间，就有48起案件以线上调解模式解决，兑现金额达280万元。[2] 2023年6月30日，中越边界省份法院研讨会在广西壮族自治区南宁市举行，会议围绕司法合作机制，提升合作效能两方面提出倡议，推动司法政策、规则、标准"软联通"，把合作共识转化为务实成果，推动中越司法交流合作取得新发展。[3] 会议前，广西壮族自治区高级人民法院分别和越南谅山省人民法院、广宁省人民法院签署合作备忘录，明确提出要积极探索建立边境贸易纠纷高效解决机制，这也使边境法院在跨境纠纷解决的实践探索上服下一颗"定心丸"，可以继续探索边境地区跨境在线诉讼融入多元化解纠纷机制，将"尽可能一次性解决纠纷"理念落实到涉外涉边民商事纠纷的解决，不仅有益于促进边疆民族地区的高质量发展，还对国家边境地区的安全稳定大有裨益。

（二）由内到外建立中国—东盟跨境在线诉讼规则

1. 国内立法。目前，我国涉及在线诉讼的法律规范主要有：(1)《民事诉讼法》及其解释中对于在线诉讼的规定散见于电子数据证据、电子送达、远程作证等各诉讼程序中，如《民事诉讼法》第16条、第66条、第76条、第90条，《民诉法解释》第135条、

---

〔1〕 参见财联社：《欧盟通过跨境获取电子证据法规和指令草案》，载百家号网2023年1月25日，https://baijiahao.baidu.com/s?id=1755994403920103513&wfr=spider&for=pc。

〔2〕 该数据由凭祥市人民法院提供。

〔3〕 《张军出席中越边界省份法院研讨会开幕式表示 巩固深化两国司法领域交流合作服务构建具有战略意义的中越命运共同体 阮和平刘宁出席并致辞》，载微信公众号"最高人民法院"2023年6月30日。

第136条、第259条等;(2)《在线诉讼规则》;(3)最高人民法院《关于为跨境诉讼当事人提供网上立案服务的若干规定》(以下简称《跨境立案规定》);(4)最高人民法院《关于互联网法院审理案件若干问题的规定》(法释〔2018〕16号,以下简称《互联网法院规定》)。从以上的法律规范看,我国国内对在线诉讼程序法律还有待进一步完善,而对跨境在线诉讼除《跨境立案规定》外,还没有其他专门的法律或司法解释。《跨境立案规定》的内容也仅涉及跨境在线立案中当事人身份认证、在线提交诉讼材料、委托代理见证等问题,对跨境在线诉讼后续的电子送达、在线质证、询问或庭审等关键内容则并未涉及。而《互联网法院规定》虽然全部都是有关在线审判的规定,但该规定的适用范围仅限于3家互联网法院,且未区分跨境与否。笔者认为,在欧盟以及英美国家都积极通过国内立法或判例表达对跨境在线诉讼态度的当下,中国作为互联网大国也应积极作为,从两个层面构建在线及跨境在线诉讼的规范体系。第一,修改《民事诉讼法》,特别是涉外在线民事诉讼程序。从诉讼的各个环节按照互联网的特征进行规制,比如保障弱势群体参与在线诉讼的权利、对跨境在线人员妨害诉讼行为的措施等。当在线诉讼当事人的程序权益得以保障的情况下,在线诉讼程序的适用将不再依靠当事人选择,而是可以依职权适用。第二,在网络空间主权原则下填补《网络安全法》存在的数据保护漏洞。该法第37条规定关键信息基础设施的运营者在中国境内运营中收集和产生的个人信息和重要数据应当在境内存储,这是以"数据存储地"为标准实现对数据的实质掌控,是我国数据主权的具体体现,但仍存在对跨境数据调取的法律漏洞。根据该规定,美国苹果公司虽然已经从2018年3月开始将中国内地用户的iCloud密钥转由中国分公司的服务器进行存储。但如果美国政府根据前述《CLOUD法案》通过美国苹果公司"长臂"调取存储于我国境内的苹果用户数据,我国《网络安全法》及相关法律没有明确禁止外国政府可以借由该国数据服务者来调取存储于我国境内的电子数据。这意味着美国苹果公司受美国执法部门的要求向其提供存储于中国的用户数据时,在我国法律上并不会存在障碍。因此,为制衡某些国家借由"当事人主义"模式,利用其国内法案跨境长臂至我国境内,我国更应对这些国家对等开展单边强制性跨境在线诉讼的途径,而不再以互惠作为标准。

2. 东盟程序规则。要搭建中国—东盟跨境在线诉讼框架,必然需要对各国法院远程审理所涉及的诉讼参与人权利保护、身份识别、有效参与、证人证据等程序问题要进行明确,甚至在主要程序方面形成较为统一的指引。这点我们可以参考欧盟的做法,欧洲司法效率委员会(以下简称CEPEJ)下属的网络司法与人工智能工作组在2020年欧洲疫情暴发后,制定了一系列欧洲国家在司法程序中使用视频会议的准则并形成草案。2021年6月17日，CEPEJ对《在司法程序中使用视频会议的准则》进行了审查并经全体会议批准通过后进行发布，准则除程序和技术两个方面外，还规定符合司法实践的视频会议实施条件的监测系统，以减少视频会议的硬件、软件和连接受到不正当访问的风险，甚至还能有效地处理突发的技术故障、断线、停电，或数据安全漏洞等问题。

（三）从软件到硬件均衡发展中国—东盟跨境在线诉讼框架

构建共同认可的网络空间主权框架，需要寻求各国之间的"最大公约数"，而前面提及东盟国家法院的现代化进程呈现3种样态和阶段，软件和硬件的发展并不均衡。在这种情况下，中国应承担起主导作用，2022年中国和东盟共同通过《落实中国—东盟数字经济合作伙伴关系行动计划（2021—2025）》，持续加强在智慧城市、5G、人工智能、大数据、区块链等领域的合作。在信息基础设施建设方面，中国面向印度尼西亚、老挝等国开展了北斗应用合作项目；中国协助泰国打造5G智能示范工厂，共建新海底光缆项目实现中泰宽带联通。在数字技术研发应用方面，中国分别在老挝、柬埔寨、缅甸等国家建设了海外云计算中心，以阿里、腾讯和蚂蚁等为代表的中国互联网公司通过投资、技术支持等方式，支持东盟数字经济成长。中国以发达的互联网经济为后盾，推广自己的数据跨境传输管理方案，以及网络空间主权理念，积极推动数据跨境传输统一规则的构建，既有基础设施"硬联通"，又有规则标准"软联通"，这将为以互联网技术作前提的中国—东盟跨境在线诉讼框架奠定技术基础。

司法在线时代已经不可避免地到来，从一国司法到全球化进程，我们要从网络空间命运共同体角度构建中国—东盟跨境在线诉讼框架，关键在于加强互利共赢的互信共识，遵循先易后难、求同存异、循序渐进的路径，通过政策沟通、设施联通、民心畅通，互学互鉴，共促中国—东盟在线司法的共同进步。正如2023年5月老挝最高人民法院院长万通 · 西潘敦来访时表示愿意学习借鉴中国法院的经验做法，深化两国司法机关之间的友好合作关系，双方就继续加强高层级别法院互访，地方、边境地区基层法院合作等问题进行了磋商，中国法院愿与老方一道携手为深化中老命运共同体建设、推动构建人类命运共同体提供更加有力的司法保障。

互惠原则适用路径的探索和构建

——在“尽可能一次性解决纠纷”视角下推动外国民商事判决的承认和执行

梁耀美*

摘要:“尽可能一次性解决纠纷”作为我国法院实质性化解国内当事人纠纷的司法实践理念,亦可以延伸到涉外法治领域。目前,国际公约、双边条约在我国法院承认和执行外国民商事判决方面的作用尚不显著,而依托互惠原则的具体适用,可以促进民商事判决在国际间的流通与互认,减少中外当事人的诉累,为其提供高效优质的司法服务,为国际经贸的交流与合作营造国际化、市场化、法治化的营商环境提供有力的法治保障。本文旨在通过分析互惠原则在我国司法协助实践中的特点、困境与成因,并结合中国—东盟自由贸易区南宁国际商事法庭的实践经验和探索思考,针对互惠原则实施中的未决问题和难点问题,着眼于司法理念、标准体系和保障体系三个方面构建行之有效的互惠原则的实施路径。

法院审理案件是国家的司法主权行为,一国的判决只在法院所在国发生法律效力,在外国领域内没有约束力和强制执行力。但随着经贸的交流和人员的交往,法律关系涉及的人、财、物逐渐打破国土的疆界,使得外国民商事判决的承认和执行成为减轻当事人诉累、实现当事人合法权益的有效途径。多年来,国际社会在国际立法领域对外国民商事判决的承认和执行作出了诸多努力,但收效甚微。因此,在缺乏条约关系的

---

* 梁耀美,中国—东盟自由贸易区南宁国际商事法庭四级高级法官,国际法学硕士。

国家之间,对外国民商事判决的承认和执行,一般以互惠为条件。随着我国涉外民商事纠纷日益增长,平等保护中外当事人合法权益和减轻当事人诉累成为涉外民事诉讼的关切,研究和完善互惠原则这一承认和执行外国民商事判决的重要途径,恰能很好地回应上述涉外民商事诉讼的关切问题。

一、"尽可能一次性解决纠纷"理念在涉外法治领域的延伸

近年来,全国法院审理的案件数量逐年上升,"尽可能一次性解决纠纷"的概念在"诉讼爆炸"和"案多人少"[1]的现实国情中应运而生。"尽可能一次性解决纠纷"是我国法院在国内层面公正、高效地实质性化解国内当事人纠纷的实践理念,扩大到涉外法治层面,亦可以延用"尽可能一次性解决纠纷"的理念指导涉外司法实践,为中外当事人提供更加优质、高效的司法服务。

(一)"尽可能一次性解决纠纷"理念是涉外法治建设的题中应有之义

黄海龙院长在其撰写的《"尽可能一次性解决纠纷"理念的基本内涵与实践要求》中提到,对于每个进入司法程序的社会矛盾纠纷,要尽可能用最少的(最好是一次)司法环节,完成矛盾纠纷的化解,实现服判息诉。[2] 通过减少司法环节,剥离厚重的程序枷锁,尽量在较轻的诉讼负担下使纠纷得到实质性化解,不再由同一争议标的衍生出更多的诉讼。在国内法治层面,该理念不仅是坚持以人民为中心发展思想的重要体现,也是服务建设法治化营商环境的重要举措。

习近平总书记指出:"要加快涉外法治工作战略布局,协调推进国内治理和国际治理,更好维护国家主权、安全、发展利益。要加快形成系统完备的涉外法律法规体系,提升涉外执法司法效能。"[3]坚持统筹推进国内法治和涉外法治的重要论述为我们在新时代开展涉外法治工作指明了方向,既要建立健全涉外执法的标准和程序,提高涉外执法水平,也要胸怀开放包容的态度,加强国际法治交流与合作,推动构建人类命运共同体。随着经贸和人员往来的日益密切,涉外纠纷的化解需求也日益增长,在共建"一带一路"倡议下,法治为经济发展提供服务与保障的作用日益显著。

在国际民商事诉讼中,一国作出的民商事判决极有可能不是当事人的纠纷得以

---

〔1〕 参见任重:《民事纠纷一次性解决的限度》,载《政法论坛》2021 年第 3 期。

〔2〕 参见黄海龙、潘玮璘:《"尽可能一次性解决纠纷"理念的基本内涵与实践要求》,载《中国应用法学》2022 年第 5 期。

〔3〕 习近平:《习近平谈治国理政》(第 4 卷),外文出版社 2022 年版,第 296 页。

解决的最终结果。如果在判决作出国以外的其他国家存在可供执行的财产,当事人则需要到可供执行财产所在国申请承认和执行该民商事判决。由于国家司法主权界限、法律制度差别、传统文化差异等因素,涉外民商事判决作出之后,能否在其他国家得到承认和执行仍是个未知数。如果外国判决不能在内国得到承认和执行,则当事人需要在内国就该纠纷重新提起诉讼,这无疑加重了当事人的诉讼成本以及权益保护的不确定性,此前在外国漫长涉外诉讼程序归于空转,严重浪费了司法资源。一方面,当事人无法预期其在国际经贸活动中的风险,打击了国家之间经贸交流的积极性,不利于"一带一路"乃至人类命运共同体的推动与构建;另一方面,对内国而言就同一纠纷将会再衍生出一系列诉讼,对法院来说增加了办案负担,对当事人来说权益长期处于不确定性。因此,"尽可能一次性解决纠纷"不仅是国内社会矛盾的化解的重要理念,还是涉外民商纠纷化解的坚实基础。在涉外法治层面,"尽可能一次性解决纠纷"理念是涉外法治建设的题中应有之义。

(二)互惠原则在"尽可能一次性解决纠纷"中的潜能作用

"尽可能一次性解决纠纷"理念在涉外法治层面的重要运用之一,就是在国际司法协助中,尽可能地通过促进判决在国际间的流通与互认来简化当事人的程序负担,使纠纷得到实质性化解,平等地保护中外当事人的合法权益。我国至今尚未建立起针对外国民商事判决承认和执行的系统完善的法律制度。依据我国《民事诉讼法》第288条、第289条之规定,我国对外国民商事判决的承认和执行的审查分为两个层次、两条路径。第一个层次是承认和执行的可能性审查,该可能性审查分为两条路径,一是条约(或公约),二是互惠原则,即审查我国与判决的作出国是否签订了涉及民商事判决承认和执行制度安排的国际条约、双边司法协助协定,审查两国之间是否存在互惠关系。第二个层次是基于条约的安排或国内法对判决的承认和执行进行实质性审查,如符合规定,则裁定承认其效力。我国尚未签署《关于承认和执行外国民商事判决的公约》,《选择法院协议公约》也尚未对我国生效。迄今为止与我国签订民商事双边司法协助协定的39个国家中,涉及民商事判决承认和执行制度的双边司法协助协定的国家仅有34个,并且多数与我国经贸往来并不密切,因此,国际公约、双边条约在外国民商事判决承认与执行方面的作用发挥并不显著。从我国的司法实践来看,主要通过互惠原则的审查来决定是否承认和执行外国民商事判决。"互惠"本身兼具"礼让"和"报复"功能,互惠原则对"尽可能一次性解决纠纷",一方面可以产生正面的积极导向作用,即通过礼让外国法院判决进而获得外国法院对本国判决的承认和执行,避免平行诉讼,使纠纷能够通过一次涉外实体审理和一次司法协助得以解决;另一方面可能产生负面的消极效应,以互惠为由拒绝承认和执行外国民商事判决,进而断绝将来我国民商事判决被国外法院承认和执行的可能性,给中外当事人徒增诉累。国际商事法庭作为涉外法治阵地的“桥头堡”,应当积极回应“一带一路”建设对于相互承认和执行外国判决的关切和需求,不再拘泥于传统的属地主义司法主权观念,秉持开放包容、合作共赢的大国司法理念,主动融入国际主流司法合作机制。[1] 因此,如何在涉外民商事审判中发挥互惠原则在“尽可能一次性解决纠纷”的正向作用,平衡好中外当事人权益平等保护与国家司法主权的维护、国际经济贸易的合作与竞争这两组关系,是国际商事法庭值得思考和探索的问题。

二、互惠原则在司法协助实践中的特点、困境与成因

互惠原则的适用标准、程序,法官适用互惠原则的态度和能力等主客观因素,均决定了外国民商事判决能否在我国得到承认和执行。反向推导,也最终会影响将来我国的判决能否得到外国的承认和执行的可能性。笔者拟对互惠原则在我国司法实践中的特点、困境及成因作出相应的分析,以期寻求构建更为合理的路径。

(一)互惠原则在我国发展的特点

我国关于互惠原则的规定散见于《民事诉讼法》、最高人民法院相关司法政策文件以及座谈会纪要里,关于互惠原则的规定汇总如表1所示。

表1 关于互惠原则的规定汇总

名称	条款	内容
《民事诉讼法》	第288条	外国法院作出的发生法律效力的判决、裁定,需要中华人民共和国人民法院承认和执行的,可以由当事人直接向中华人民共和国有管辖权的中级人民法院申请承认和执行,也可以由外国法院依照该国与中华人民共和国缔结或者参加的国际条约的规定,或者按照互惠原则,请求人民法院承认和执行
	第289条	人民法院对申请或者请求承认和执行的外国法院作出的发生法律效力的判决、裁定,依照中华人民共和国缔结或者参加的国际条约,或者按照互惠原则进行审查后,认为不违反中华人民共和国法律的基本原则或者国家主权、安全、社会公共利益的,裁定承认其效力,需要执行的,发出执行令,依照本法的有关规定执行。违反中华人民共和国法律的基本原则或者国家主权、安全、社会公共利益的,不予承认和执行

〔1〕 参见张勇健、杨蕾:《司法机关相互承认执行民商事判决的新探索》,载《人民司法》2019年第13期。

续表

名称	条款	内　容
最高人民法院《关于人民法院为"一带一路"建设提供司法服务和保障的若干意见》	第6条	要在沿线一些国家尚未与我国缔结司法协助协定的情况下，根据国际司法合作交流意向、对方国家承诺将给予我国司法互惠等情况，可以考虑由我国法院先行给予对方国家当事人司法协助，积极促成形成互惠关系，积极倡导并逐步扩大国际司法协助范围
《第二届中国—东盟大法官论坛南宁声明》	第7条	在本国国内法允许的范围内，与会各国法院将善意解释国内法，减少不必要的平行诉讼，考虑适当促进各国民商事判决的相互承认和执行。尚未缔结有关外国民商事判决承认和执行国际条约的国家，在承认与执行对方国家民商事判决的司法程序中，如对方国家的法院不存在以互惠为理由拒绝承认和执行本国民商事判决的先例，在本国国内法允许的范围内，即可推定与对方国家之间存在互惠关系
《全国法院涉外商事海事审判工作座谈会会议纪要》	第44条	人民法院在审理申请承认和执行外国法院判决、裁定案件时，有下列情形之一的，可以认定存在互惠关系：(1)根据该法院所在国的法律，人民法院作出的民商事判决可以得到该国法院的承认和执行；(2)我国与该法院所在国达成了互惠的谅解或者共识；(3)该法院所在国通过外交途径对我国作出互惠承诺或者我国通过外交途径对该法院所在国作出互惠承诺，且没有证据证明该法院所在国曾以不存在互惠关系为由拒绝承认和执行人民法院作出的判决、裁定。人民法院对于是否存在互惠关系应当逐案审查确定

总体来说，互惠原则在我国的发展呈现以下几个特点。

1. 立法的笼统规定。我国立法至今并未对互惠原则的内涵及适用标准作出明确的界定，仅在《民事诉讼法》中明确了"互惠原则"是外国民商事判决承认和执行的重要依据之一。但是无法通过现有法律依据判断我国实施的是哪一种互惠标准。而立法的初衷似乎更倾向于维护我国司法主权利益的防御功能，因此在没有条约互惠的情况下，我国早期的司法实践鲜有通过认定互惠关系予以承认和执行外国民商事判决的案例。

2. 司法实践提供了鲜活的素材。随着经济全球化的发展，判决在国际间的互认与流通的需求在逐步显现，法律的滞后也在倒逼司法实践的发展。1995 年大连市中级人民法院在处理"五味晃案"[1]时，以中日两国尚未签订关于承认与执行外国判决

〔1〕 详见 1996 年《最高人民法院公报》第 1 期，载 http://gongbao.court.gov.cn/Details/0ec2b41197060a8c43bb7fac8d56ca.html。

的国际条约，也不存在互惠关系为由，拒绝承认日本熊本县地方法院作出的判决，此案被视为我国在司法实践中确立严格事实互惠标准的标志性案件。在 2016 年的“高尔集团案”中，我国法院认为中新两国虽未缔结或共同参加关于相互承认与执行生效裁判文书的国际条约，但由于新加坡共和国高等法院曾于 2014 年 1 月对我国江苏省苏州市中级人民法院的民事判决进行了执行，根据互惠原则，我国法院可以对符合条件的新加坡法院的民事判决予以承认和执行。[1] 从“五味晃案”到“高尔集团案”，可以看出自 2013 年“一带一路”倡议提出之后，我国的事实互惠标准从“依据不存在肯定性的先例认定不存在互惠关系”转变到“依据存在肯定性先例认定存在互惠关系”，其背后隐含了法院在适用互惠原则时态度由消极转变为积极的因素。同时，司法实践中还提供了相似先例比较的思路。如 2018 年“李某、丁某案”中，法院则认为尽管在“高尔集团案”中已经确认了中新两国在判决的承认和执行方面存在互惠关系，但是前案所确定的互惠关系仅适用于经贸领域的判决而不能适用于该案涉及身份关系的民事判决，并以此为由拒绝承认新加坡法院作出的民事判决。

3. 司法政策的调整推动互惠原则进一步发展。随着“一带一路”倡议的深入推进，国际间经贸交流和人员流动的日益密切，最高人民法院《关于人民法院为“一带一路”建设提供司法服务和保障的若干意见》《第二届中国—东盟大法官论坛南宁声明》《全国法院涉外商事海事审判工作座谈会会议纪要》等文件中对互惠关系的认定标准逐步宽松，呈现出促进由事实互惠转变到法律互惠或推定互惠的趋势，表明了我国积极推动国际司法合作的态度和决心。

4. 互惠原则的适用并不活跃。长期以来，我国司法实践遵从单一、严格的事实互惠标准，但是相似先例查明和认定标准并不明确，以事实互惠为依据承认和执行外国民商事判决的先例为数不多。在我国适用互惠原则承认和执行外国判决的 20 起案件中，仅有 4 例被认为符合互惠关系的标准。[2] 这不仅危害了私人主体的权益，也损害了司法裁判的确定性和可预见性，甚至危机司法公正，降低了我国法院的国际信誉和国际竞争力。[3] 目前，我国司法实践尚未出现以法律互惠或推定互惠为依据承认和执行外国民商事判决的案例。

---

〔1〕 详见（2016）苏 01 协外认 3 号民事裁定书。

〔2〕 参见范冰仪：《我国承认与执行外国判决中适用互惠原则的实证研究》，载《国际经济法学刊》2021 年第 3 期。

〔3〕 参见杜涛、王洪根：《外国判决承认与执行中互惠关系认定标准的重构》，载《中国国际私法比较法年刊》2019 年第 24 期。

(二)互惠原则发展的困境与成因分析

互惠原则在我国发展的困境既有制度安排的表面原因,也有司法理念的内在因素,更深层次的内驱力是经济发展对法治保障的需求。

1. 法律制度安排的缺失,给互惠原则的适用带来了诸多实践中的障碍。虽然司法实践为互惠原则的适用提供了鲜活的素材,互惠原则的适用标准也在不断地发展,无论是事实互惠还是法律互惠、推定互惠,均没有明确、统一的适用标准,貌似给予了法官自由裁量的空间,但无据可依对法官来说又是极大的司法风险。互惠标准对照如表 2 所示。从我国司法实践来看,目前大多数法官依然停留在严格的事实互惠标准之上,适用该标准至少存在以下三个难点:一是互惠先例的查询,由于各国法律制度的差异及语言的障碍,存在先例难于查询或怠于查询的困境;二是互惠先例作为一种事实,法律并未明确规定应当由谁承担举证责任;三是因缺乏统一的尺度或指导性案例,法官在先例比较中无据可循。从尚未有实践的法律互惠和推定互惠来看,其适用标准虽然相对宽松,但是在适用过程中亦存在诸多待解决问题。如根据最高人民法院《关于人民法院为“一带一路”建设提供司法服务和保障的若干意见》第 6 条,通过何种途径查明两国之间是否存在国际司法合作交流意向、对方国家是否承诺将给予我国司法互惠等情况?该互惠承诺具体表现为哪些形式?又如《第二届中国—东盟大法官论坛南宁声明》中倡导的推定互惠,查明判决作出国是否存在以互惠为由拒绝承认我国作出的民商事判决的先例的举证责任由谁负担、如判决做出国既有肯定性先例,又有否定性的先例,推定原则是否可以适用?诸如此类细节问题都影响了互惠原则的适用,亦期待法律制度的明确安排。

表 2 互惠标准对照

互惠标准	概念	优点	缺点
事实互惠	外国法院率先有承认我国民商事判决的相似先例	不需要外国法查明,只要存在先例即可比较	先例的怠于查明或遗漏查明,会导致不予承认的后果,且断绝了本国判决将来在该外国得到承认的可能性
法律互惠	审查判决作出国的法律,判断我国的民商事判决在该国是否能够得到承认和执行	灵活,且不需要查明是否存在该国承认和执行我国民商事判决的先例	对外国法查明的准确性和全面度要求较高,需要比较两国对外国判决的承认和执行的条件是否对等

续表

互惠标准	概念	优点	缺点
推定互惠	如外国法院不存在以互惠为由拒绝承认和执行我国民商事判决，即可以推定与该国存在互惠关系	免于外国法查明、承认先例的查明，免于法官在法律比较、案例比较中自由裁量的风险、大大提升外国判决在我国得到承认和执行的可能性	目前仅限于《第二届中国—东盟大法官论坛南宁声明》参与国；《第二届中国—东盟大法官论坛南宁声明》参与国范围之外的其他国家给予互惠承诺的查明途径和承诺的范围不明确

2. 法官司法理念的滞后，影响了适用互惠原则的主观积极性。长期以来，维护国家司法主权与国家利益的司法观念一直占据主导地位，从礼让中共商、共建、共享、共赢的司法理念尚未深入司法者的心中。同时在“外交无小事”压力下，涉外民商事法官在承办承认和执行外国民商事判决的案件过程中“不敢越雷池半步”，导致中国司法实践长期固守严格的事实互惠，且互惠原则适用不活跃的状况。

3. 经济发展对法治保障需求的内驱力需要一段时间才能得以完全释放。2023 年是习近平总书记提出“一带一路”倡议十周年。在过去的十年里，我国法院审结申请承认和执行外国法院民商事判决案件 7313 件，涉及英国、美国、意大利、澳大利亚等近 40 个国家。可见经贸发展对法治保障需求的内驱力在逐步释放，也对我国法院在国际司法合作领域提出了更高要求，从而驱动中国司法实践寻求更为宽松、更为便利的协作路径，法律互惠、推定互惠标准应运而生。相信在不久的将来，法律互惠、推定互惠在我国的司法实践中将得到落实和不断完善。

三、互惠原则的实施路径构建

（一）中国—东盟自由贸易区南宁国际商事法庭在互惠原则适用的探索经验与思考

中国—东盟自由贸易区南宁国际商事法庭于 2022 年 10 月 1 日正式运行。作为一个年轻国际商事法庭，在涉外民商事审判过程秉承开放包容司法态度，将“尽可能一次性解决纠纷”的司法理念落到实处，对外国民商事判决在我国的承认和执行中如何适用互惠原则进行积极探索和尝试，努力推动民商事判决在“一带一路”沿线国家间的互认和流通，为营造稳定、公平、透明的法治化营商环境、保障“一带一路”建设贡献司法智慧。

目前，法庭根据已有的案件情况，在以下两方面对互惠原则的具体适用进行探索：一是进一步宽松对事实互惠的固守；二是促成《第二届中国—东盟大法官论坛南

宁声明》中关于推定互惠这一重大司法成果的落地落实。在实践过程中积累了以下经验和思考:

1. 案件的选取。首先,立足于法庭的定位,注重选取与我国经济往来相对密切的“一带一路”沿线国家、特别是东盟国家作出的民商事判决,作为实践互惠原则的“试验田”,以增强获得更大互惠效应的可能性。其次,从减少平行诉讼、节约司法资源、减少当事人诉累、充分保障当事人合法权益、降低法官自由裁量风险的角度考虑,尽可能选择双方当事人争议不大的案件。最后,遵循以点带面的客观规律,以期通过一件典型案件的处理,带动一类判决的互认与流通。

2. 互惠原则的适用。根据案件的具体情况,灵活适用互惠标准:(1)在一个包含财产给付内容的外国离婚判决的审查过程中,法官了解到该判决作出国曾经承认过我国法院作出的商事判决,则此案适用事实互惠标准比适用法律互惠、推定互惠标准更为方便。(2)针对《第二届中国—东盟大法官论坛南宁声明》参与国作出的民商事判决,既无该国承认和执行我国民商事判决的先例,也没有证据证实该国曾以互惠为由拒绝承认和执行我国民商事判决,对于此类案件则可以考虑适用推定互惠标准。在推定互惠实践过程中,首先,法官考虑了《第二届中国—东盟大法官论坛南宁声明》在本质上属于各声明国就互惠问题所达成的共识或承诺,因此《第二届中国—东盟大法官论坛南宁声明》的参与国符合《全国法院涉外商事海事审判工作座谈会会议纪要》第44条关于互惠关系认定的规定。其次,基于《第二届中国—东盟大法官论坛南宁声明》对互惠原则认定标准的进一步突破、宽松,即法官在无须外国法查明、先例查明及相似度比较情况下,可以作出互惠推定,切实提升外国判决在我国得到承认与执行的可能性。

3. 对难点问题的思考。在互惠原则适用过程中,法官对以下几个关联问题进行了思考:(1)先例查明的举证责任和证明力标准。一般来说,先例作为一种事实,应当由当事人举证。但是由于语言文字的差异、当事人个人能力的差别,如果不能查明先例,则会对互惠原则、特别是事实互惠的适用带来极大的限制。鉴于法官作为专业法律人士,其专业能力、识别能力、查询渠道更为强大,在当事人不能查明先例的情形下,可以由法院查明作为补充。关于先例证明力的标准,实质上是法官以何种标准确认先例真实性的问题。当今社会网络资讯发达,获得先例的途径呈现多样化,可以是新闻报道、论文库、案例库、裁判文书库,也可以是直接从判决作出国的法院直接获取,摆在法官面前的问题是如何认定不同渠道获取的先例的真实性。对于法官而言,理想的途径无疑是先例直接从判决作出国的法院获得,并经公证认证的程序,如缺乏公证认证程序,经双方当事人质证,依法也可以作为定案依据。但是从网络获取的先例,其完整性、真实性有待考究,经当事人质证后由法官通过自由心证予以认定真实性,的确存在一定的风险。(2)相似先例的比较标准是否应继续固守严格的事实互惠标准?法官可以根据案件的具体情况区分是否固守严格的事实互惠标准。首先,有肯定性先例存在的情况下,严格的差异比较不能否定外国法院对我国民商事判决予以承认的基本态度;其次,如果对国家主权、经济、社会利益影响不大,可以适当放松对先例相似度的审查。这种宽松审查模式既方便了当事人,实质性解决纠纷,也展现出我国司法对互惠原则的宽容态度,更有可能取得"投桃报李"的司法效果。(3)推定互惠的适用前提,首先要明确互惠承诺的查明途径及表现形式。《第二届中国—东盟大法官论坛南宁声明》是互惠承诺的一种表现形式,但是仅限于参与《第二届中国—东盟大法官论坛南宁声明》的东盟国家。扩展到"一带一路"沿线国家,由于互惠承诺承载形式的多样性以及时效性,对于涉外民商事审判的一线法官来说则难以及时判断哪些国家给予了互惠承诺。建议通过建立统一的信息库方便法官查询。(4)如存在否定性先例,是否可以"一票否决"互惠推定的适用?笔者认为应当考察外国法院拒绝的理由,是否以"不存在互惠关系"为由拒绝;如果以"不存在互惠关系"为由拒绝承认和执行我国民商事判决,则应当进一步区分否定性先例作出的时间是在互惠承诺作出之前还是作出之后。推定互惠意在破解"囚徒困境"[1],故互惠承诺的作出应当视为新的时间起点,即互惠承诺作出后作出的否定性先例才能否定互惠推定的适用。

（二）一次性解决纠纷视角下的互惠原则实施路径构建

在互惠原则探索实践的过程中,南宁国际商事法庭积累了一定经验,也就适用过程中遇到的问题和难点进行了一定的思考与探索。在一次性解决纠纷的视角下促进民商事判决的流通与互认,司法理念的更新、可操作性的标准体系构建、一系列服务保障体系的支撑缺一不可。

1. 树立博弈中寻求合作的司法理念。在建设"一带一路"倡议、构建人类命运共同体的大格局下,涉外民商事法官承办承认和执行外国民商事判决的案件,不仅是对个案的办理,更关系到我国在国际司法协助的交流与合作,乃至对外经济交流的正常发展产生影响。因此,涉外民商事法官需将承认和执行外国民商事判决的案件的个

〔1〕 参见[美]威廉·庞德斯通:《囚徒的困境:冯·诺依曼、博弈论和原子弹之迷》,吴鹤龄译,北京理工大学出版社2015年版,第101页。

案审查置于国际交流的大背景中整体考量。在个案办理中平衡国家司法主权的维护与中外当事人权益平等保护、国际经济贸易的合作与竞争关系,需要法官树立博弈中寻求合作的司法理念。在没有条约关系的情况下,互惠原则是承认和执行外国民商事判决的重要途径。互惠原则兼具"礼让"和"报复"的功能,也为涉外民商事法官办理个案提供了博弈的"工具"和"抓手"。具体来说,第一,胸怀"投石问路"的司法心态。在维护国家主权和利益的前提下,根据我国与判决作出国间的经贸往来合作程度、发展前景,以及判决作出国对待我国民商事判决的态度,善意地发挥互惠原则的"礼让"功能,平等保护中外当事人权益,为国际经贸合作关系的进一步发展提供良好营商环境和有力的司法保障。第二,慎用互惠关系的否定性评价。在互惠原则的适用过程中,要特别注意审查外国法院是否以互惠为由拒绝承认和执行我国民商事判决。不轻易以"不存在互惠关系"为由拒绝承认和执行外国民商事判决,否则将断绝将来我国民商事判决在他国得到承认和执行的可能性。如果经审查不因"互惠关系"而决定不予承认和执行外国民商事判决,则应尽量裁判文书中阐明不予承认和执行的具体事由。[1] 第三,底线思维,让"报复"功能作为一种被动的防御措施。他国以互惠为由拒绝承认和执行我国民商事判决在先,我国防御在后。

2. 构建灵活、多维的互惠标准体系。根据前述各类互惠标准的对比分析以及南宁国际商事法庭的实践经验,每一种互惠标准均有自身的局限性。为了进一步拓宽国际司法合作的空间,保障"一带一路"朋友圈的行稳致远,我国需要在更加丰富多样的案例中灵活适用互惠原则,以多维度的互惠标准适用于不同国家不同案情的需要。笔者认为,灵活多维的互惠标准主要包含以下几个方面的内容:第一,明确先例、互惠承诺及外国法律的查明责任。先例、互惠承诺及外国法作为一个待证事实,主要由当事人承担举证责任。具体来说,肯定性先例、互惠承诺、外国法的举证责任由申请人承担,否定性先例的举证责任由被申请人承担;法院可以承担补充性的查明责任。第二,明确先例的认定标准。可以采取官方认证或当事人质证的方式予以认定。如先

---

〔1〕 参见《全国法院涉外商事海事审判工作座谈会会议纪要》第46条规定:对外国法院作出的发生法律效力的判决、裁定,人民法院按照互惠原则进行审查后,认定有下列情形之一的,裁定不予承认和执行:(1)根据中华人民共和国法律,判决作出国法院对案件无管辖权;(2)被申请人未得到合法传唤或者虽经合法传唤但未获得合理的陈述、辩论机会,或者无诉讼能力的当事人未得到适当代理;(3)判决通过欺诈方式取得;(4)人民法院已对同一纠纷作出判决,或者已经承认和执行第三国就同一纠纷做出的判决或者仲裁裁决。外国法院作出的发生法律效力的判决、裁定违反中华人民共和国法律的基本原则或者国家主权、安全、社会公共利益的,不予承认和执行。

例从官方渠道获取并得到认证，则真实性不言而喻；如果先例从官方以外的渠道获得，经过当事人质证无异议，也可以作为定案的依据予以采纳。第三，根据先例和互惠承诺的情况进行排列组合，择优方案：(1)有肯定性先例，无论有无互惠承诺，实施宽松的事实互惠标准。查明存在肯定性先例的，在国家主权、经济、社会利益影响不大的前提下，可适当放松相似性审查的标准，认定存在互惠关系。(2)无否定性先例，有互惠承诺，推定存在互惠关系。(3)否定性先例在先，互惠承诺在后，善意解释互惠承诺，推定存在互惠关系。(4)先例不明，但外国法可以查明的，根据该国法律我国作出的民商事判决可以得到承认和执行的，认定存在互惠关系。除上述情况之外，无肯定性先例无互惠承诺、互惠承诺在先否定性先例在后，或根据外国法的规定我国民商事判决不能在该外国得到承认和执行的，均不予认定互惠关系。

3.相关服务保障体系的建设。互惠原则的适用，除破除观念和制度的障碍之外，还需要一系列配套服务体系来辅助其顺利运行。一是在国际层面加强“一带一路”沿线国家间的司法信息(包括外国法和涉外裁判文书)平台的共建共享，为国家间相互了解、沟通差异构建畅通的渠道；二是在国内建立外国法查明、指导性案例、互惠承诺信息数据库，方便涉外民商事法官及时掌握外国法院承认与执行我国民商事判决司法动态；三是建立涉外法治人才的交流和培养机制，打造政治过硬、业务精良、精通外语、具有国际视野的高素质涉外审判人才队伍。

四、结语

互惠原则作为外国民商事判决承认和执行的重要途径，可以在国际层面实现“尽可能一次性解决纠纷”所追求的避免不必要的衍生诉讼、减少当事人诉累、实质性化解纠纷的司法效果。这一司法效果也是中国法院主动参与国际司法合作所追求的目标。在博弈中寻求合作的司法理念下，灵活运用多维的互惠标准，可以最大的诚意和兼容度促进民商事判决在国际的流通与互认，不断提升我国法院的国际信誉度和国际竞争力，为国际经贸交流与发展提供法治保障贡献中国力量。

案例分析

政府信息公开行政争议的实质化解路径
——以罗某诉柳州市柳江区政府不履行信息公开法定职责案为例

陈　惠　封　宇*

【裁判要旨】

行政相对人向行政机关申请政府信息公开，非行政机关作出的答复及提供信息的行为不能代表行政机关。行政机关在法定答复期限内未予答复，其不作为违反法律规定。该案从审理和判决两个阶段贯穿实质化解行政争议理念：审理阶段不局限于审查行为的合法性，而是对原告真实的诉讼目的进行审查，在法庭调查阶段通过督促行政机关向原告出示相关文件，实现了当事人申请公开政府信息的起诉目的；在裁判阶段精准选择最恰当的判决方式，虽然一审法院未能正确认定行政不作为，但该案已在诉讼阶段公开了当事人诉请的政府信息，二审再判决履行无必要，此时判决确认行政机关违法即可，既对行政不作为进行否定评价，又实质解决了本案纠纷。

【基本案情】

法院经审理查明：罗某于 2019 年 8 月 1 日向柳州市柳江区人民政

* 陈惠，三级高级法官，广西壮族自治区高级人民法院行政庭副庭长（研究生以上学历）；封宇，四级高级法官，广西壮族自治区高级人民法院行政庭员额法官，法学硕士。

府(以下简称柳江区政府)提交《柳州市政府信息公开申请表》申请政府信息公开,要求柳江区政府公开如下政府信息:(1)公开柳江区兴隆市场土地性质(是国有,集体还是私有);(2)该农贸市场现经营者、管理者是何单位;(3)政府是否决定对该市场进行升级改造,升级改造是政府直接实施还是委托他人实施,改造审批情况;(4)升级改造是否有中央或者自治区政府法律法规依据;(5)各级政府是否对改造升级后投入资金,资金用途分别是什么;(6)该市场升级后是否继续由原经营者、管理者使用;(7)政府是否回购该市场,是否对该市场承租户进行安置工作,是否资金补偿。柳江区政府于 2019 年 8 月 1 日签收该申请表。罗某认为柳江区政府不履行信息公开职责,于 2019 年 11 月 7 日提起行政诉讼。请求法院确认柳江区政府未履行政府信息公开职责违法,并判令其在法定期限内履行信息公开职责。

法院另查明,柳江区政府在收到罗某申请后同日转交柳州市柳江区经济技术开发总公司(以下简称柳江区经开总公司)予以答复。柳江区经开总公司于 2019 年 8 月 7 日作出了《关于罗某来信(信件:42 号)的答复意见》,并于当日送达给罗某。该答复及其附件包含了罗某申请公开的政府信息,即《柳州市人民政府关于印发〈柳州市城区农贸市场改造实施方案(2018—2020)〉的通知》(柳政规〔2018〕53 号)、《柳州市人民政府关于〈柳州市农贸市场建设规范〉的通知》(柳政发〔2018〕29 号)。在该案一审诉讼阶段,柳江区政府亦已将其获取的涉及柳州市城区农贸市场改造的相关文件向罗某公开,即上述柳江区经开总公司提供的两份文件以及《关于印发〈柳州市城区农贸市场改造专项资金使用管理办法〉的通知》(柳商规〔2019〕1 号,已失效),罗某在二审中向法院确认其已知悉申请公开的全部政府信息。

【审理结果】

一审法院于 2020 年 5 月 17 日作出(2019)桂 02 行初 212 号行政判决,认为柳江区经开总公司答复内容包含了罗某申请信息公开的内容,因此,可以确认柳江区政府对罗某提出的信息公开申请已予以答复。根据《行政诉讼法》第六十九条之规定,判决驳回罗某的诉讼请求。罗某不服一审判决,提起上诉。

广西壮族自治区高级人民法院于 2020 年 9 月 21 日作出(2020)桂行终 942 号行政判决,撤销一审判决,确认柳江区政府不履行政府信息公开法定职责的行为违法。法院生效裁判认为:柳江区政府在收到罗某的政府信息公开申请后同日转交柳江区经开总公司予以答复,虽然柳江区经开总公司于 2019 年 8 月 7 日作出的《关于罗某来信(信件:42 号)的答复意见》及其附件包含了罗某申请公开的政府信息,但柳江区经开总公司不是负责政府信息公开的工作机构，该公司对罗某作出答复及提供政府信息的行为不能代表柳江区政府。如果柳江区政府认为罗某以信息公开申请的形式进行信访等其他活动的，亦应当告知其不作为政府信息公开申请处理。柳江区政府在法定答复期限内未予答复，其不作为行为违反《政府信息公开条例》第三十三条第一款、第二款，第三十六条第一款第五项以及第三十九条的规定。由于柳江区政府在诉讼阶段已向罗某公开由其保存的政府信息，罗某向法院确认其已知悉申请公开的全部政府信息，再判决柳江区政府公开政府信息已无意义。罗某请求确认柳江区政府不履行政府信息公开法定职责违法，有事实和法律依据。一审判决未予确认柳江区政府未在法定期限内答复行为违法，二审法院予以纠正。

【裁判评析】

该案涉及行政机关不履行政府信息公开法定职责时，法院在审理和裁判时如何处理，才能尽可能一次性实质解决行政争议，以真正实现案结事了。

一、实质解决行政争议的概念、要求及法律基础

2019 年公布实施最高人民法院《关于深化人民法院司法体制综合配套改革的意见——人民法院第五个五年改革纲要（2019—2023）》，“推动行政争议实质性化解”[1]成为今后 5 年行政诉讼制度改革的主要目标之一。2020 年，广西壮族自治区高级人民法院印发了《关于行政诉讼中尽可能一次性实质解决行政争议的指导意见》，共计十条规定，从指导目的、法律依据、概念解释、立案、审理、裁判方式选择、判后答疑、协调和解等多个方面制定了指引意见，供全区法院参考执行，是实质解决行政争议的地方探索。尽可能一次性实质化解行政争议，是应对当前行政案件大幅上升趋势、满足新时代人民群众司法新需求、提升行政审判执行质效和司法公信力的有力举措。其基本概念是指为减少案件衍生，防止程序空转，实现案结事了，人民法院在审查行政行为合法性的基础上，围绕行政争议产生的基础事实和起诉人真实的诉讼目的，通过加强释明引导，加强查明事实，加强协调和解，精准选择裁判方式，强化

〔1〕 最高人民法院《关于深化人民法院司法体制综合配套改革的意见——人民法院第五个五年改革纲要（2019—2023）》第 42 条规定：推进行政诉讼制度改革。围绕推进法治政府建设，改革完善行政审判工作机制，依法保护行政相对人合法权益，推动行政争议实质性化解，监督和支持行政机关依法行政。促进行政执法规范化、法治化，服务和保障“放管服”改革。规范行政案件管辖机制，完善案件管辖标准及类型，优化行政审判资源配置。

释法说理，加强司法救助等方法措施，对案涉争议进行整体性、彻底性的一揽式解决。其基本要求是：尽可能将每一个司法环节工作做到最好；尽可能依法一并解决纠纷案件相关联的问题，尽可能避免一个纠纷又引发新的诉讼，着力解决案件程序空转、案结事未了等问题，主动研究探索新方法、好办法，找准着力点和发力点，在审判全过程全环节落实落细针对性措施，不断提升司法效能、减少群众诉累、实质性化解纠纷。

《行政诉讼法》及其司法解释、各行政单行法、各省区司法文件当中，有大量规定是实质解决行政争议的富矿，关键是如何精准理解适用。实质化解行政争议是 2015 年修订时新增加表述，构建了现行行政诉讼"化解行政争议、保障合法权益、监督依法行政"3 大功能。这就要求行政审判要以监督依法行政为基础，通过全面审查被诉行政行为合法性，严守保障合法权益底线，并在立案、审理、裁判、判后答疑等全过程贯穿实质化解行政争议理念。《行政诉讼法》及其司法解释关于行政和解调解、释明引导、不同裁判方式选择的具体规定，则可作为实现实质化解行政争议的路径与方式。例如，《行政诉讼法》第六十九条至第七十七条规定的 7 类判决方式，在裁判时应当精准理解与适用，选择最有利于实质化解争议的方式。最高人民法院行政审判庭郭修江副庭长提出："在全面审查被诉行政行为合法性基础上，注重对当事人合法权益的保护，通过判决方式的类型化，逐步完善各类判决方式的法定适用条件，规范和制约法官选择裁判方式的自由裁量权，从而实现实质化解行政争议的诉讼目的。"[1]

二、政府信息公开行政争议的实质解决路径

（一）立案阶段：严格审查起诉条件，加强引导，规制滥诉

实质化解行政争议的前提是司法审查高质效，体现在立案阶段，一是启动司法程序必须符合"行政诉讼法"所规定的程序要求。如属于行政诉讼受案范围，管辖法院享有管辖权，原被告主体资格适格，不存在违反合议制度、回避制度、公开审判制度等程序违法情形。二是在立案、审理阶段加强释明引导，明确起诉人的诉讼请求，错列、多列、漏列被告等问题能在立案环节可以解决的就应当一次性解决，以尽快进入案件的实体审查，避免在程序问题上出现空转。《政府信息公开条例》旨在保障行政相对人及利害关系人的知情权监督权，进而保护其实体权益，促进法治政府建设。立案时，首要的是确定被诉行政行为，进而从原告资格、被告资格、诉讼请求和事实根据、

〔1〕 郭修江：《行政诉讼判决方式的类型化——行政诉讼判决方式内在关系及适用条件分析》，载《法律适用》2018 年第 11 期。

受案范围、管辖、起诉期限、是否过程性程序性政府信息等起诉条件进行严格审查，并注意区分是确有需要救济的实体权益，还是纯属滥诉或者无效诉讼。

针对确有需要救济的权益，如一些地方政府并未完全履行好主动公开职责，或者公开的途径与方式未被全部被征收人知悉。一要明确职责主体。原告由于自身文化水平和法律素养不足，错误理解职责主体的概率非常大，此时应当加强释明引导。尤其土地房屋征收拆迁补偿领域，政府信息公开案件最为集中。因为征收过程，可能涉及征收补偿安置、违法占地和违法建设查处、不动产登记、村民资格等方面问题，有关政府信息可能记录保存于政府及负责自然资源、住房和建设、规划、征收拆迁等多个部门，应当如何确定职责主体，法院在立案时就应当加强释明引导，不能机械执行立案登记。二要引导起诉人起诉最有利于实质化解争议的行政行为。政府信息公开并不能最终解决核心诉求，要找准其核心。征收补偿领域，其核心是对征收补偿的系列行为不服，立案时，可以根据最高人民法院《行政法官专业会议纪要（五）》第1条规定，对集体土地征收与补偿所涉及到的多环节多被告多行为应当如何起诉，选择最有利于实质化解争议的途径加强对原告的释明引导，避免循环诉讼和程序空转。

针对纯属滥诉或者无效诉讼，如别有用心的人为收集证据设计捆绑式诉讼，在正常诉讼渠道不能满足其诉求的情况下，遍地开花地申请政府信息公开，再从中搜索有利证据，炒作舆论，反复信访，连环诉讼，给行政司法机关施压，以满足其非法诉求。此种情况，应当坚决规制滥诉，具体情况具体处理。如反复滥诉，可以在立案阶段当场登记在案并拒收材料，也可以裁定不予立案，或者裁定驳回起诉，同时对其滥诉行为予以一定的处罚。

（二）审理阶段：坚持合法性审查，抓准核心诉求保障合法权益

坚持以被诉行政行为合法性审查为中心。在审理阶段，确保行政实体法律关系通过全案审查已对事实部分查明清楚。全案审查的事实不局限于审查被诉行政行为合法性，还应该审查当事人起诉的真实诉讼目的及被诉行政行为的合理性，对于案件涉及其他相关争议（如涉及民事争议、刑事案件、集团诉讼、关联案件、同类案件检索等）也应一并了解关注。司法审查范围拓宽到整体审查、深度审查，是实质性解决争议的前提，也为精准选择判决类型提供了充分事实依据。政府信息公开案件，当事人最核心诉求并非政府信息公开，而是信息公开背后的实体权益，如征收补偿权益。《政府信息公开条例》的宗旨在于保障公民、法人和其他组织依法获取政府信息，提高政府工作的透明度，促进依法行政，充分发挥政府信息对人民群众生产、生活和经济社会活动的服务作用。至于行政机关因未履行信息公开之外的法定职责而未能公开

相应信息的,因与之相关的合法权益已不再是《政府信息公开条例》所规范和保护的知情权等权益,故不属于政府信息公开行政案件的审查范围,依法应当通过其他诉讼或者途径寻求救济。[1] 审理过程中,不能拘泥于法律问题的争议就案办案,而要深度审查,全面抓住原告的核心诉求,在法律框架内加强协调和解,落实权益保障,实质解决行政争议。合理适用调解、协调和解等化解行政争议的辅助方式。有些情况下,法院作出判决不能根本解决争议,而运用调解、协调和解等柔性方式往往能够妥善、彻底化解争议。但调解、协调和解的适用范围需要严格限定,且只能作为辅助方式运用,以避免行政相对人迫于法院、行政机关的压力达成调解或接受和解,同时防止调解、和解结果损害国家利益、社会公共利益和他人合法权益。如该案中,法庭调查阶段,人民法院就督促政府全面公开当事人所申请的政府信息,满足了其诉讼目的,对其政府信息公开背后的核心诉求,也一并深度审查并促成化解。

对于纯属滥诉或无效诉讼的情形,应当全面查实清楚,查实是否符合《政府信息公开条例》第三十条、第三十二条、第三十五条、第三十九条、第四十二条规定的情形,为后续裁判打好坚实基础。

(三)裁判阶段:强化裁判说理,精准选择最有利于实质化解争议的裁判方式

行政裁判文书说理应当依据准确、言语规范、回应到位,还应进一步结合案件实际情况,对可以通过另案诉讼或其他途径维护当事人合法权益的在文书中予以释明,引导当事人找准行政争议症结所在,帮助当事人减少诉累,防止出现程序空转。同时也要注意,不能过度说理,对一些把握不准、可说可不说的理由,坚决不说,避免过度说理引发新的矛盾纠纷。在此基础上,精准选择最有利于实质化解争议的裁判方式。

第一,适用驳回判决的前提,应当是经全面审查被诉行政行为完全合法。也就是被诉行政行为符合《行政诉讼法》第六十九条规定的"行政行为证据确凿,适用法律、法规正确,符合法定程序的,或者原告申请被告履行法定职责或者给付义务理由不成立"。若不符合该前提,应当考虑其他判决方式,如确认违法判决。该案即是此种情况。被告柳江区政府在法定答复期限内未予答复,已构成不履行信息公开法定职责的行政不作为。虽然庭审期间已向原告公开全部政府信息,但是,评判行政行为是否具有合法性的基准时,应当是作出行政行为时或者法定履行期限届满之日,而不能迟延到起诉时或者审理时。一审法院仍适用驳回判决,属于适用法律不当。

第二,适用确认违法判决可以根据审理过程出现的情势变更作出相应调整,但要

---

〔1〕 如广西壮族自治区高级人民法院审结的(2019)桂行终1743号案件就对此进行了释明引导。

区分确认违法不保留效力和确认违法但保留效力两种情况，同时注意，符合确认违法判决条件的，不得作出撤销判决。如该案中被告柳江区政府在法定期限内不履行政府信息公开法定职责，但在诉讼程序中出示了原告罗某所申请的全部信息内容，罗某也确认知悉。判决柳江区政府履行没有必要，对之前未履行职责的行为予以否定即可，确认违法判决是最符合本案情况的判决方式。

第三，适用履行判决需要尽可能判决行政机关限期作出某项具体明确的职责义务。适用《行政诉讼法》第七十二条规定判决履行法定职责，要结合最高人民法院《关于适用〈中华人民共和国行政诉讼法〉的解释》第九十一条规定，区分判决被告履行原告请求的法定职责或者判决被告对原告的请求重新作出处理，符合条件的尽可能判决被告履行原告请求的法定职责。实践中，有些法院明明可以判决限期限定具体职责义务的，但仅判决履行职责，对履行方式及期限不作限定，这种判决方式在一定情形下是合适且必要的，但符合条件的情形下，为实质化解行政争议，应当尽可能在判项中对判决履行的职责义务予以明确、具体并限定履行方式及期限。

（四）裁判之余：加强府院联动，提升实质化解争议合力

部分政府信息公开诉讼增加诉累，耗费行政司法资源，且是无实际意义的诉讼。为此，被诉行政机关要强化与法院的协同配合，在诉讼各个阶段，积极协作化解行政争议。对于合法有据的政府信息公开申请，属于被诉行政机关依法应当公开的，在诉讼中主动予以公开；不属于被诉行政机关依法主动公开的，积极协调其他行政机关予以公开。对于引发政府信息公开争议的基础事由，如征收拆迁争议等，原告确实有理有据的，要积极主动加以解决，或者向责任机关积极反映情况。在恶意诉讼、无理缠诉的案件中，被诉行政机关应当积极应诉，支持法院准确裁判，有效规制滥用权利行为。

此外，当前亟须行政机关协助落实政府信息公开行政案件级别管辖下沉问题。最高人民法院《关于正确确定县级以上地方人民政府行政诉讼被告资格若干问题的规定》第六条规定：“县级以上地方人民政府根据《中华人民共和国政府信息公开条例》的规定，指定具体机构负责政府信息公开日常工作，公民、法人或者其他组织对该指定机构以自己名义所作的政府信息公开行为不服提起诉讼的，以该指定机构为被告。”加强研究该条规定如何落实，对于向政府提出的政府信息公开申请事项，由指定的具体机构负责处理，从而减少以政府作为被告的案件，充分发挥四级法院职能定位作用。

该案中，罗某向柳江区政府申请政府信息公开，但柳江区政府以信访事项的方式

转交给非行政机关的柳江区经开总公司进行处理。根据《政府信息公开条例》的相关规定,柳江区经开总公司的答复及提供政府信息的行为不能视为柳江区政府已经履行了政府信息公开的法定职责。该案例从审理和判决两个阶段贯穿实质化解行政争议理念:审理阶段不局限于审查不作为的合法性,而是对原告真实的诉讼目的进行深度审查,在法庭调查阶段,通过督促行政机关出示相关文件让原告知晓其申请公开的全部政府信息,实现了当事人起诉目的;裁判阶段精准选择最恰当的判决方式,因行政机关法定期限内不予答复已构成行政不作为,一审法院适用驳回判决错误,但在诉讼阶段已公开了全部要求公开的政府信息,再判决履行无必要,此时适用确认违法判决,既对行政不作为进行了否定评价,又实质解决了本案纠纷。

三、结语

江必新教授认为,实质性化解争议主要包含三层意思:一是案件已经裁判终结;二是当事人之间的矛盾真正得以解决;三是通过案件的审理,明晰了此类案件的处理界限。[1] 伴随着现代国家治理理念和治理能力的提高,行政审判应契合时代所需,积极发挥首创精神,通过探寻精准适用判决方式等模式完善行政争议实质性解决理念,使行政审判与时俱进,永葆旺盛生命力。

---

〔1〕 参见江必新:《论实质法治主义背景下的司法审查》,载《法律科学(西北政法大学学报)》2011 年第 6 期。

在司法治理语境下合同解除纠纷法律适用方法的分析

——以郑某某诉黎某甲与企业有关的纠纷案为例

李婷婷　黄麟茜*

【裁判要旨】

司法治理作为一种重要的社会治理类型，是国家治理体系必不可少的部分，也是国家治理能力的体现。司法治理通过司法权的前移与拓展，以良法善治为指引，促进审判活动提高效率与公正性，最终推动法的权威性、规范性与国家治理效能的双向调适。因此，司法治理的理念和策略，直接影响司法活动改革的推行。“穿透式审判思维”及“尽可能一次性解决纠纷”理念因其明显的纠纷解决底色，体现了与“公正与效率”价值目标的高度适配，得到民商事审判的极大响应。但作为倡导式的司法审判理念，有别于已规定法律条文中的基本原则和基本制度，因其边界的模糊，极易出现“越界”等审理弊端。本文以涉矿业权纠纷的审理为例，见微知著，在复杂纠纷视域下，从个案中总结提炼法律适用方法，提出以固定权利请求实体权益的基础规范为起点，明确审理方向、确定裁判范围、甄别答辩与抗辩，从分解、分类、梳理全案基础规范构成要件着手，主动进行诉讼主张检索和举证引导，在法律框架内对诉讼价值间的博弈进行权衡，框定一案一诉纠纷解决的边界，为能动司法在审判实

* 李婷婷，四级高级法官，柳州市中级人民法院研究室主任，法律硕士；黄麟茜，四级法官助理，柳州市中级人民法院研究室法官助理，法律硕士。

践中描摹边界提供可复制、可操作的思路，力求以裁判的生命力推动人民法院与社会的良性互动，以司法治理能力现代化推进中国式现代化建设。

【基本案情】

一、法院查明的基本事实

法院经审理查明：2016 年 4 月 24 日，彭某某、张某某、李某某与黎某甲就转让融安县大良马槽方解石矿（以下简称大良马槽方解石矿）的采矿权和大良矿粉厂融安县大良矿粉厂（以下简称大良矿粉厂）的承包管理经营权签订协议书，约定黎某甲出资 528 万元，占大良马槽方解石矿与大良矿粉厂的股份 60%，另三人占 40% 的股份。2019 年 1 月 29 日，四人签订《股份转让协议书》，约定张某某、李某某、彭某某三人将大良马槽方解石矿及大良矿粉厂的占股 40% 转让给黎某甲，转让金额为 372 万元。

2019 年 3 月 22 日，黎某甲与郑某某签订《股份转让协议书》，载明大良马槽方解石矿为个人独资企业，投资人是彭某某；大良矿粉厂为集体所有制，法定代表人为黎某乙。黎某甲在协议书中承诺：上述矿山采矿权及矿粉厂为其一人独有，黎某甲同意将采矿权及大良矿粉厂全部股份转让给郑某某，总转让金额为 930 万元；转让的股份及其相对应的实体财产与权利真实存在，不存在任何权利瑕疵；不存在其他方对本协议所约定的相关股份、实体财产及权利产生争议；黎某甲在 4 个月内完成上述开采权及矿粉厂的转名手续。协议书还对转让款的分期支付情况进行明确约定。协议签订后，郑某某共向黎某甲支付了 372 万元。

3 月 22 日，各方至融安县办证大厅办理法人过户手续。准备过户资料后，因当天时间不足，相约于 3 月 25 日（星期一）继续办理“转名手续”。3 月 25 日早上，彭某某以过户存在纠纷为由，要求工作人员暂不办理，下午，郑某某带相关资料要求过户，工作人员以过户原法人不同意为由，暂时不予办理。2019 年 3 月 28 日，郑某某与彭某某共同出具情况说明，就 2019 年 3 月 22 日、25 日办证经过进行说明，载明系因资金没有到位，所以彭某某要求暂不办理。

2019 年 4 月 19 日，郑某某向黎某甲发送《关于不再支付协议书剩余价款的通知函》，告知因其仍未能提出有效证明证实对拟转让的标的物享有完全处分权，且大良矿粉厂是集体所有，认为约定的转名办理方式与现行《城镇集体所有制企业条例》的相关规定相违背，故将不再支付剩余价款。二审询问中，黎某甲明确再次通知郑某某继续办理过户手续的时间是 2019 年 7 月 13 日，其通过微信发出通知的同时也向郑某某邮寄了函件。2019 年 7 月 15 日至 17 日，黎某甲持续向郑某某发出数条微信，而

2019年7月28日向对方发出邮寄的照片后,被微信系统告知双方非微信朋友。郑某某自认因已经向公安机关报案,被告知在侦查期间不要与黎某甲联系,故郑某某自行删掉了黎某甲的微信和电话。

2019年7月,郑某某以被黎某甲诈骗为由向融安县公安局大良派出所报案,7月9日融安县公安局受理该案。2022年10月8日,融安县公安局出具撤销案件通知书及撤销告知,告知"郑某某被诈骗案一案"不构成犯罪,决定撤销案件。黎某甲在接受融安县公安局询问时曾自述:在签订2019年3月22日《股份转让协议书》之后的一段时间里,其自行对大良马槽方解石矿开采了约1000吨方解石矿,将获得十几万元的收益用于支付员工工资。

另查明:大良马槽方解石矿投资人于2019年4月16日由彭某某变更为黎某乙。黎某乙系黎某甲的胞妹,二人均表示黎某乙系根据黎某甲的指示对大良马槽方解石矿、大良矿粉厂代为"持牌",可按照黎某甲的指示配合办理后续手续。大良马槽方解石矿采矿安全许可证有效期至2016年9月26日,到期后至今未发放新证。柳州市行政审批局于2016年12月15日出具的《非煤矿山建设项目安全设施设计许可意见书》记载,融安县大良马槽方解石矿开采设计中的安全设施设计专篇已通过审查,审批局要求大良马槽方解石矿严格按照该项目安全设施设计施工。其后,融安县安全生产监督管理局于2019年3月4日到大良马槽方解石矿进行现场检查,《现场检查记录》记载:该矿山有采矿许可证且在有效期;矿山属于建矿期,有建矿审批文件;矿山现场处于停工状态。大良马槽方解石矿采矿许可证的有效期为2017年4月3日至2020年4月3日。在大良马槽方解石矿向融安县自然资源和规划局提交采矿权延续登记申请后,该局于2020年7月30日出具《限期办理采矿登记的通知》,以材料不齐全为由要求在2020年11月30日之前补齐材料。黎某甲与彭某某、李某某、张某某在2020年11月6日协议书中,对案涉矿山开采权证到期及补交续证资料等事宜进行了明确,同时指出四人于2019年1月29日签订的《股份转让协议书》并非各方真实意思,仅是为了简化转让手续。但因彭某某不同意协议书中关于垫付款项等方面的约定,故未签字。2020年12月14日,郑某某向融安县自然资源和规划局提交申请书,以大良马槽方解石矿转让过程中涉及刑事诈骗为由申请暂停办理采矿权证延续手续。2021年4月12日,融安县自然资源和规划局再次向大良马槽方解石矿发出通知,要求其在2021年6月底前办理采矿权延续、变更登记,告知逾期将导致采矿权自行灭失,但大良马槽方解石矿至今未办理完毕采矿权延续手续。2022年4月28日,融安县征地拆迁和房屋征收补偿服务中心与彭某某、李某某、张某某、黎某甲签订

《青苗及地面附着物补偿协议》，明确大良矿粉厂被拆迁约定补偿款为 860,194.3 元。黎某甲自认案涉厂房已拆迁，四人已获得补偿款。

二、当事人的诉求、理由

郑某某认为：在其支付 372 万元后 3 年多的时间里，黎某甲既无交付标的物的主观意愿，又无交付可能，违反诚实信用原则构成根本违约。请求判令：解除《股权转让协议书》，责令黎某甲退还股份转让款 372 万元，赔偿租金损失 55 万元，损失 64.05 万元。

黎某甲辩称，彭某某是大良马槽方解石矿的所有权人，黎某甲是代表其他三个股东与郑某某签订股权转让协议，且叶某也参与协商，故应追加四人为共同被告。黎某甲还称，郑某某在约定的 4 个月过户期内将黎某甲拉黑，拒绝办理过户手续导致无法完成过户手续，且郑某某诬告陷害黎某甲在矿山股权转让合同中存在诈骗向公安局报假案，在黎某甲提交《矿山续证申请报告》后还要求停止续证，致使无法办理采矿权证续证手续，导致合同无法履行。郑某某以上违约行为造成巨大损失，应支付违约金，黎某甲为此就违约金在另案中提起了诉讼，但一审法院在没有核实黎某甲已缴诉讼费的情况下，即裁定按撤诉处理，其程序违法。此外，2019 年 3 月 6 日郑某某与融安县大良镇蒙洞、马槽屯签订《矿山补充协议》后，就已经具备了开采矿山的条件，矿山开矿权已实际移交完毕。

【审理结果】

广西壮族自治区融安县人民法院于 2022 年 10 月 17 日作出（2021）桂 0224 民初 2948 号民事判决书，判决：（1）解除郑某某与黎某甲于 2019 年 3 月 22 日签订的《股份转让协议书》；（2）黎某甲应于本判决生效之日起 10 日内退还郑某某股权转让款 372 万元；（3）黎某甲应于本判决生效之日起 10 日内支付郑某某逾期退还股权转让款的损失（以 372 万元为基数，自 2019 年 7 月 23 日至 2020 年 8 月 20 日按照中国人民银行同期同类贷款利率计算，2020 年 8 月 21 日至款项实际还清之日止，按照全国银行间同业拆借中心公布的一年期贷款市场报价利率 LPR 计算）；（4）驳回郑某某其他诉讼请求。宣判后，黎某甲不服上诉至广西壮族自治区柳州市中级人民法院，广西壮族自治区柳州市中级人民法院于 2023 年 6 月 28 日作出（2023）桂 02 民终 625 号民事判决书，认为一审法院判决虽存在瑕疵，但判决结果正确，二审法院依法纠正后予以维持，该院判决：驳回上诉，维持原判。

法院生效裁判认为：

1. 关于是否遗漏案件当事人

该案为合同纠纷,2019 年 3 月 22 日《股份转让协议书》仅将郑某某、黎某甲列为合同主体,未追加彭某某、张某某、李某某、叶某参加诉讼符合合同相对性原则。

2. 关于《股份转让协议书》效力的认定

我国现行行政法规并未禁止集体所有制企业实行承包经营,且黎某甲、郑某某就转让大良马槽方解石矿所有权转让签署的协议内容,也不存在合同无效的事由,则 2019 年 3 月 22 日《股份转让协议书》未违反法律、行政法规的强制性规定,亦无法律规定的其他无效情形,应合法有效。

3. 当事人合同履行情况分析

2019 年 3 月 22 日《股份转让协议书》签订后,郑某某已如约向黎某甲支付了第一笔股权转让款 372 万元,黎某甲应依约办理"转名手续",但因彭某某未配合而未能顺利办理,使郑某某对大良马槽方解石矿的真实权属关系以及黎某甲的履约能力、履约意愿等产生怀疑及不安,故而向黎某甲发出《关于不再支付协议书剩余价款的通知函》并向公安机关报案。黎某甲就办理"转名手续"已先行违约的情况下,应协调合伙人配合办理相关手续排除履约阻碍,继续履行出让方的主要合同义务,积极消除郑某某的疑虑。但黎某甲于 2019 年 4 月 16 日将"投资人"另行变更至合同当事人之外黎某乙名下,且直至 4 个月履行期限将近届满,才通知郑某某继续办理变更手续。黎某甲未及时向郑某某履行信息披露、如实告知等附随义务,在排除履约障碍后亦未积极向对方解释可能存在的误会,导致郑某某未能顺利办理投资人变更手续,亦影响双方合同后续的履行。此外,黎某甲签订《股份转让协议书》后仍实际控制大良马槽方解石矿并自行开采获得了收益,而矿山安全生产许可证在双方缔约前早已处于过期状态,采矿许可证也因大良马槽方解石矿没有按照通知要求提交材料等至今未成功续办,黎某甲未能保证权利无瑕疵实已构成违约,加之大良矿粉厂厂房已被征收,案涉《股份转让协议书》约定转让大良矿粉厂承包经营权的主要合同义务已失去继续履行的可能性及必要性,合同目的无法实现,郑某某请求解除前述协议的主张符合法定解除情形,依法应予解除并返还已付款。

郑某某虽出于维护自身权益的角度选择报警处理,但在明知彭某某导致的履约障碍已消除的情况下,对黎某甲继续办证的通知未予以回应,还自行切断联络方式拒绝协商沟通,对"转名手续"未能在约定履行期内办理完毕,存在一定不履行附随义务的情形。但系因黎某甲的违约行为最终导致郑某某合同目的无法实现,致使合同依法解除,故二审法院综合考虑双方的违约程度,根据合同解除的过错和原因力大小,就郑某某在该案中主张的损失分担作出认定。需要指出的是，郑某某在该案起诉时仅主张按照“基准利率 5%”计算损失，诉请标准已低于合同所约定违约损失计算标准，而一审判决第 2 项关于利率的计算标准，实则又略低于郑某某起诉的固定利率主张，可知一审法院判令的资金损失计算标准，已在黎某甲、郑某某双方之间形成调整，该调整结果并无不当，且郑某某未提出上诉。二审法院对一审关于 2019 年 8 月 20 日至 2020 年 8 月 20 日利率标准的表述与中国人民银行在公告中的表述不一致的地方，予以指出，并依法对一审判决结果予以维持。

4. 关于黎某甲提出郑某某赔偿损失的答辩意见

关于黎某甲提出因郑某某的违约行为导致矿山停运损失的问题，其虽在另案中提出了明确的诉讼请求，但未作为反诉合并于该案诉讼程序之中，故其主张超出了该案依法可审查的范围。

【裁判评析】

随着我国经济社会的转型和利益格局的调整，各类社会矛盾呈现出主体多元、数量多发、诉求多样的发展态势，并以案件的形式进入人民法院司法领域。在司法治理驱动纠纷多元化解理念下，客观上要求纠纷迅速推进、实质化解，通过司法裁判回应“公正与效率”的价值追求。实现这一价值追求，要在司法裁判中牢固树立新时代司法理念，积极地、创新地通过能动司法，在法律框架内，努力寻求案件处理的最佳方案，使司法裁判“文本法”的适用符合人民群众感受的“内心法”，在各诉讼价值的博弈中实现衡平。

在各价值之间的紧张博弈中，最核心的价值是“公正与效率”。在诉讼活动中，对实质正义的追求、对司法效率的要求，最直接反映在“穿透式审判思维”和“尽可能一次性解决纠纷”司法理念的运用之中。“穿透式审判思维”自《全国法院民商事审判工作会议纪要》首次在民商事审判领域使用后，逐渐成为司法裁判“探求真实法律关系”下对实质正义追求的价值导向。“尽可能一次性解决纠纷”是司法治理目标驱动下多元纠纷应对的探索性尝试，是统一政治效果、法律效果和社会效果的重要抓手，是坚持以人民为中心发展思想、深化社会矛盾源头治理的实践要求，是服务优化法治化营商环境、服务国家治理体系和治理能力现代化的重要举措。[1] “穿透式审判思

---

〔1〕 参见黄海龙、潘玮璘：《“尽可能一次性解决纠纷”理念的基本内涵与实践要求》，载《中国应用法学》2022 年第 5 期。

维”和“尽可能一次性解决纠纷”理念在审判实务中的协调适用，是人民法院通过司法裁判，回应“公正与效率”这两个最重要的价值目标的体现。本文以涉矿业权纠纷的审理为例，尝试从整合审判思维着手，提出以实体请求权的识别来裁剪案件生活事实，进而明确诉讼纠纷指向的法律关系，以实体法律规范对实体权益构成要件的分析作为基本手段，框定“尽可能一次性解决纠纷”的边界，兼顾运用“穿透式审判思维”，探明合同条款之下当事人的真实意思表示，在“穿透式审判思维”与“尽可能一次性解决纠纷”理念的博弈中，探索价值判断的有效路径，力求在程序方法和实体法之间建立连结点，在纠纷事实与法律规范构成要件之间建立连结点，在法官诉讼指挥权与当事人处分权之间建立连结点，〔1〕通过具体法律适用方法的展示，描摹司法能动在审判实践中的运用边界，以裁判的生命力推动人民法院与社会的良性互动。

一、以个案实体请求权的识别框定“尽可能一次性解决纠纷”运用边界

（一）立足于当事人对权利请求的动机和目的，确定审理方向、明确当事人地位、界定裁判范围

为应对人案矛盾背景下社会对诉讼的需求以及国家社会治理的双重压力，履行中国不能成为“诉讼大国”的职责使命，通过对审判理念的固鼎革新，引领审判思维的转换、审理方式的创新，可在短期内提高人民法院的办案效率，实现科学地“去案”，又有助于提高案件办理质量。“尽可能一次性解决纠纷”的审判理念，以一次性实质化解纠纷为目标，重视一个法律事件引起的纠纷在一个案件中得以了结，以达到缩减同一事件引起纠纷的数量，从而实现案结事了的理想状态。但因纠纷一次性解决的内涵与外延尚不明确，在司法活动中对于当事人处分原则和司法职权干预原则的界限，缺乏明晰的划定规则，加之裁判者对司法理念的理解和运用存在偏差，形式上强调把同一纠纷中的相关不同法律关系问题放在同一案件中处理，反而发生审查扩容、程序违规等“越界”问题，引起诟病。〔2〕因此，以诉讼的原始起点出发，立足于当事人对权利请求的动机和目的固定权利请求，识别框定案件生活事实的裁剪范围，是快速判断诉的构成要件、确定审理方向、明确当事人地位、界定裁判范围，防止纠纷一次性解决边界软化的有效途径，更为人民法院下一步围绕权利请求和抗辩权基础规范，组织对要件事实进行逐项审查并归入审判结果提供了依据。

---

〔1〕 参见邹碧华：《要件审判九步法》，法律出版社2010年版，第27页。

〔2〕 参见任重：《民事纠纷一次性解决的限度》，载《政法论坛》2021年第3期。

该案中，郑某某诉请为依法解除2019年3月22日《股份转让协议书》，要求黎某甲返还372万元、赔偿租金损失55万元，并支付前两笔款项资金被占用损失64.05万元。基于郑某某权利请求可知，其诉讼目的旨在行使法定解除权，解除案涉协议，要求相对方承担违约赔偿责任，则本案诉讼活动应围绕前述权利请求展开。至于郑某某要求赔偿租金损失55万元的主张，实际归属其与矿山所辖村屯签订的《矿山补充协议》项下利益范畴，与《股份转让协议书》为不同法律关系，亦非相同合同主体，故可判断不应纳入同一诉的审查范围，直接予以排除。

该案已查明大良马槽方解石矿和大良矿粉厂的实际投资者包括彭某某、李某某、张某某、黎某甲，4人为了对外交易之便暂时约定将股权集中于黎某甲一人，并由其出面与交易相对人进行接洽缔约，那么在此种名实分离的交易安排中，黎某甲“转名手续”合同义务的履行，有赖于“股权”实际共同投资者的确认，以及名义投资人与承包人的配合。因此，是否追加“股权”的全部实际共同投资者，特别是是否追加彭某某参加诉讼，是该案需要谨慎思考的问题。对此，可回到案件诉讼的原始起点来考量。经进一步分析郑某某权利请求发现，其权利请求在权利保护体系中虽属于给付之诉，但诉争的给付内容并未涵摄继续办理“转名手续”等具体行为，即便主张获得支持，也不会因为缺失履行主体引发执行不能的尴尬情形。另外，立足于本案的纠纷类型、性质和实际审理阶段，围绕实体权利的基础规范，充分运用审判权指导当事人对要件事实展开证明，完全可以完成对案件基础事实的查明并作出认定判断。故该案无须发回重审以牺牲程序利益，来换取对“探求真实法律关系”下的实质正义，在同一程序中解决实体争议更合乎个案价值判断。

（二）围绕实体权利基础规范展开要件分析，注重解决个案中的突出问题

对基础规范进行要件分析是法律条文进入逻辑推演的基础，也是该条文是否可作为请求权或者抗辩依据的前提，基础法律规范的要件分析包括支持权利发生规范的构成要件和对立规范的构成要件分析。审判工作只有将所有要件都审理清楚了，方可准确适用法律条文作出公正裁判。

1.如何正确识别抗辩

正确区分抗辩与否认，可准确识别答辩观点的性质，究竟是将答辩观点置于权利发生规范的构成要件之中进行审查，或是放在对立规范的构成要件中进行查明，又或是其答辩观点并非属于同一诉讼标的构成要件，本应排除在纠纷一次性解决的边界之外。

该案关于黎某甲在二审提出郑某某赔偿损失的答辩意见。自案涉《股份转让协

议书》的签订，到郑某某向一审法院提起诉讼，案件纠纷历经近4年的时间，双方所争执的民事法律关系也并非处于被固化的某一阶段，且在郑某某为原告诉讼程序启动后，黎某甲也提起了违约赔偿之诉，该诉虽止于一审法院程序性事由的裁判观点，黎某甲在该案二审上诉时表达了程序性处理结果的不满，一并提出郑某某的违约行为导致矿山停运造成损失的答辩意见。但是，黎某甲直至该案二审庭审辩论终结，均未就此损失主张启动进一步的权利救济，亦未提出产生具有法律效果的抗辩，该答辩观点所提及郑某某违约之事实，已重复于其他抗辩之中，并涵盖于双方合同义务履行基础事实查明之内。再鉴于黎某甲在另案中提出的权利主张，未作为该案反诉请求纳入同一诉之中予以合并审理，黎某甲提出郑某某承担赔偿损失责任的答辩观点，实则超出了二审法院依职权可审查的范围，不宜在同一个案件中进行扩容审理，应排除在该案纠纷解决的边界之外。

值得一提的是，黎某甲关于损失赔偿的主张虽并非本案审查对象，但作为后续潜在的关联案件，二审法院对此进行了充分的考量，在文书中就裁判思路予以适当指引，提出当事人所主张的违约损失是否存在、数额为何，是不是与相对方的行为、该案认定的合同解除事由具有关联，以及各方行为对造成损失的作用大小如何，均应结合各具体损失主张予以查明。同时，在围绕事实认定对要件事实查明时，着重对黎某甲所称郑某某的违约抗辩，予以逐一比对审查，竭力在一案一诉中固定基础事实，尽可能减少关联案件的争议。

2. 关于隐含要件的审查分析

基于立法技术上的考虑，并非所有的法条均是完全性法条，即并非所有的法条均包括“假设 + 法律效果”的完整结构，可独立作为请求权的依据。在不完全法条中，也会出现存在一些隐含的前提条件需要通过法律补充方法加以补充，而此类实体法律规范所指的请求权，也必须建立在前一个请求权成立的基础之上。正如该案郑某某合同解除的主张，不可避免首先要完成对合同的效力这一隐含要件认定，方能推动案件进入合同解除与否以及后续损失赔偿认定的审查。

围绕合同标的转让的适法性，审查案涉合同效力。就转让大良矿粉厂的承包经营权而言，《乡村集体所有制企业条例》第18条第2款、第20条第1款规定可知，现行行政法规并未禁止集体所有制企业实行承包经营。同时，结合大良矿粉厂历年法定代表人数次变更的实际情况来看，《股份转让协议书》约定转让大良矿粉厂承包经营权以及办理法定代表人更名等内容，未违反法律、行政法规效力性强制规定，即并非合同无效的事由，且确实可实现。就大良马槽方解石矿的转让而言，《矿产资源法》

第 6 条第 1 款第 2 项对已取得采矿权证企业,对变更采矿权主体等对外转让的行为进行了限制性规定;《全国法院民商事审判工作会议纪要》第 37 条、第 38 条,以及《民法典》第 502 条,对经批准生效的合同效力和报批条款的独立性,均进行了有别于普通合同的规定。而该案大良马槽方解石矿,也确为案涉采矿权的持有主体,2019 年 3 月 22 日《股份转让协议书》项下最核心的利益凝结在采矿收益之中,但该案并未涉及采矿权持有主体的变更,即便案涉投资性权益完成让渡,采矿权持有人仍为大良马槽方解石矿,故不属于前述规定须报批才生效的合同条款。又因个人独资企业作为非独立的法人组织,企业财产实质上归投资人个人所有,可由投资人自由处分,黎某乙仅作为大良马槽方解石矿名义上的投资人,实际财产归黎某甲所有,故黎某甲、郑某某就转让大良马槽方解石矿所有权转让签署的协议内容,也不存在合同无效的事由。结合对两项转让标的的具体分析可知,2019 年 3 月 22 日《股份转让协议书》未违反法律、行政法规的强制性规定,亦无《民法典》规定的其他无效情形,应属于合法有效的合同。

(三)对诉讼主张以及相应证明资源进行主动检索,实现对特定诉讼阶段所涉诉讼价值的权重评估,择优作出选择

当事人提出了一个请求或一个抗辩后,应承担相应的举证证明责任。但当事人对法律知识掌握和举证能力参差不齐,特别是在复杂纠纷法律关系视域下,面对表象交错的合同交易安排,对请求主张提出要件事实的同时,往往掺杂着原因事实,还会出现遗漏要点的现象。若法官自己也未能厘清审判思路或对此放任不管,不仅影响案件基础事实的查明,甚至还会作出错误的裁判,此举显然与“努力让人民群众在每一个司法案件中感受到公平正义”的司法要求背道而驰。在审判实践中保持清晰的思路,积极发挥司法能动作用,对诉讼主张以及相应证明资源进行主动检索,以当事人的诉讼请求为出发点,根据权利主张和抗辩找到法律基础规范,对照法律条文的构成要件进行分解、分类和梳理,引导当事人穷尽证明资源开展诉讼证明活动,可有效避免当事人遗漏诉讼主张,快速促成争议焦点,提高诉讼效率。

回归至该案,安全生产许可证、采矿许可证有效、存续,是矿山得以正常开展采矿活动、实现合同目的的必要条件,黎某甲权利瑕疵担保责任的履行情况,必将影响郑某某合同权利的实现,也是判断是否符合“当事人一方迟延履行债务或者有其他违约行为致使不能实现合同目的”法定解除合同构成要件的关键所在。从已查明事实来看,郑某某早在 2019 年 6 月报案时,已反映案涉安全生产许可证过期的事实,但一审对此要件事实完全遗漏查明,一审法院事实查明存在缺失。对此,二审审查时发现,当事人关于安全生产许可证的证明材料,实际仅停留在有效期至 2016 年 9 月 26 日

的旧证复印件上，关于郑某某报案时的主张、黎某甲对安全许可证已完成续办的抗辩，以及大良马槽方解石矿在前述旧安全生产许可证到期后仍在较长时间内进行了实际开采等其他表象，相互混杂、矛盾，使该要件事实究竟真相如何，有待司法进一步查明。二审对查明要件的成本、相应审判效果等各要素进行综合评估，可判断在当前诉讼程序采取适当的职权干涉，主动对此要件事实予以查明的诉讼价值，远高于将案件发回一审法院重审所增加诉累负担，查明结果可直接辨别当事人在民事诉讼活动中相关陈述的真伪。

与前述要件事实相类似，黎某甲抗辩提出郑某某于2020年12月14日向融安县自然资源和规划局提交了申请书，请求暂停办理开采证，对延续办理案涉采矿权证构成违约，并就此向二审法院提交了调查取证申请。但黎某甲一方诉讼代理人持调查令至该局所调取的证据仅为前述申请书，而其证明能力与抗辩所主张的相应法律效果有相当大的差距。二审法院在此基础上主动查明前述要件事实行为，不仅是对当事人调查取证申请的回应，也是探究案件基础事实真相的需要。至于黎某甲抗辩提出郑某某向公安机关报案的行为，涉及解决民事救济途径与刑事救济途径程序事宜的需要，也是将事实认定归于裁判结果阶段需要评价郑某某行为性质及其行为后果的重要事实要件。故经衡量权重，在二审期间主动查明前述事实要件，切实缩减同一事件引起纠纷的数量，减少程序空转，体现了在同一诉中对案结事了状态的司法追求；同时，回应了当事人对探求真实、寻求矛盾真相的需求，通过二审直接做出具有既判力效果的生效判决，在保证审判质量的同时，可达到“公正与效率”目标的最佳效果。

二、在法律框架内对诉讼价值间的博弈进行权衡，为案件处理努力寻求最佳方案

民商事审判对事实进行认定后，最终归结于对要件事实逐一进行对比、归入，根据归入的结果作出适用或不适用基础法律规范的裁判结果，并将审理经过全面反映在裁判文书之中。遵循本文的法律适用方法，立足于当事人请求权，以前述明确的请求权基础规范作为审查依据，并结合相对方的答辩观点及抗辩主张，可判断本案审理的核心，是审查黎某甲的行为是否具有《民法典》第563条第1款第2项、第4项合同依法应予以解除的适用情形〔1〕。

---

〔1〕《合同法》（已失效）第94条第2项、第4项关于合同法定解除的规定，与《民法典》第563条第1款第2项、第4项一致，本文在此引用《民法典》条款阐明观点。

该案中,郑某某对纠纷处理的态度与方式,虽是双方矛盾纠纷在几年时间里一直持续,形成僵局的因素之一,其在《股份转让协议书》履约过程中,确实存在未尽到沟通、配合附随义务的违约行为。但黎某甲就办理过户的行为已先行违约,还存在仍实际控制大良马槽方解石矿并自行开采获得收益的行为,在相对方行使不安抗辩权后亦未积极消除影响并及时履行通知的附随义务,其不适当履行亦影响双方合同后续的履行,以至于引发诉讼。经综合全案事实要件分析,从生产资质看,矿山安全生产许可证在缔约前已过期,采矿证至今未获得延期,黎某甲未能保证交易标的权属状态完备无权利瑕疵(主给付义务);从经营情况看,黎某甲未实际移交大良马槽方解石矿和大良矿粉厂(主给付义务),还自行采矿获取收益;从标的物状态看,大良矿粉厂厂房已被征收,转让大良矿粉厂承包经营权的主合同义务已经失去继续履行的可能性。黎某甲的数个违约行为致使郑某某取得矿山和矿粉厂经营权的目的已落空,达到《民法典》第563条第1款第2项、第4项法定解除合同的情形,故该案据此作出解除合同的裁判,以之“破局”。

以联动纠纷解决机制在涉外领域强化“尽可能一次性解决纠纷”理念

——以南宁市某融资担保有限公司诉南宁市某投资有限责任公司等11位被告追偿权纠纷案为例

杨　钉*

【裁判要旨】

本案的特殊之处并不在于案情，而在于纠纷解决的方式运用了广西涉外民商事纠纷联动解决机制。南宁国际商事法庭在接收该案后，了解到原告与各被告之前有比较良好的商业合作基础，为此，决定首次开启诉仲调联动纠纷解决机制，由南宁国际商事法庭与广西商事调解协会通过“背靠背”的方式分别做原被告的调解工作，同时考虑到本案系涉外案件，鉴于我国是《承认及执行外国仲裁裁决公约》(《纽约公约》)的参与国，仲裁在世界大多数国家的可执行性强，为提高涉外执行率，进而引导原被告通过仲裁裁决确认和解协议。在纠纷解决的过程中，南宁国际商事法庭与广西商事调解协会的主办人通过面谈、电话、邮件等多种形式对各方当事人进行释法悉理，最终促成当事人达成了初步和解协议。同时虽然原被告都有选择由仲裁对和解协议进行确认的意向，但鉴于原告系一家国有性质的企业，选择涉外案件仲裁系其第一次尝试，不免对仲裁裁决执行效力及其一裁终局性存有疑虑，为此，南宁国际商事法庭联合中国国际经济贸易仲裁委员会广西分会人员，一同为原告上门释

* 杨钉，三级高级法官，中国—东盟自由贸易区南宁国际商事法庭副庭长，硕士学位。

法，并详细介绍了仲裁规则及法院对仲裁裁决执行的相关问题，从而让原告毫无顾虑地选择了仲裁程序。

【基本案情】

2020 年 12 月 30 日，原告南宁市某融资担保有限公司与其中一被告南宁市某投资有限责任公司签订《最高额委托担保协议》，约定原告为南宁市某投资有限责任公司与案外人在 2020 年 12 月 30 日至 2021 年 12 月 30 日签订的一个或多个《流动资金借款合同》《借款合同》等合同提供担保，担保的最高债权额为本金 5000 万元及相应利息、罚息、违约金、损害赔偿金及实现债权的费用等。同日，为保障原告在《最高额委托担保协议》项下享有的权益，该案其他的被告为此向原告提供了反担保，这其中就包括注册地为英属维尔京群岛的某投资有限公司名下 15 处房产的抵押担保。因被告南宁市某投资有限责任公司未能履行到期还款义务，案外人于 2022 年 5 月 18 日向原告发出《履行保证责任通知书》，要求原告对被告南宁市某投资有限责任公司已逾期并拖欠的利息 1,796,666.64 元直接承担保证责任，原告在收到被告南宁市某投资有限责任公司《代偿申请书》后，依约履行保证责任。经催缴，各被告均未能按时清偿上述所有债务，原告为追索本案债权，起诉至中国—东盟自由贸易区南宁国际商事法庭。

【审理结果】

在法院的引导下，当事人达成了初步和解协议，并通过仲裁裁决确认了和解协议。在诉讼调解过程中，被告在主办人的督促下已按时履行了和解协议中约定的前两笔款项。该案从法院立案至达成和解协议，再到转入仲裁程序立案进行确认历时仅两个月。

【裁判评析】

涉外民商事纠纷的处理不仅关乎“公正与效率”的永恒主题，更关乎地区经济和国家形象。该案法官用心用情，运用涉外民商事纠纷联动解决机制便捷、高效地一次性解决了纠纷，为今后该地区在涉外领域强化“尽可能一次性解决纠纷”理念提供了经验和启发。故以该案例纠纷的妥善解决为契机，对广西涉外民商事纠纷联动解决机制开展深入解析。

一、纠纷联动解决机制和“尽可能一次性解决纠纷”理念的关系

（一）纠纷联动解决机制贯彻了“尽可能一次性解决纠纷”理念

2020年起，广西壮族自治区法院在办理案件的过程中开始持续强化“尽可能一次性解决纠纷”理念，即在司法办案中，尽可能把每一个环节工作做到最好，防止本环节裁判“外溢”出新的诉讼，尽可能在一个诉讼环节实质化解矛盾纠纷，依法“一揽子”解决案件相关联的问题，避免一个诉讼衍生出多个案件。同时坚持实体公正与程序公正并重，准确把握实体公正的内在要求，用心用情办好每一起案件，实质性化解当事人的矛盾纠纷，在法律自由裁量空间内寻求最佳的办案效果，让司法裁判真正符合人民群众普遍的、朴素的正义感受。

“尽可能一次性解决纠纷”理念同样应贯彻于涉外案件的处理。但涉外案件涉及国家形象，甚至可能影响国际关系，因此仅依靠法院的审判工作，不仅司法资源疲于应付，效率和公正亦难以保障，必须通过扩展纠纷解决的渠道，挖掘更多的资源及力量，尽可能压减司法程序环节，降低案件衍生率，高效、实质地化解纠纷。

2022年中国—东盟自由贸易区南宁国际商事法庭为依法公正及时化解涉外民商事纠纷，平等保护中外当事人合法权益，营造稳定、公平、透明、便捷的法治化国际营商环境，以“尽可能一次性解决纠纷”理念为中心思想，开始尝试构建涉外民商事纠纷联动解决机制，并搭建诉讼、仲裁、调解“三位一体”有机衔接的涉外民商事纠纷联动解决平台。

（二）“尽可能一次性解决纠纷”理念指导纠纷联动解决机制的运用

“尽可能一次性解决纠纷”理念，落实到具体的工作中可以展开为3句话，即尽可能将每一个司法环节工作做到最好，尽可能依法“一揽子”解决案件相关联的问题，尽可能避免程序空转、产生衍生诉讼案件。

结合该案，该案被告较多，有被告注册地在英属维尔京群岛，是涉外案件，若按照以往“机械办案”“按程序办”，一是审理流程较长，很有可能还会经过二审程序；二是不利于维持双方当事人长期建立的合作关系；三是若当事人不履行判决确认的义务，与仲裁裁决一样需向被告注册地申请强制执行。鉴于此，法官在处理该案时，考虑到仲裁裁决的终局性及可直接在境外申请强制执行的优势，主动适用“三位一体”涉外民商事纠纷解决联动机制。先是通过引导当事人达成和解协议，再联合仲裁机构推进仲裁程序确认，历时仅两个月，在缩短办案时间的同时还压缩了纠纷解决的成本，且在后续的工作，法官并未因案件已移交给仲裁机构处理而抽身，而是积极督促当事

人按照仲裁裁决履行义务，获得了当事人的高度赞许，实现了一次性解决涉外纠纷的良好法律效果，最大限度增强人民群众对公平正义的获得感。

二、构建纠纷联动解决机制的必要性

对该案当事人来说，出于对司法裁判公信力的信任，选择直接向法院提起诉讼，但是该案能够高效解决却不仅是依靠法院的力量，而是做到了三方联动。诉讼、仲裁、调解作为多元化纠纷解决方式的一种选择，各有优势和短板，其在一次性解决纠纷的效果上可能是“1”，也可能是“0.8”。因此为在解决国际商事纠纷中达到一次性解决纠纷，实现法律、社会、政治效果的有机统一，必须要将诉讼、仲裁、调解联动起来，扬长避短，发挥最大效益。

（一）各具胜势

1. 诉讼方式的优势：在各种国际商事纠纷解决的途径中，司法诉讼是最普遍、最重要的方式之一。优势在于：第一，司法诉讼是稳定的、可预见的。法院及国际商事法庭系常设机构，审理主体相对稳定，审理的连续性可以得到保证；采用公开审判原则，裁判尺度也较为统一，利于通过裁判规则统一促进商事规则的形成，从而在国际商事领域实现规则之治与良法善治。第二，司法诉讼更为权威、公正。诉讼是建立在国家公权力之上的争端解决方式，而国家的权威支持、公正监督是其他争端解决方式所不具备的。第三，司法诉讼是争端解决的最后一道防线，在国际争端解决体系中具有最终的保障作用。对仲裁协议效力的认定、保全程序的推进、仲裁裁决和调解协议的审查和执行均需通过司法诉讼来保障和支撑，才能有效发挥作用。

2. 仲裁方式的优势：第一，以当事人意思自治为基础。国际商事仲裁是国际商事交往中不同国家当事人通过协议自愿选择将争议提交仲裁解决，由仲裁庭依据法律或依公平原则作出裁决，并约定自觉履行该项裁决所确定义务的制度。双方愿意通过协商确定仲裁解决，体现了双方的信任和友好，促进了涉外商事交往。第二，国际商事仲裁最大的特点是一裁终局。虽然在我国诉讼是解决纠纷最普遍的方式，但对于国际商事纠纷，仲裁却是最常见和受欢迎的解决方式，它兼具公平和效率，更符合优化营商环境的需求。第三，仲裁裁决在国外更具有执行力。仲裁庭就国际商事交易中的争议在一国境内作出的仲裁裁决需要到另一国家执行的情况是很普遍的，执行地国的法院承认与执行外国仲裁裁决的依据有两个：一个是执行地国的国内法；另一个是执行地国缔结或参加的双边或多边国际公约。《承认与执行外国仲裁裁决公约》自1958年实施以来在全球范围内为仲裁裁决的执行提供了保障。该公约具体规定了缔约国承认与执行外国仲裁裁决的义务，除公约规定的情况外，不得拒绝承认与执行外国仲裁裁决。《纽约公约》的修订与执行，使得国际商事仲裁在意思自治、灵活便捷、一裁终局、专业高效等方面的制度价值得到了较广泛认同。

3. 调解方式的优势：第一，调解充分尊重当事人的意思自治，自愿性更强。调解的启动及结果达成，完全依赖于当事人自己的意愿，且调解不以“判断”为基础，减少相互之间的对抗，双方当事人可在友好氛围中进行磋商，有利于促进调解结果的达成。第二，调解程序简便，效率更高。调解不同于诉讼和仲裁，在程序方面没有严格的要求，因此解决纠纷的成本较低。第三，调解具有灵活性。与诉讼、仲裁相比，调解程序具有非正式的特点，更为灵活，在调解过程可以引入有利于纠纷解决的相关人士参与，往往亦因第三方的参与，更容易达成调解结果。第四，调解的特性有利于维护商业关系。调解是最温和、友好的方式，在充分尊重各方当事人利益的基础上解决纠纷，有利于当事人后续进行友好合作。

（二）各有劣势

1. 传统诉讼方式在国际商事争端解决中，也存在明显不足：诉讼周期较长、程序复杂，容易引发衍生诉讼，跨境调查取证难、域外证据公证认证程序烦琐，灵活性相对不足，不利于促进争端双方后续合作及友好关系。此外，因涉及国际司法主权问题，涉外商事判决的执行仍是制约通过诉讼解决涉外商事争端的重大障碍之一。事实上，我国与2/3左右的“一带一路”沿线国家欠缺民商事司法协助条约，也不利于涉外商事判决的承认与执行。

2. 仲裁方式的缺陷长久以来遭受诟病。一是仲裁没有较为稳定、统一的裁判尺度。相比于诉讼的稳定性和可预见性，仲裁庭系临时设立、作出裁决后立即解散，连续性不足，因此仲裁程序在裁判尺度统一上较为薄弱，公开程度低，各仲裁庭独自裁判，难以与其他仲裁庭就裁判尺度达成一致，这也是仲裁裁决互不协调甚至冲突的根源。在以仲裁方式解决国际商事争端中，如果长期出现裁决规则不统一问题，将影响统一国际市场秩序、商事秩序的构建，即使解决了个案纷争，也难以实现规则之治。二是国际商事仲裁制度对于第三人参加诉讼未有规定。国际商事交往不可避免涉及第三方，而仲裁制度并未如诉讼程序有诉讼参加等较成熟的第三人参诉制度，在未经第三方当事人同意的情况下仲裁庭难以要求第三人参加仲裁，可能导致平行诉讼的产生，使得纠纷解决复杂化，增大纠纷解决成本，不符合“尽可能一次性解决纠纷”的司法理念。三是一裁终局在提高纠纷解决效率的同时也可能影响当事人后续救济等问题，也是其难以回避的程序短板。

3.调解方式亦有自身不足。一是公信力不强，调解结果是双方协商的结果，以双方意愿而不是法律法规为基础，对外公信力不足。二是不具备可执行力。经调解组织调解达成的和解协议如不经仲裁、诉讼程序出具相关法律文书予以确认，将无法直接申请强制执行，导致当事人反悔率居高不下。三是商事调解存在失范性。由于我国目前尚未有对商事调解的相关立法，导致商事调解员业务水平参差不齐、调解程序五花八门等。

（三）联动必要性分析

单一的纠纷解决机构，有优有劣，但联动则会获得“1+1+1>3”的效果。所谓联动解决，即三个机构不是孤立的，而是能够统一调配，相互配合，是一种高效解决涉外民商事争端的专业化、法治化、国际化的新型合作。

本案正是诉、仲、调用己所长补尔之短的典型写照。在整个案件的处理过程中，南宁国际商事法庭积极主动与调解组织一起进行各种形式的调解工作，维护了当事人之间良好的合作关系，同时联合仲裁机构一道为当事人释明仲裁“一裁终局”属性所包含的兼具公平与效率的应有之义，从而使一个原本相对烦琐的诉讼程序得以在两个月内予以圆满终结，同时又提高了和解协议经仲裁程序带来的境外执行率。简言之，南宁国际商事法庭为调解组织及仲裁机构提供了司法权威与公正底色的支撑点，调解组织及仲裁机构为南宁国际商事法庭开通了高效便捷及国际接轨的快捷道。

结合诉讼、仲裁、调解三种争议解决方式对处理本案纠纷的积极作用及涉外民商事纠纷的案件特点，构建及推行广西涉外民商事纠纷诉仲调联动纠纷解决机制，是强化“尽可能一次性解决纠纷”司法理念的应有之义，也是持续优化“一带一路”法治营商环境的必要举措。

三、联动纠纷解决机制的内容及完善路径

为了强化“尽可能一次性解决纠纷”理念，坚持实体公正与程序公正并重，南宁国际商事法庭结合工作实际，于2022年开始尝试构建广西涉外民商事纠纷诉仲调联动纠纷解决机制，并配套搭建诉仲调联动纠纷解决平台，用以解决涉外民商事纠纷。

（一）工作理念

涉外民商事纠纷诉仲调联动纠纷解决机制的实际作用为诉源治理和纠纷实质性化解，因此“公正和效率”是其绕不开的主题，同时“联动”亦是其重要关键词，故其应围绕以下4个理念开展联动工作。

1.公正合法。公平公正保障当事人依法行使自己的民事权利和诉讼权利。严格

依照《民事诉讼法》《人民调解法》《仲裁法》等法律法规开展多元解纷工作,不得损害国家利益、集体利益和第三方合法利益。

2. 规范协同。支持和规范各方力量在法治轨道上参与纠纷解决,通过规范诉讼、仲裁、调解对接程序及完善对接工作机制,吸引更多的中外当事人在诉讼之外选择调解、仲裁等非诉解决方式。强化诉讼与调解、仲裁等非诉讼方式的平台对接、机制对接、人员对接、保障对接,统一裁审尺度。依法支持仲裁国际化发展,探索部分法院判决转化仲裁裁决,进一步提高生效裁判在境外的执行率。

3. 便捷高效。各联动单位要主动协调、加强配合,根据涉外民商事纠纷的特点,灵活运用适当的解纷方式,提高纠纷化解效率,促进和保障各类解纷力量发挥更大力量,为中外当事人提供高效、便利、快捷、低成本的纠纷解决渠道。

4. 共建共享。要通过联动机制广泛凝聚多方面力量,破除各自为政、贯通不畅、衔接不顺等障碍,充分释放多元纠纷解决效能。倡导"一带一路"建设参与国的法律专家参与纠纷解决,使涉外民商事争端解决机制凸显国际化、中立化和专业化特征,为国际法治提供新型合作平台。

(二)适用范围

联动机制服务于下列民商事纠纷:(1)当事人一方或者双方是外国人、无国籍人、外国企业或者组织,当事人一方或者双方的经常居住地在中华人民共和国领域外的民商事纠纷;(2)标的物在中华人民共和国领域外的;(3)产生、变更或者消灭民事关系的法律事实发生在中华人民共和国领域外的民商事纠纷;(4)外商投资企业设立、出资、确认股东资格、分配利润、合并、分立、解散等与该企业有关的民商事纠纷;(5)当事人一方为外商独资企业的民商事纠纷;(6)其他民商事纠纷。

(三)联动工作内容

1. 平台搭建。法院与调解、仲裁相关部门联合搭建涉外民商事纠纷多元化解联动工作平台,充分汇聚调解、仲裁、诉讼等解纷力量,为涉外民商事纠纷当事人提供便捷、高效的一体化服务。依托信息技术,搭建涉外民商事纠纷联动解决线上平台,强化平台融合和业务协同,不断提高多元纠纷化解的智能化水平。逐步吸纳境内外尤其是知名的调解组织、仲裁机构进驻,为当事人提供专业的调解、仲裁、诉讼等涉外民商事纠纷矛盾化解服务。聘请精通国际法并熟练掌握本国法、具有丰富实务经验的法律专家、学者担任涉外民商事专家委员,就涉外民商事纠纷化解过程中涉专门性问题提供咨询意见,并在当事人自愿选择的基础上开展涉外民商事纠纷解决服务,为涉外民商事纠纷联动解决的线上、线下平台提供智库支持。

2. 多元分流。加强涉外民商事纠纷联动解决机制的宣传，通过编发涉外民商事纠纷联动解决指引及工作流程、分发宣传册等方式，积极引导当事人在多元解纷机制中依据自身需求，协商选择不同化解途径，对诉讼、仲裁、调解等不同入口的解纷需求，分别建立高效、便利、低成本的清晰流程，充分发挥多元解纷机制作用。

3. 调仲连接。设置诉仲调联动工作站，对可能产生涉外诉讼纠纷的主体进行宣传引导，鼓励支持相关主体选择"调解 + 仲裁"模式解决商事纠纷。调解组织与仲裁机构完善调解转仲裁的流程机制，引导当事人通过仲裁裁决的方式对调解协议进行确认。

4. 诉调对接。法院与涉调解组织的部门建立完善调解与诉讼工作对接机制，健全涉外民商事纠纷特邀调解制度，进一步明确特邀调解组织和特邀调解员的职责范围，完善特邀调解程序，推动诉前委派、诉中委托调解工作取得实效。

5. 诉仲衔接。法院与仲裁机构要强化诉讼与仲裁的机制对接，畅通诉讼与仲裁受理、保全、执行程序衔接，加强法院裁决对仲裁协议的效力的支持监督作用，同时法院对仲裁机构依法提供财产保全、证据保全等方面的司法支持。

（四）联动工作流程设想

当事人可根据需要选择诉仲调任何一个入口发起解决纠纷请求，由诉仲调平台根据机制设计好的流程协调开展联动工作。

1. 调解组织入口的工作流程

当事人选择从先从调解机构入手的，调解组织的工作一是引导协商。调解组织需积极开展宣传工作，引导当事人通过协商方式优先选择"调解 + 仲裁"模式处理涉外民商事纠纷，并根据当事人选择的纠纷处理模式进行化解。二是调解履行。调解组织受理纠纷后，经过专业调解，达成调解协议，当事人及时履行且不需要制作任何法律文书的，无须将纠纷导入仲裁机构或法院出具仲裁裁决书、调解书或进行司法确认。

若后续涉及仲裁和诉讼，联动工作内容如下：

对于需要仲裁确认的情形。经过调解组织调解达成调解协议，当事人约定分期履行或延期履行的，调解员引导当事人在调解协议中订立仲裁条款，由调解组织直接向仲裁机构移送相关材料或指导当事人向仲裁机构申请仲裁裁决，以确认调解协议约定的履行内容。

对于需要司法确认的情形。调解组织受理纠纷后，经过专业调解，达成调解协议，当事人约定分期履行或延期履行，并请求由法院对该调解协议进行确认的，纠纷当事人在调解员引导下可共同向有管辖权的法院对调解协议申请司法确认，法院可按照法律规定对调解协议内容及证据材料的真实性、合法性和确定性等进行审查，并制作相应调解书。

对于调解失败但同意仲裁的情形。调解失败的，先由调解员引导当事人达成仲裁协议条款，之后协助将纠纷交由仲裁机构处理。

对于调解失败又不同意仲裁的情形。经过专业调解，各方当事人无法达成调解协议，亦无法达成仲裁协议条款的，由调解员指导当事人准备起诉材料，将纠纷交由法院立案受理。

2. 仲裁机构入口的工作流程

当事人选择到仲裁机构仲裁的前提是协议仲裁，即当事人订立了仲裁条款或者虽未订立仲裁条款，但当协商调解失败后，经调解组织协调愿意订立仲裁条款解决其纠纷的，可以向仲裁条款约定的仲裁机构申请仲裁。仲裁机构可以通过裁决、调解的方式解决纠纷。

仲裁和诉讼的联动如下：一是纠纷进入仲裁机构后，对于需要财产保全或证据保全的，当事人向仲裁机构提交申请后，由仲裁机构将相关保全申请及材料提交有管辖权的法院制作裁定书并执行。二是进入仲裁程序后，经仲裁裁决或调解形成生效的法律文书，被申请人怠于履行仲裁生效法律文书的，仲裁机构可指导申请人向有管辖权的法院申请强制执行。

3. 法院入口的工作流程

对于由法院作为纠纷解决入口的解决纠纷请求，工作思路可按立案前后进行区别划分。

（1）立案分流

对于诉至法院的涉外民商事纠纷，法院认为属于调解范围或适宜调解的，引导当事人优先选择调解方式解决纠纷。当事人自愿选择诉前调解的，法院委派特邀调解组织或特邀调解员开展调解工作。当事人不同意调解的，法院及时登记立案，将案件转入审理程序。

（2）申请撤诉

立案前，调解员主持并促使双方当事人达成调解协议或者一方当事人当场履行义务，当事人申请撤回起诉，纠纷得以处理完毕，无须将纠纷转入法院立案处理。立案后，当事人申请撤诉的，由法院审查是否准许，并制作裁定书。

(3)出具调解书

立案前,调解员促使双方当事人达成调解协议后,双方当事人可以申请法院出具调解书,调解员协助将调解协议及相关材料移交法院立案。已经立案的,法院委托调解组织对有调解意向的案件进行调解,经调解员努力促使当事人达成调解协议后,由法院按照法律规定对调解协议内容及证据材料的真实性、合法性和确定性等进行审查,并制作相应调解书。

(4)达成调解并申请仲裁

立案前,调解员主持调解工作促使双方当事人达成调解协议,双方当事人不申请法院出具相应法律文书,但订立仲裁协议并申请仲裁的,由法院向各方当事人做好释明工作,引导当事人准备仲裁所需的证据材料,协助交由仲裁机构处理。已经立案的,法院委托调解组织对有调解意向的案件进行调解,经调解促使当事人达成调解协议并订立仲裁条款的,由法院向各方当事人做好释明工作,指导当事人提交撤诉申请书,引导当事人准备仲裁所需的证据材料,并由仲裁机构处理。

(5)调解失败但同意仲裁

各方当事人不同意调解或者无法达成调解协议,但同意由仲裁机构处理涉外民商事纠纷的,由人民法院向各方当事人做好释明工作,并指导当事人开展后续工作。对于当事人在立案前同意仲裁的,案件由仲裁机构处理;当事人在诉讼中同意仲裁并达成仲裁协议的,当事人向法院提出撤诉申请,法院依法予以准许。当事人在首次开庭前同意仲裁并达成仲裁协议的,法院可裁定驳回起诉。撤诉或裁定驳回起诉后,案件由仲裁机构处理。

(6)立案审理

调解员主持调解工作未促成当事人达成调解协议或者被起诉人拒绝调解,也不同意由仲裁机构审理的,调解员及时将案件材料移交法院依法审理。

(7)执行合力

经法院审理形成生效法律文书,败诉方未履行义务,胜诉方申请强制执行但涉及域外执行的案件,由调解员主持调解工作促使双方当事人在执行前达成执行和解协议,同时向法院如实反映案件情况。为提高纠纷化解结果在境外的执行率,法院应引导当事人就新达成的执行和解协议申请仲裁进行确认,并交由仲裁机构处理。

为提高境外执行效率,可三方联动开辟执行绿色通道,促使涉外民商事纠纷执行立案、执行查控、执行款物发放等及时完成,进一步推动调解、仲裁、审判、执行等环节首尾兼顾、前后衔接、高效运行、有机统一。

（五）完善路径

为了更好地落地涉外民商事纠纷诉仲调联动纠纷解决机制，服务诉仲调平台开展工作，在协调、监督、人才、宣传等方面还应有所完善。

1. 联动协调

法院与涉调解组织和仲裁机构的部门应当建立对接工作的联动协调机制，定期或不定期召开联席会议，加强涉外民商事纠纷联动解决机制运行动态的研判分析，充分运用大数据和实证案例，实现信息快速共享、快速通报、快速联动，充分发挥典型案例在统一裁审法律适用标准、规范裁审自由裁量尺度、服务当事人等方面的指导作用，及时总结涉外民商事纠纷联动解决机制运行的经验，不断健全和完善平台建设水平。

2. 人才培育

充分利用联动单位自身的各类涉外法律事务中心建设及联动平台，引入国内知名高校、国际知名调解组织、仲裁机构的师资力量，对参与涉外民商事纠纷联动解决机制的调解员、仲裁员、法官等进行针对性的培训。共同加强对国内外相关法律制度的研究，推动涉外高层次专业化法律人才培养和交流，打造广西涉外民商事纠纷诉仲调一体化的专业人才队伍，积极为涉外民商事纠纷多元化解决提供智库支持。

3. 宣传引导

法院与调解组织、仲裁机构应通过各种形式广泛宣传涉外民商事纠纷联动解决机制的工作措施和成效，及时总结推广联动解纷典型案例和先进经验，使境内外市场主体更多地了解其运作机制和便捷方式，不断提升广西涉外民商事纠纷联动解决方式的国际竞争力和公信力。

基于同一事实的不同法律关系可以合并审理

——以黄某与李某、中国财保公司机动车交通事故责任纠纷案为例

唐冬梅*

【裁判要旨】

机动车交通事故责任纠纷中，投保人除在保险公司投保交强险和第三者商业险外，往往还投保了“司机”险或“乘客”险。事故受害人为保证自己权益及时赔偿，可能同时起诉机动车侵权人和承保“乘客”险的保险公司。该类型案件涉及两个法律关系，即人身损害侵权关系和保险合同关系。因侵权事实和保险事实是同一事实，合并审理可减少当事人的诉累，节约诉讼成本，同时保险公司也更能充分的了解事实的经过、过错大小以及造成损失的数额等情况，充分体现“尽可能一次性解决纠纷”的理念。

【基本案情】

2022 年 1 月，原告黄某乘坐被告李某驾驶的小型普通客车由广东省顺德区返回广西壮族自治区柳州市蒙山县，行驶至 S204 省道蒙山县文圩镇坪岭高速出口路段时，因被告李某操作不当导致车辆失控开下路沟，造成原告黄某和同车人员受伤及车辆损坏的交通事故。2022 年 1 月 25 日至 3 月 14 日，原告黄某在蒙山县中医医院住院治疗。医院诊断为：

* 唐冬梅，四级法官助理，蒙山县人民法院审判管理办公室（研究室）副主任。

胸椎压缩性骨折（T12）。住院期间留陪人1名。原告黄某住院期间用去医疗费12,023.54元。2022年4月20日、6月5日，原告黄某在蒙山县中医医院门诊治疗，用去医疗费合计639.15元。2022年1月27日，蒙山县公安局交通管理大队对事故作出认定：被告李某负事故负全部责任，原告黄某无责任。另查明，被告李某驾驶属于其所有的小型普通客车，在被告中国财保公司投保有“机动车车上人员责任保险（乘客），责任限额10,000元”的商业保险，同时在被告中国财保公司投保有“驾乘人员补充意外伤害保险”的商业保险：（1）意外医疗费用补偿（每次事故免赔额100元，给付比例80%；每人保险金额10,000元）；（2）意外住院津贴（总给付日数180日，每份每日津贴给付标准50元，每次最高给付津贴日数180日，每次免赔日数3日，每人保险金额9000元），事故发生时均在保险期限内。原告黄某住院期间，被告李某与原告黄某协商由被告李某雇请陪护人员每天160元，另外补助陪护人员300元。被告李某已赔偿了原告黄某医疗费12,023.54元及其他损失8930元。

原告黄某诉请赔偿下列费用：医疗费639.15元，住院伙食补助费4800元，误工费26,777.4元，护理费9120元，以上四项共计41,336.55元。原告现请求被告中国财保公司在责任保险限额内赔偿原告因道路交通事故造成的损失费22,250元，剩下部分为19,086.55元，由被告李某负责赔偿。

【审理结果】

蒙山县人民法院于2022年9月2日作出（2022）桂0423民初724号民事判决：（1）被告中国财保公司应于本判决生效后10日内赔偿原告黄某损失费人民币14,788.15元。（2）被告财保公司应于本判决生效后10日内返还被告李某损失人民币7461.85元。本案为小额诉讼程序，一审终审。宣判后，被告中国财保公司已经主动履行给付义务。

【裁判评析】

机动车交通事故责任纠纷是侵权纠纷中较常见的案件，投保人一般除在保险公司投保交强险和第三者商业险外，往往还在保险公司投保了“司机”险和“乘客”险，在机动车交通事故中以减轻自己对被保险人承担的赔偿责任。该案中，受害人在单方的机动车交通事故受伤，造成医疗费、误工费、护理费等损失，在提起诉讼时为了保证自己的权益及时得到赔偿，同时将侵权人和承保“乘客”险的保险公司起诉至法院。该案交通事故，涉及两个法律关系，即人身损害赔偿关系和保险合同关系。这两个法律关系涉及的当事人不同,人身损害赔偿关系发生在乘客与机动车司机之间。保险合同关系发生在承保车辆责任人与保险公司之间。乘客与机动车司机之间是侵权法律关系,承保车辆责任人与保险公司之间是保险合同关系,法律关系性质不同。从审判实践来看,居于同一法律事实的两个不同法律关系的案件存在两种不同的处理观点。第一种观点认为不能合并处理。理由是受害人起诉机动车司机与保险公司,因受害人与机动车司机之间属于侵权法律关系;承保车辆责任人与保险公司之间系保险合同法律关系,是不同的法律关系,处理不同的法律关系所依据的法律不同,因此不能合并处理。第二种观点认为可以合并处理。理由是受害人与机动车司机是人身损害赔偿侵权法律关系,承保车辆责任人与保险公司是合同法律关系,两个不同法律关系,因纠纷所依据的是同一个法律事实。合同当事人是承保车辆责任人与保险公司,受害人虽不是保险合同当事人,但承保车辆责任人其投保的目的是基于合同关系减轻自己应承担的侵权责任。

该案的处理是同意第二种观点。对于该案是否应当作为一个案件受理,重点需要准确理解合并审理的适用条件。

首先,该案的起诉基于同一事实。法律事实是法律规范所规定的能够引起法律关系产生、变更或消灭的现象,可以合并审理是"基于同一事实"。合并审理是指诉的合并,诉的合并分为主观合并和客观合并两种基本种类和形态,主观合并审理在《民事诉讼法》有明确的相关规定,即原被告一方或者双方为2人以上,诉讼标的共同或者是同一种类,经当事人同意后,人民法院可以合并审理。客观合并审理最高人民法院有相关的裁判观点,即原被告相同,在同一诉讼程序中,主张两个以上的符合法院受诉条件的独立的诉,所依据的法律事实关系应具有一致性或重叠性。该案系机动车交通事故引起的侵权和合同纠纷并存,机动车司机为承保车辆责任人,保险公司可基于合同关系代为赔偿承保车辆责任人应承担的侵权责任,该案所依据的侵权事实和保险事实是同一事实。

其次,该案符合合并审理的条件。客观合并审理必须具备3个条件:一是由原告在同一诉讼程序中提出对被告主张几个诉讼标的;二是受诉的法院对合并的诉其均有管辖权;三是合并之诉须属于同一个诉讼程序。该案无论是原告黄某提起侵权之诉,抑或被告某提起保险合同之诉,审理法院均有管辖权。根据案件的标的,均适用小额诉讼程序。最高人民法院《关于印发修改后的〈民事案件案由规定〉的通知》规定:"同一诉讼中涉及两个以上的法律关系的,应当根据当事人诉争的法律关系的性质确定个案案由……"故该案根据原告的起诉确定案由为机动车交通事故责任纠纷。

在实践中，也有类似诉争法律关系涉及多个纠纷合并审理的案件，如金融借款合同纠纷案件，往往还涉及保证合同纠纷、抵押合同纠纷等多个法律关系，在处理此类案件时一般都合并审理。

最后，审理法院在受理此类案件时，认为合并审理能够全面查明案件事实，统一裁判标准，提高审判效率，减少当事人诉累，节约诉讼成本。该案的合并处理保险公司能充分的了解事实的经过、过错大小以及造成损失的数额等情况，该案的合并处理不仅减轻了侵权人的赔偿责任，还保障了受害者的利益，该案的处理充分体现“尽可能一次性解决纠纷”的理念，即对于进入司法程序的矛盾纠纷，尽可能用最少的（最好是一次）司法环节，完成矛盾纠纷化解，实现服判息诉。

尽可能一次性解决刑事执行案件涉案外人共有财产分割及衍生问题

——以黄某某追缴违法所得案为例

陈焕斌*

【裁判要旨】

人民法院刑事判决生效后，往往会同时面临追缴被告人违法所得、分割被执行人与案外人共有财产、案外人执行异议、案外共有人唯一住房丧失后保障租金等问题。为尽可能一次性解决执行衍生问题，人民法院除了追缴违法所得上缴国库，还应附解决涉案共有财产处置意见和措施；对于被执行人唯一住房被拍卖后，应结合当地房屋租赁市场水平，综合考虑共同生活的被扶养人的人数、年龄、劳动能力水平及收入情况等因素，妥当确定租房租金和租金年限等。

【基本案情】

柳州市柳江区人民法院在执行黄某某追缴违法所得案件中，因被执行人黄某某可供执行的财产不足以清偿全部债务，各债权人、案外人向该法院申请参与分配。法院现已查控被执行人黄某某的财产为被执行人黄某某与案外人李某某名下的位于柳州市桂中大道×号的不动产(不动产权证书号：柳房权证字第×××××××5号，柳房权证字第×××××××4号，建筑面积：168.18平方米)，该不动产于2021年1月22

---

* 陈焕斌，柳州市柳江区人民法院执行局副局长，二级法官。

日拍卖成交,成交价为2,614,000元。

柳州市柳江区人民法院于2020年7月29日作出(2020)桂0206刑初177号刑事判决书,其中判决:"四、被告人黄某某犯非法采矿罪……并处罚金人民币五十五万元;十四、继续追缴被告人黄某某违法所得人民币91.176万元,上缴国库。"刑事判决书附表1:查封的房产明细表中第2项,登记权属人:黄某某,房产坐落于柳州市桂中大道×号,处置意见:该房扣除其他共有人的部分,黄某某所占部分冲抵追缴违法所得及罚金,上缴国库。

被执行人黄某某与案外人李某某名下的唯一住房位于柳州市桂中大道×号,该不动产上有两笔抵押登记,第一顺位抵押权人为中国建设银行股份有限公司柳州分行,抵押登记金额为490,000元;第二顺位抵押权人为陈某,抵押登记金额为750,000元。该不动产成交后,被执行人应缴纳买受人垫付的税费为78,420元,辅助拍卖费5614元。

另查明,柳州市城中区人民法院于2019年3月18日作出(2019)桂0202民初447号民事调解书,被告李某某、黄某某于2019年6月18日前向原告陈某偿还借款780,000元及相应利息(利息计算方式:以780,000元为基数,按照月利率2%,从2018年7月22日起计至实际清偿之日止)。案件受理费6483元(原告已预交,已减半收取),由被告李某某、黄某某负担,于2019年6月18日前支付给原告陈某。该案已在柳州市城中区人民法院进入执行程序,案号为(2019)桂0202执2348号。柳州市城中区人民法院至函该案执行院参与该拍卖款的分配。

债权人中国建设银行股份有限公司柳州分行未进入诉讼程序,但已书面向该案执行院申请参与分配。

再查明,黄某某与李某某于1997年10月22日登记结婚,于2018年8月3日登记离婚。离婚协议中达成如下协议:(1)儿子黄某1由女方李某某抚养及监护,并跟随女方李某某生活。(2)婚姻关系存续期间无共同财产。(3)婚姻关系存续期间无共同债权,无共同债务。黄某某与李某某共育有一子,黄某1,男,2003年生,就读于柳州某学院(就读期间:2019年9月至2022年7月)。

债权人中国建设银行股份有限公司柳州分行认为,在扣除税费、诉讼费、拍卖辅助费等费用后,该行作为第一顺位抵押权人,应当优先受偿该行的全部债权,受偿的债权数额为146,776.13元(含本金、利息)。

债权人陈某认为,在扣除税费、诉讼费、拍卖辅助费及第一顺位优先受偿债权人的债权后,其作为第二顺位的抵押权人,应得到第二顺位的优先受偿债权,受偿的债权数额为 1,261,243 元(含本金、利息、案件受理费为 6483 元)。

案外人李某某认为,李某某应占该房屋的 70% 的份额,黄某某应占该房屋的 30% 的份额。理由为 2012 年 11 月 28 日至 2016 年 5 月 27 日,黄某某因犯非法采矿罪在监狱服刑,刑满释放后无工作和收入。2019 年 7 月 26 日,黄某某再次因非法采矿罪被刑事拘留,并于 2020 年 7 月 29 日被柳州市柳江区人民法院判处有期徒刑六年六个月。现仍在监狱服刑。此房按揭款都是由申请执行人承担支付,按揭款全部是从李某某开公司的合法收入支付,从公平合理的角度出发,李某某应当享有 70% 的产权。因该房屋是其唯一住房,在该房屋拍卖前,李某某及黄某某的父母亲、儿子黄某 1 四人均居住于此,如李某某得到该房屋分割的款项金额达不到 240,000 元,执行法院应从该房屋拍卖款中优先扣除唯一住房安置费以每个月 2500 元人民币计,优先扣除 8 年的租房费 240,000 元给李某某。

被执行人黄某某认为,该房屋是其唯一住房,在该房屋拍卖前,黄某某及其父母亲、儿子黄某 1 四人均居住于此,拍卖本案房屋后,应以每个月 2000 元人民币计,优先扣除 8 年的房租费用合计 192,000 元给黄某某的父母亲及儿子租房生活。

【审理结果】

广西壮族自治区柳州市柳江区人民法院于 2021 年 6 月 16 日作出(2020)桂 0206 执 2739 号执行财产分配方案:(1)债权人中国建设银行股份有限公司柳州分行为第一顺位受偿债权人,受偿案款 146,776.13 元;(2)债权人陈某为第二顺位受偿债权人,受偿案款 1,261,243 元(含本金、利息、案件受理费 6483 元);(3)案外人李某某分得案款 497,731.935 元;(4)安置被执行人黄某某房屋租金 120,000 元;(5)被执行人黄某某分得的案款 497,731.935 元冲抵追缴违法所得上缴国库。

执行法院生效裁判认为:对于给付房屋租金的问题,坐落于柳州市桂中大道 × 号房屋为被执行人黄某某与案外人李某某唯一住房,执行法院拍卖后,应参照当地房屋租赁市场平均租金标准从该房屋的变价款中扣除 5 年的住房安置费(租房租金)支付给被执行人黄某某。结合当地住房租赁市场情况,综合考虑以每月 2000 元的租金计算,支付 5 年的租金共计 120,000 元给被执行人黄某某。因案外人李某某获得的房屋份额分割款已超过 240,000 元,故执行法院不再支付房屋租金。对于共同财产在没有有权机关证件或生效法律文书确定份额的情况下,各共有权人原则上应均分,故该案应按照一般分割析产的原则,推定被执行人黄某某与案外人李某某对其共有的位于柳州市桂中大道 × 号的不动产各占 50% 的份额。

在参与分配执行中，执行所得价款扣除税费、执行等相关费用及被执行人房屋租金，并清偿应当优先受偿的抵押债权后分割共同共有的财产，再执行被执行人的刑事财产刑处罚。抵押权自登记时设立。同一财产向两个以上债权人抵押的，抵押权已经登记的，拍卖抵押财产所得的价款按照抵押权登记的时间先后确定清偿顺序。因债权人中国建设银行股份有限公司柳州分行、债权人陈某已先后在不动产登记部门办理了抵押权登记，故债权人中国建设银行股份有限公司柳州分行为第一顺位优先受偿权人，债权人陈某为第二顺位优先受偿权人。

在该案中，拍卖成交款2,614,000元应在扣除税费78,420元、陈某案诉讼费6483元、拍卖辅助费5614元、安置被执行人黄某某房屋租金120,000元后，由第一顺位抵押权人中国建设银行股份有限公司柳州分行优先受偿全部债权146,776.13元，再由第二顺位抵押权人陈某优先受偿全部债权1,261,243元（含本金、利息、案件受理费6483元）。余款995,463.87元作为被执行人黄某某与案外人李某某共同财产进行分割，每人分得497,731.935元。对于被执行人黄某某分得的款项执行法院依法上缴国库。

【裁判评析】

一、关于对共有财产分割析产的问题

在执行过程中，强制拍卖处置被执行人与案外人的共同财产十分常见，对于按份共有财产根据各自的份额进行处置分配，但对于共同共有财产的强制执行拍卖，在共同共有人的份额未能确定时，特别是在关于刑事裁判涉财产部分执行案件中，执行法院应如何处置，目前法律及相关司法解释尚未有明确的执行程序，对于该案的依职权分割被执行人与案外人共同共有财产的方法，无疑为今后的执行程序提供参考方向。

关于共同共有财产的分割问题。根据《民法典》第三百零三条的规定，共有人约定不得分割共有的不动产或者动产，以维持共有关系的，应当按照约定，但是共有人有重大理由需要分割的，可以请求分割；没有约定或者约定不明确的，按份共有人可以随时请求分割，共同共有人在共有的基础丧失或者有重大理由需要分割时可以请求分割。因分割造成其他共有人损害的，应当给予赔偿。第三百零四条第一款规定，共有人可以协商确定分割方式。达不成协议，共有的不动产或者动产可以分割且不会因分割减损价值的，应当对实物予以分割；难以分割或者因分割会减损价值的，应当对折价或者拍卖、变卖取得的价款予以分割。裁判中的共有物的分割方法：共有的不动产或者动产可以分割且不会因分割减损价值的，应当对实物予以分割；难以分割或者因分割会减损价值的,应当对折价或者拍卖、变卖取得的价金予以分割。[1]

二、共同共有财产分割执行的区分情形

1. 刑事裁判认定该财产为违法所得财物的情形

已经发生法律效力的人民法院刑事裁判法律文书就是人民法院的执行依据,是执行活动开启和完结的行为基础和根本目的,因此必须围绕此依据开展执行工作。若在发生法律效力的人民法院刑事裁判法律文书中已经判决或认定该财产为违法所得,依法予以追缴、上缴国库,即使该财产上登记有其他共有人,人民法院在执行中也不宜进行共有财产分割后执行,而是将此财产执行后得款全部上缴国库。案外人、共有人、其他利害关系人有异议的,应另寻法律途径救济,以强力彰显生效裁判文书的权威和充分保障执行工作的顺利进行,不能让案外人因被执行人犯罪的违法所得而获得利益。

2. 刑事裁判未认定该财产为违法所得财物的情形

对于刑事裁判未明确判决或认定该财产为违法所得财物的前提下,应先行对共有的财产进行分割后执行。例如,本文所述案件的生效裁判文书以附表方式列明执行财产,并附上处置意见:该房扣除其他共有人的部分,被告人所占部分冲抵追缴违法所得及罚金,上缴国库。再如,在执行追缴违法所得时,出现应予追缴的财产无法找到、价值灭失或者其他合法财产混合且不可分割等情形下,可以追缴被执行人的其他等值财产,如涉及合法共有财产的执行,也应先行对共有的合法财产进行分割后执行。

因该案无申请执行人无法代位提起诉讼或同意被执行人与案外人对于共同共有财产的分割协议,故该案对于共同共有财产的分割只能由人民法院依职权进行分割。对于无有权机关证明文件或生效法律文书确定份额的情况下,各共有权人原则上应均分,法院应按照一般分割析产的原则,推定被执行人与案外对其共同共有的不动产的份额均等。在该案中,房贷还款账户开设的是案外人李某某的账户,故每月是从案外人李某某的账户中扣款还贷。对于贷款的存入,李某某均已现金存入或 ATM 存入的方式存入房贷卡中,无法认定该房贷款的来源仅仅是李某某一人所有。二人在离婚时,签订的离婚协议中明确协议婚姻关系存续期间无共同财产,婚姻关系存续期间

---

[1] 最高人民法院民法典贯彻实施工作领导小组主编:《中华人民共和国民法典物权编理解与适用》(上),人民法院出版社 2020 年版,第 505 页。

无共同债权，无共同债务。离婚后至今，二人也未对该房屋进行分割析产。故应按照一般共同共有分割析产的原则，推定黄某某、李某某应各占该房屋的50%的份额为宜。

三、被执行人唯一住房经法院拍卖后，同时需要考虑租金的区分情形及租金数额

1. 执行时贯彻善意文明和一次性解决纠纷执行理念

（1）坚持善意执行理念。最高人民法院《关于在执行工作中进一步强化善意文明执行理念的意见》中要求：（1）充分认识善意文明执行重要意义。执行是公平正义最后一道防线的最后一个环节。强化善意文明执行理念，在依法保障胜诉当事人合法权益同时，最大限度减少对被执行人权益影响，实现法律效果与社会效果有机统一，是维护社会公平正义、促进社会和谐稳定的必然要求，对全面推进依法治国、推进国家治理体系和治理能力现代化具有重要意义。（2）准确把握善意文明执行精神实质。执行工作是依靠国家强制力实现胜诉裁判的重要手段。当前，被执行人规避执行、逃避执行仍是执行工作中的主要矛盾和突出问题。突出执行工作的强制性，持续加大执行力度，及时保障胜诉当事人实现合法权益，依然是执行工作的工作重心和主线。但同时要注意到，执行工作对各方当事人影响重大，人民法院在执行过程中也要强化善意文明执行理念，严格规范公正保障各方当事人合法权益；要坚持比例原则，找准双方利益平衡点，避免过度执行；要提高政治站位，着眼于党和国家发展战略全局，提升把握司法政策的能力和水平，实现依法履职与服务大局、促进发展相统一。坚持文明执行、善意执行的理念，是我国民事执行科学化和规范化的重要体现。人民法院在强制执行中，要厘清生存权与其他权利的关系地位，重视生存权的权利价值，关注生存权引发的涉民生问题，保护各方当事人的基本权利和利益，从而维护社会和谐稳定。

（2）坚持公正执行理念。公正执行是程序公正与实体公正的统一，既要以解决实体问题和实现实体公正为终极目标，又要尊重程序公正的独立价值，保障当事人等主体的程序权利。[1] 在刑事裁判涉财产部分执行案件中，要注重平等对待各方当事人、民事债权人、共有权人及案外利害关系人。依法区分合法财产和违法所得，既要不折不扣地依照生效裁判文书执行到位刑事裁判涉财产刑的刑罚，又要平等保护各

〔1〕 江必新：《执行工作的理念、政策与机制》，人民法院出版社2019年版，第12～13页。

方权利人的合法权益。

(3)坚持一次性解决纠纷理念。在执行时经常涉及被执行人及其他共有人、债权人等第三人相关权益,单一执行时常会引起其他诉讼纠纷,故要求法院在执行时应充分考虑第三人权益,尽可能做好沟通协调、法律释明、执行通知等工作,尽可能避免再次引发矛盾和纠纷诉讼,做到一次性解决本案执行和衍生纠纷。

2. 考虑给予租金的区分情形

在刑事裁判认定该财产为违法所得财物的情形下,对于在刑事裁判中认定该财产为违法所得财物时,即使该不动产为被执行人的唯一住房,该唯一住房有其所抚养、赡养之人的情形,也应不予考虑给付租金,该不动产本不属于被执行人的合法财产,其利害关系人的占有、使用、收益和处分亦无合法来源和法律依据,绝不能让案外人因被执行人犯罪的违法所得而获得利益。在刑事裁判未认定该财产为违法所得财物的情形下,对于在刑事裁判中未明确认定该财产为违法所得财物时,从善意执行理念和人道执行理念出发,保障被执行人及其抚养人、赡养人等各种主体性权利,应考虑给予租金给相关人员。

3. 关于租金数额的考量因素

从房屋变价款中扣除一部分租金,用于保障被执行人及其所扶养家属基本居住条件的,人民法院可以在强制执行该住房后,将相应租金从房屋变价款中扣除,供被执行人及其所扶养家属租房使用。扣除租金的标准有两项:一是租金水平的确定,参照当地房屋租赁市场平均租金标准;二是扣除租金的时间,即5~8年。当地是指待强制执行的被执行人房屋所在地。房屋租赁市场平均租金标准,是指一定地区范围内租房市场近期平均租金水平。对于租金标准的参考因素则在结合当地住房租赁市场情况时还应综合考虑共同生活居住被扶养人的人数及年龄等因素,适当提高租金水平,以更好地适应被执行人确需的租金以保障居住权。执行法院可在自由裁量权的范围内,适当加减被执行人租金。[1]

与被执行人共同生活居住的被扶养人,即被执行人对其有扶养义务的人,世界上一些国家将亲属间经济供养义务统称为扶养,我国法律也有类似的用法。而我国《民法典》则根据扶养权利人和义务人的辈分不同,将扶养分为扶养、赡养和抚养。同辈之间(如夫妻、兄弟姐妹)的扶养称为扶养,上辈对下辈(如父母对子女,祖父母、外祖

---

〔1〕 江必新、刘贵祥主编:《最高人民法院关于人民法院办理执行异议和复议案件若干问题规定理解与适用》,人民法院出版社2015年版,第256~257页。

父母对孙子女、外孙子女）的扶养称为抚养，下辈对上辈（如子女对父母，孙子女、外孙子女对祖父母、外祖父母）的扶养称为赡养。我国《民法典》上的这种区分主要是基于身份上的关系差异，并不表明三者之间内容的不同。因此，在理解扶养的概念时，应使用广义上的扶养概念。[1] 在考虑扶养人这一因素时，应圈定这一人群范围包括被执行人的配偶、子女（包括未成年子女、不能正常独立生活的成年子女）、父母（包括长期共同生活居住的公婆、岳父母）等，一般情况下不宜再就此扩大人群范围，以免过多损害债权人的权益。如有除以上人群之外的人，有与被执行人长期共同生活居住且其名下无住房，无被扶养人的，可以适当考虑将其纳入租金水平的范畴。除考虑人群人数以外，还应考虑人群年龄、劳动能力水平及收入情况，年事已高、劳动能力水平及收入水平较低的人群，创造生活收入价值的能力较低因此需要更多租金来维系居住生活所需房屋；反之则相反，不再赘述。在此特别强调一下，人群人数、年龄、劳动能力水平及收入情况等因素仅是考虑增减租房租金和租金年限的参考因素，并非是必然参照执行条件，参考时应多方收集素材书面证据，严格限定参考人员范畴，把握双方当事人的利益标准，从而更好地维护社会的和谐稳定。

在该案中，坐落于柳州市桂中大道×号房屋为黄某某与李某某唯一住房，执行法院拍卖后，应优先扣除多少钱的住房安置费（租房租金）给二人的小孩及黄某某的父母为宜呢？经过调查，在房屋拍卖前，黄某某的父母亲均居住于此（拍卖前入户提供有相关居住照片）。黄某某与李某某的儿子黄某1已于2021年5月年满18周岁，但现尚在学校读书，无收入来源。黄某某的父母亲及黄某某儿子三人名下均无住房。鉴于以上情况，酌定以每月2000元的租金计算，支付5年的租金共计12万元给黄某某的父母及儿子租房。

最终，执行法院综合考虑以上各种衍生情况，采取一系列措施，并多次与被执行人及案外共有人沟通，逐步落实每一环节工作，终以实现一次性解决本案执行。

---

〔1〕 江必新主编：《民事强制执行操作规程》，人民法院出版社2010年版，第66～67页。

以债权作租金承租房屋，司法拍卖后返还原物、占有的区分认定

——以冼某与刘某返还财产纠纷案为例

张权耀*

【裁判要旨】

以民间借贷的债权作为房屋租金支付的房屋所有人（出租人）和“承租人”，在司法拍卖房屋时未及时腾空物品、“承租人”向买受人主张买卖不破租赁、返还房屋占有被法院驳回，继而以无法履行房屋租赁合同为由请求返还屋内物品、设备，不属于重复起诉；“承租人”请求返还屋内财产，但不能证明争议财产属“承租人”或是房屋所有人的，人民法院从一次性解决当事人实质诉求的角度出发，通过追加房屋所有人作第三人，在查明占有事实基础上，对“承租人”主张返还财产的权利、法律关系进行释明，主动引导当事人由主张返还原物请求权变更为占有物返还请求权后，判决返还，妥善解决纠纷，避免简单驳回，导致诉讼程序空转，浪费司法资源，增添当事人诉累。

【基本案情】

2016年10月5日，黄某（出租人）与冼某（承租人）签订房屋租赁合同，约定以黄某欠冼某的借款作为租赁房屋的租金。后因黄某未履行他人的生效判决义务，该房被司法拍卖。在司法拍卖公告要求的期限内，

* 张权耀，五级法官助理，灵山县人民法院民事审判一庭。

冼某、黄某未腾空涉案房屋内物品。刘某于 2019 年 1 月 21 日竞买了涉案房屋。冼某向法院起诉主张买卖不破租赁，请求刘某履行租赁合同、归还涉案房屋给其使用。经南宁市青秀区人民法院一审、南宁市中级人民法院二审，冼某的诉讼请求被驳回。判决作出后，冼某向灵山县人民法院起诉，请求刘某返还房屋内的物品、设施设备。冼某未能提供争议物品权属的相关证据，但提交了南宁市中级人民法院审理上述案件的现场勘查笔录及其拍摄的现场物品照片和视频，该院勘查笔录主要内容：冼某陈述涉案房屋内有沙发、两台冰箱等物品属其所有，因刘某强行换锁致其无法允许取回，其存放的中药材、红酒等物品未见在涉案房屋内、其有权主张赔偿等内容；刘某的代理人陈述以上清点的物品真实存在，但冼某在拍卖期间没有主张权利、没有证据证明以上物品是其所有。第三人黄某未应诉，也未提出相关权利主张和异议。审理中，经法院对原告所主张的权利、法律关系进行释明，原告表示诉讼请求变更为要求被告返还占有物。

【审理结果】

灵山县人民法院于 2022 年 5 月 28 日作出（2022）桂 0721 民初 310 号民事判决认为：无权占有人应向权利人返还原物。原告冼某提交的法院勘验笔录、照片和视频等证据，能证明在被告刘某管控房屋内有其之前实际占有使用的部分物品，但不能证明这些物品的权属，故原告冼某无权主张返还原物请求权、要求返还争议物品的所有权。被告刘某虽系通过司法拍卖取得房屋不动产权，但是无权占有其管领、控制房屋内之前的物品，第三人黄某对原告冼志强的返还物品请求并不提出异议，也无其他人对争议物品主张权利，可以合理推定原告冼某是部分争议物品的有权占有人，原告冼某享有请求返还占有的权利。经法院释明、询问原告诉讼请求，原告冼某表示其主张变更为要求被告返还占有物。法院判决：刘某返还占有的案涉房屋内的沙发、冰箱等物品给冼某；对冼某主张返还中药材、红酒等物品因不能证明现仍存在，不予支持。该案宣判后，原、被告双方均未上诉。

【裁判评析】

以民间借贷的债权作为房屋租金支付的形式，房屋所有人（出租人）和“承租人”在司法拍卖房屋时未及时腾空物品，拍卖后“承租人”向买受人主张买卖不破租赁、返还房屋占有被法院驳回，继而以无法履行房屋租赁合同为由请求返还屋内物品、设备，由于后诉与前诉的诉讼标的以及诉讼请求不同，不属于重复起诉。

该案审理的关键在厘清物权返还请求权和占有物返还请求权法律适用的区别。前者是基于物权的绝对性、支配性、排他性而衍生出来的一种请求权，其作用主要是使物权效力得到维护，行使主体是所有权人或者依法律规定行使所有权权能的人以及他物权人。后者是基于占有事实，如租用、借用等事实，其作用仅在于恢复占有人对物的占有，维护社会稳定的秩序，并不涉及占有物的权利归属问题，行使主体为对占有物享有本权或占有权能的人。该案中，冼某所提供的法院勘验涉案房屋时制作的现场勘察笔录、现场照片和视频等证据，反映争议物品此前由刘某管领控制的事实，但不能据此证明冼某是争议物品的所有权人，即不是返还原物请求权的适格原告。对此，通常有两种处理方式：一是将当事人适格作为权利保护要件，判决驳回原告的诉讼请求；二是将当事人适格作为诉讼要件，裁定驳回原告的起诉。上述两种处理方式虽符合诉讼法理和规定，但也存在明显不足。一方面，简单驳回导致诉讼程序空转，当事人为胜诉不得不针对受让人再一次进行诉讼准备，徒增诉累，不利于一次性解决纠纷；另一方面，也浪费司法资源，增加了法院的案件负担。

人民法院坚持司法为民，必须尽可能一次性解决纠纷，满足人民正当权利的需求。从全案证据及举证责任分析：司法拍卖公告要求腾空案涉房屋，说明刘某竞买的标的物仅为房屋，并不包括屋内物品；刘某在诉讼中未答辩、未证明其对争议物品享有权利；原房屋所有人黄某对原告返还物品的请求并不提出异议，也无其他案外人对本案争议物品主张权利，而该房先前由冼某占有、管理使用，至少可以合理推定冼某是该房屋内部分争议物品的有权占有人。刘某虽系通过司法拍卖取得涉案房屋的不动产权，但是无权占有其管领、控制涉案房屋内之前冼某已经享有占有权利的物品。囿于诉讼能力，原告对返还原物请求权主体和占有物返还请求权主体认识不清，对法律程序不了解，未能以适当的方式提出诉讼请求和主张。人民法院从一次性解决当事人实质诉求的角度出发，对权属不明的返还财产类案，在查明占有事实的基础上，可以通过依法释明的方式，引导当事人由主张物权返还请求权变更为占有物返还请求权，依法判决返还占有物，妥善地解决纠纷，避免因诉讼程序空转，增添当事人诉累。

调研报告

开展"尽可能一次性解决纠纷"活动的调研报告

吴卓贤　陈楚荞*

摘要：2020年3月，广西法院开展"尽可能一次性解决纠纷"实践活动，以"两个一站式"建设工作为抓手，主动融入诉源治理大格局，低成本、高效率地化解纠纷，力争通过司法审判执行尽可能一次性解决当事人之间的纠纷。梧州市万秀区人民法院成立了以院长为组长的领导小组，各部门齐心协力，实践活动取得显著成效。基于此次实践活动，本文探讨了贯彻"尽可能一次性解决纠纷"这一司法理念的意义和方法。其中提出了四个方面的措施：一是树牢实质性解纷理念，强调要防止主观"案生案"现象，将调解贯穿于诉前、立案、审判、执行、信访等各个环节，注重提高调解质量。二是推进全流程衍生案件治理，提前介入，加强诉前分流，重视小额诉讼程序、判决书主文的可执行性。三是强化智慧支撑，建立线上调解平台、电子诉讼全流程应用平台和类案检索的标准化建设等，优化案件管理。四是强化精细化案件质量监管，加强四类案件监督管理、审判质效评估体系建设和错案责任追究等。笔者认为，贯彻落实"尽可能一次性解决纠纷"的司法理念，是司法改革、发展和优化的关键之一，可以为全面推进依法治国和建设法治社会打下坚实基础。

* 吴卓贤，三级高级法官，梧州市万秀区人民法院党组书记、院长；陈楚荞，五级法官助理，梧州市万秀区人民法院立案庭（诉讼服务中心）法官助理。

一、“尽可能一次性解决纠纷”的本质理念及实践意义

（一）本质理念

“尽可能一次性解决纠纷”理念的本质是：在办案过程中，尽可能将案件的每一个流程做到最好，防止上一个环节的工作流转到下一个环节，导致程序空转现象的出现；尽可能一次解决实质性化解矛盾纠纷，依法一次性解决案件的相关问题，避免出现衍生案件从而导致司法资源的浪费，实现案结事了。

（二）实践意义

深化社会矛盾源头治理需要“两条腿”走路，诉外，应加强诉源治理，以村组、社区等最基层自治单元为起点，健全人民调解、行政调解、行业调解等联动工作机制，推动“诉源治理”覆盖纠纷发生的所有领域，覆盖重点人群、重点行业的纠纷预防和化解。诉内，应加强诉讼案件治理，需要加强审判监督，确保一审审判充分彻底地审查事实、认定法律责任，确保案件得到实质性的解决。对于不必要的案件，应该及时化解，避免不必要的时间和资源浪费，最大限度监督不必要的案件衍生，关注案结事了，关注案件实质性化解。

开展“尽可能一次性解决纠纷”实践活动，有利于减少社会矛盾，避免纠纷的不断升级和扩散，避免社会矛盾激化，保持社会的和谐稳定。有利于减少程序空转，降低当事人诉讼成本，及时有效兑现胜诉权益，切实保护当事人合法权益，是坚持以人民为中心的生动司法实践，提升全社会对司法的信任和支持。有利于防止案件数量虚高，实现案件的源头治理、综合治理，减少程序空转带来的司法资源耗损，最大限度地实现司法资源的收益，从而提升案件处理效力和经济效益。

二、“尽可能一次性解决纠纷”实践活动的经验做法

（一）完善诉讼服务，方便人民群众诉讼

近年来，万秀区人民法院全面贯彻落实最高人民法院安排部署，在广西壮族自治区高级人民法院和梧州市中级人民法院的悉心指导下，持续推动“一站式”建设高质量发展，实现整体效能稳步提升。全力打造五星级诉讼服务中心，依托诉讼服务十大平台，全面推行网上立案、电子送达、网上保全、网上鉴定、网上信访等诉讼服务，同时，着力加强建章立制，认真贯彻落实立案登记制、网上立案、电子送达、立案标准化等各项立案及诉讼服务规定要求，并结合自身实际情况依法规范和完善各项工作流程及制度，使各项诉讼服务工作都依法高效无缝对接，切实解决了人民群众诟病的

“立案难”问题。截至2022年12月19日，万秀区人民法院网上立案1217件，占新收民商事案件的37.67%；跨域立案1件，电子送达2307件，电子送达率达72.25%；网上缴费2823件，网上缴费占应缴费案件比89.28%；这不仅使广大当事人及代理人足不出户即可在网上完成了各项诉讼事项的办理，而且大大提升了各项诉讼服务的效率。同时，万秀区人民法院在诉讼服务中心对立案、材料收转、文书送达、保全鉴定、电子卷宗扫描等服务进行分类集约管理，让人民群众在诉讼服务中心可以“一站式”办理除庭审以外的诉讼服务事项。同时，也让法官从烦琐的事务性工作中解脱出来，集中精力办理审判业务。2022年开始，万秀区人民法院作为梧州市两级法院电子卷宗数据加工及深度应用的试点法院，主要做法有：一是制定案件诉讼材料扫描管理办法，规范电子卷宗同步生成工作流程，明确全部诉讼案件电子卷宗在立案阶段由诉讼服务中心同步扫描生成；二是在诉讼服务中心设置材料收转中心，收到当事人提交的诉讼材料后，及时扫描生成电子卷宗材料，再交由智能云柜流转至业务部门；三是案件结案后相关结案文书交由诉讼服务中心扫描生成电子卷宗材料，移交电子卷宗归档。这让电子卷宗真正服务于审判执行业务，推动审判效率进一步提升、有效化解人案矛盾。2022年上半年万秀区人民法院受理案件为3438件，同比上升16.86%，结案率为77.81%，同比上升12%，未结案件763件，同比下降24.16%。

（二）深化“分调裁审”改革，优化司法资源配置

一是配备高素质审判团队，推动审判能力现代化。按照一名法官、一名法官助理、一名书记员的配备模式组建“速裁”团队，审判辅助性工作由法官助理、书记员完成，判断性事项由法官作出，各司其职、各尽其责，尽可能发掘审判团队潜能。“速裁”团队的法官2019年至2021年人均结案分别为226件、270件、425件，分别为全市法官人均结案数的1.9倍、2.03倍、2.3倍。

二是完善“速裁”工作，着力提升审判绩效。积极探索和建立完善案件繁简分流及案件“速裁”的工作标准及工作流程、制度，重大疑难案件由业务庭室专门审理，做到繁案精审；简单案件由“速裁”团队进行“速裁”，做到简案快审，明确75%以上的民商事案件在“速裁”团队分流化解。2019年至2021年，立案庭（诉讼服务中心）“速裁”团队共收案件4929件，审结4634件，调撤率39%。2019年至2021年“速裁”团队一审服判息诉率分别为90.93%、91.94%、93.67%，审判质效持续向好。

（三）推动小额诉讼程序适用，既“简”又“快”跑出司法为民“加速度”

2017年11月9日，万秀区人民法院首次适用小额诉讼程序案件，审理天数为1天。此后，万秀区人民法院通过推动小额诉讼程序的适用，既“简”又“快”地审理了

大批民事案件。据统计,2018年、2019年小额诉讼程序适用率分别为8.86%、7.31%;2020~2022年上半年小额诉讼程序适用率分别为22.92%、31.58%、56.41%。2020年、2021年常态化适用小额诉讼程序审理案件后,民事"速裁"案件平均审理天数为46天、41天,均少于2018年、2019年民事案件审理用时的47.72天、49.82天。

为了切实推动小额诉讼程序适用,推动民事审判工作实现高质量发展,提高案件质效,万秀区人民法院以2022年1月1日起施行的《民事诉讼法》对小额诉讼程序制度的修改和完善为突破口,实现审判资源优化配置,提高审判效率、节约司法资源,满足当事人高效、便捷、低成本解纷需要。经统计,截至2022年12月19日,适用小额诉讼程序审理案件1568件,小额诉讼程序案件适用率为55.13%。通过诉讼文书简化、电子送达等审判程序的优化,提高审理效率。不拘泥于传统的办案模式,如在金融纠纷案件、物业费纠纷案件中,充分利用电子送达、地址确认书等,提高送达的成功率,避免过多的案件需公告送达、程序转换。通过小额诉讼程序,大幅缩短审判时间,减轻当事人诉累,更有效率地维护公平正义,促进案结事了。

为了更好地发挥小额诉讼程序的作用,万秀区人民法院积极发挥职能作用,引导当事人使用小额诉讼程序。一是在立案大厅设置分流员。对于符合《民事诉讼法》及相关司法解释规定适用小额诉讼程序进行审理的案件,积极引导当事人适用小额诉讼程序。二是在立案阶段,积极询问当事人是否存在保全、鉴定、被告下落不明、追加当事人等不适用小额诉讼程序的因素。发现有符合法律规定可适用小额诉讼程序的案件,利用电话、微信等方式与被告联系,或通知被告到法院谈话,登记立案后移送速裁团队审理。三是在诉讼阶段,通过运用庭审录音录像替代书记员记录,提高庭审效率。小额诉讼程序案件以一次开庭审理为原则,争取一次开庭、当庭宣判、当庭送达裁判文书。四是简化法律文书,实行"要素式"裁判。针对小额诉讼案件事实、法律关系简单,争议标的额小的特点,对小额诉讼案件的裁判文书格式进行简化,对案件事实简要表述或者不作表述,重点载明事实要点、裁判基本理由、给付金额及期限等内容。五是将小额诉讼案件与多元解纷机制对接,向银行等金融机构发出司法建议,建议在签订合同时,将纠纷处理程序加入适用小额诉讼程序的内容。

(四)积极构建立体式多元化"一站式"矛盾解纷机制,让大量矛盾纠纷高效便捷地在诉前庭前解决

一是积极探索和建立完善诉前调解、案件繁简分流及案件速裁的工作标准及工作流程、制度,通过制定《梧州市万秀区人民法院关于委托调解案件管理规定》《关于

民商事案件繁简分流的实施办法》《民商事速裁工作规程》等构建"多元解纷 + 诉调对接 + 繁简分流"的模式，为深化"分调裁审"机制改革提供制度保障。

二是组建和培养一支业务素质过硬的诉前调解队伍。自 2018 年起，梧州市万秀区人民法院分别与梧州市公证处、梧州市万秀区工商业联合会、梧州银行业协会、保险行业协会等建立沟通协调机制，将各行各业的优秀人才纳入诉前调解队伍，扩大诉前调解主体。另外，加强诉前调解队伍的管理。建立特邀调解组织、调解员名册；加强对调解员的法律知识、调解技能培训，确保特邀调解员在法律框架下高效开展矛盾纠纷化解工作。截至目前，万秀区人民法院共聘请 38 名特邀调解员、3 家特邀调解组织；开展调解员培训 2 次。其中，工作表现突出的特邀调解员，被广西壮族自治区高级人民法院评为"全区金牌调解员"。

三是"创新互联网 + 人民调解 + 司法确认"模式。依托法院在线调解服务平台、行政区域的网格化管理等平台，全流程在线委派委托调解、音视频调解、在线申请司法确认调解协议等工作，打破了调解的时空限制，更加安全、高效、便民。疫情之下越来越多的当事人选择线上调解。自 2020 年以来，在线诉前调解案件 80 件，达成调解协议 80 件，申请司法确认 80 件。通过行政调解、人民调解、行业调解等非诉途径解决纠纷的案件约占万秀区人民法院民商事案件的 26%。2019 年广东某上市公司与辖区内企业签订工程协议，约定由该上市公司承建企业中心项目。工程经验收结算后，企业因疫情原因资金周转困难未能及时支付工程款。该上市公司遂于 2022 年 6 月初将起诉材料邮寄至万秀区人民法院并提出诉讼保全申请。

万秀区人民法院立案庭法官在审核起诉材料后，考虑到被告是辖区内运营正常的大型高科技企业，一旦实施诉讼保全对其银行账户实施冻结，必将影响企业后续发展和企业在银行的信用等级。同时考虑到涉案标的虽接近 2000 万元，但案件事实较为清楚，具备诉前调解的条件，本着保护企业信用、减少诉讼成本、快速高效处理出发，建议起诉人优先选择"诉前调解 + 司法确认方式"解决纠纷。经沟通协调，双方当事人共同申请纠纷所在地基层人民调解委员会进行调解，立案庭法官通过多元解纷平台实时在线参与调解指导与在线司法确认，当事人也零诉讼费支出，在双方达成握手言和的同时，企业合法权利实现最高效的被赋予法律强制执行力的司法调解协议保护，一起近两千万元工程款纠纷用时不到两天得以成功化解。

四是完善诉调对接机制，压缩诉调对接时间。对于起诉至法院的金融借款、房地产、机动车交通事故、物业合同、劳动争议等适宜调解的纠纷，由立案庭法官告知当事人调解的优势，根据当事人的意愿，委派给相应的特邀调解组织、调解员开展诉前调解。诉前达成调解协议的，依法开展司法确认调解协议工作；诉前无法达成调解协议的，无缝对接诉讼程序，依法立案，同时立案庭法官根据案件情况，进行繁简分流，快慢分道，分配给相应的“速裁”团队或者“繁案”团队。诉调无缝对接压缩了解纷用时的同时，也避免了浪费司法资源，为群众提供高效便捷的解纷渠道。

五是深入开展特色司法服务工作。万秀区人民法院诉讼服务中心作为开展与群众对接的第一窗口，深入社区群众，积极主动作为，通过派驻庭内一线资深办案法官进驻“社区法官工作室”，在日常工作之余，定期和不定期走进社区，与社区工作人员联合开展矛盾纠纷调解及法制宣传教育等工作，使社区居民群众在家门口就可得到法官的专业贴心服务。

在梧州市开展棚户区改造过程中，诉讼服务中心的法官和法官助理利用节假日、休息日时间上门为棚户区居民解释房屋确权、继承等法律问题，对仍未签订补偿安置协议书的居民进行一户一策的专门法律服务，使居民能详细了解相关法律法规，妥善处理房屋确权、继承等纠纷，积极响应棚户区改造政策，及时签订补偿安置协议。经过法官上门服务作明理释法工作，所在小组内棚户区居民先后配合项目组签订了补偿安置协议。万秀区人民法院诉讼服务中心主动作为、深入群众的特色司法服务活动，为棚户区改造工程的顺利开展提供了优质的司法服务，得到了万秀区委、区政府的充分肯定。由于万秀区人民法院对涉棚户区改造引发的纠纷提前提供法律解释服务，近年来万秀区人民法院辖区共拆迁房屋1万多户，但涉及棚户区改造的案件不足100件，既保障了被拆迁居民的合法权益，又为辖区重大项目的建设提供了良好的司法保障。

三、实践过程中遇到的问题

（一）解纷理念存在偏差，导致矛盾纠纷得不到实质性化解

实践过程中，有的法官受固有的司法观念、办案模式的影响，“尽可能一次性解决纠纷”的办案理念树立得不够牢固，有的法官对基层法院“准确查明事实、实质化解纠纷”的职能定位把握不准确，重程序正义、轻实质正义，就案办案，机械办案，比如，系统性回应当事人诉讼请求不足，回避或简单回应当事人诉讼请求，造成案结事难了。有的法官对小额诉讼程序适用不重视、不主动，对当事人引导释明不到位，造成小额诉讼程序定分止争作用发挥不充分。有的法官由于案件数量激增，办案压力增大，只关注当下案件的审限、结案率，缺乏全流程解决执行难的一盘棋思维，未考虑到判决后执行的可行性，或者在调解过程中未能抓住矛盾症结，导致调解质量低，调解案件

执行比例高。

（二）释法说理工作不到位，造成当事人对裁决结果有更大的意见

实践中，有的法官不主动、不善于、不敢于做群众工作，对当事人诉求回应不及时甚至忽视当事人的诉求，导致当事人对裁判结果产生不满。比如，有的裁判文书释法说理不到位，随着裁判文书公开的深入，如果对案件的证据分析及采纳、法律适用等方面论述不充分、不透彻，容易造成当事人不理解、不认同裁判结果。有的裁判文书没有很好地反映民众质朴的公平观认知，没有将国法、天理、人情融合在一起，导致服判息诉效果不佳。有的法官判后答疑工作不到位，对当事人的疑问跟进解释不及时，导致当事人无法通过正常的途径了解裁判依据，需要寻求更多的救济途径，由此大大增加了上诉、再审等案件的数量。

（三）审判监督不够精细，影响一审案件的质量

对“四类案件”缺乏精准识别、有效指导，“四类案件”办理质量不高，引发衍生风险。对于同一类案件，若存在法律没有明确规定的情况，每位法官由于生活阅历、知识架构的不同、认识上存在偏差，裁判尺度就会不同，从而导致“同案不同判”。对下监督指导弱化，审判委员会、专业法官会议功能发挥不充分，对发改案件缺乏常态化分析研判。法官惩戒机制不健全，对错案认定、追责制度落实不到位。对案号管理的不规范，对当事人相同的关联案件，没有实行“一号到底”，虚增案件数量。

四、建议

（一）树牢“实质性”解纷理念

推动纠纷实质性化解是法院应有之责。应坚持“一个纠纷一个案件”，坚持“尽可能一次性解决纠纷”，加大矛盾纠纷一次性解决力度，尽最大可能促进案结事了，坚决防止“衍生案”的发生。树牢“实质性解纷”大局观，教育引导法官“跳出法院看法院”，不仅要注重依法办案，还要关注社会公正，关注法理情感融合，注重法律效果、政治效果和社会效果的有机统一。强化全流程调解，将调解贯穿诉前、立案、审判、执行、信访等各个环节，充分运用调解手段实现真正意义上的纠纷解决。注重提高调解质量，尽可能当庭过付，无法当庭过付的，在调解协议中增加惩罚性赔偿条款，督促当事人主动履行，防止调解案件衍生执行案件。加强诉讼释明，做实诉讼风险提示工作，将诉讼风险提示贯穿于诉讼全过程，及时告知当事人诉讼风险、举证风险、执行风险以及滥用诉权、恶意诉讼、无理缠访闹访的法律后果，同时搭建诉讼智慧平台，通过向当事人推送类案等方式提示诉讼风险，以达到控制诉讼风险并减少二审、再审、执

行等衍生案件的效果。加强释法说理工作,将社会主义核心价值观融入裁判文书说理,建立判后答疑制度,通过人工智能类案推送平台将类似案件向当事人推送,提高裁判可信度,让当事人对裁判结果的了解更加清晰,减少因对裁判结果的模糊理解而产生的质疑和不满。

(二)推进全程全域衍生案件治理

在立案阶段,强化立案引导,加强诉讼释明,引导当事人合理表达诉求,帮助当事人了解自身的权利和义务,提高协商解决纠纷的积极性,降低案件的数量和发生率。对于可能形成批量案件的纠纷,应该提前介入,及时预警,做到早期干预、早期调解,通过诉前分流、诉讼示范等方式,避免形成影响面较大的集体诉讼案件。对于涉财产给付内容案件,应该加强对当事人的诉讼辅导,引导当事人及时申请财产保全,保障当事人的利益,同时提高裁判自动履行率,增强裁判的权威性和公信力。在审判阶段,加大释明力度,对于当事人的权利、义务、请求权基础等方面加以释明,促使当事人明确诉讼请求、准确陈述事实、充分完成举证,确保一审准确查明事实;特别是对于"事实抗辩"问题,法院应该主动向当事人释明,使当事人明确事实的证据要求,严格审核当事人的证据,避免因"事实抗辩"导致的裁判错误,确保公正、公平的审判,并促进当事人对裁判结果的认同和接受。对于群体性诉讼,善用诉讼经济制度,采取一些有力措施高效审理群体性诉讼,防止司法资源浪费。一方面,对于相同类型的群体性诉讼案件,可采用集中审理的方式,以减少资源浪费和重复工作。另一方面,法院应该加强对群体性诉讼案件的管辖、预审工作,促进纠纷的早期化解和平衡,如采取现代技术手段加速数据整理和信息分析,提高预审的效率,确保对案件事实的准确把握,以及通过审判预判,预测裁判结果,引导经济社会参与者预期改变,从而缓解集体性诉讼的社会矛盾。充分发挥小额诉讼程序一审终审、节约诉讼成本的优势,从诉前调解阶段就加大对小额诉讼程序的宣传引导力度,促进一审实质性化解案件;强化裁判的可执行性,判决书主文须"明确具体"。

(三)强化"智慧支撑"

建立全域、全局、全天候的司法互联网生态系统,充分利用互联网技术手段,提高司法服务的效率和优质度。其中,研发升级线上调解平台,将各类调解案件纳入平台管理,可以实现调解全流程信息化、可视化,提高调解的效率和准确度。同时,加快推进电子诉讼全流程应用平台建设,包括在线诉服、在线庭审、在线裁判、繁简分流4个模块,提高司法服务的效率和便捷度,增强司法公正性。在类案检索的标准化建设方面,进一步优化完善,提高检索实质运用的成效,增强司法公正性。

（四）强化“精细化”案件质量监管

强化“四类案件”监督管理，可以依托信息化手段，实现“四类案件”精准识别和有效监管。通过全面梳理和分析“四类案件”的特点和规律，建立相关的监督管理机制和数据分析平台，建立风险防范措施。充分发挥专业法官会议、审判长联席会议等“集体会诊”的功能，提高案件审理的准确度和判定结果的公正性。对于一些复杂案件，尤其是“四类案件”，应提交专业法官会议、审判委员会讨论，同时说明类案检索情况，以便更好地促进类案同判。充分发挥二审、再审审级监督指导职能，加快建设典型案例库，建立收集和集中解答疑难问题、巡回指导、发改案件评析等制度，进一步完善监督指导工作的科学化、定量化、信息化程度。加强对类型化、多发性案件审理规则的指引，规范案件改判发挥标准，并为法官提供更加清晰明确的工作指导和依据。规范案号管理，对当事人相同的关联案件，实行“一号到底”，防止案号虚增，减少因案号重复引发的衍生案件。依托全流程网上办案系统，加强对案件的网上实时监督，从现有的事后监督拓展为全程管理、动态跟踪、留痕监督，及时发现和解决案件管理问题，优化工作流程，完善案件管理制度。完善审判质效评估体系，将衍生案件的综合治理作为案件评估的重要内容，完善符合司法规律的错案责任追究等激励惩戒机制，如责任倒查、错误赔偿、先进表彰等，在实际工作中有效激励优秀法官和整治懈怠现象。

五、结语

“尽可能一次性解决纠纷”这一理念实际上可以帮助我们对案件进行更深入地思考，警醒和启发我们对案件的每个环节投入更多的关注和探究，从而减少诉讼阶段的衍生案件，同时，这也是法院系统对于自身“治己病”的一个思考，对妥善化解纠纷、有效遏制法院案件增长、破解“人案矛盾”难题有着非常大的现实意义。笔者相信，贯彻落实“尽可能一次性解决纠纷”司法理念，是推动新时代人民法院工作高质量发展的根本出路，也是助力推进审判体系和审判能力现代化的关键举措。

金融衍生案件的治理思路探究

来宾市兴宾区法院课题组*

摘要：随着我国依法治国进程的加快，我国诉讼案件与日俱增，呈现“爆炸式”增长的态势。司法案件衍生出的多个案件是案件增长背后的一部分原因，即案件经一审法院审理作出裁判后，因另行起诉、上诉、发回重审、申请再审、申请执行等原因，会再次衍生出一系列案件，为了减少案件不合理衍生，需要对一审案件进行预防化解。为妥善化解纠纷、有效遏制法院案件爆炸式增长，破解“案多人少”难题，需要通过加强衍生案件治理，将案结事了贯穿于诉讼全过程，以案件质量和服判息诉为着力点，在一审、二审、再审和立案、审判、执行、申诉等各环节一起发力、做到一体推进，尽可能使案件经过一审程序即得到实质性化解。课题组从树牢一次性解决纠纷理念、推进“全流程”金融衍生案件治理、采用“穿透式审判思维”进行审理、做好服判息诉工作等方面入手，试图探索推进金融衍生案件治理，激活案件治理内生动力，提升审判质效，推动新时代人民法院工作高质量发展。

“尽可能一次性解决纠纷”的理念是在我国诉讼案件爆炸式增长的背景下提出的，同时由于员额法官人数有限，“案多人少”时刻困扰着案件审判的质量和效率。“尽可能一次性解决纠纷”最先在新旧诉讼标的

---

* 该课题由来宾市兴宾区人民法院党组副书记、副院长覃仪晏主持，由来宾人民法庭庭长陈荣荣、来宾人民法庭副庭长黎柳君、审管办主任陈风雨、审管办副主任蒙柳明、来宾人民法庭法官助理曾玉珏共同组织实施，执笔人为曾玉珏。

论争中被提出,随后逐渐从法律意义扩展到生活的范畴。“尽可能一次性解决纠纷”理念的出现对司法审判工作提出了更高的要求和标准,法院在办案时,不能简单地就案办案,而是要俯下身子,用心倾听当事人的诉求,真正打开当事人的“心结”,[1]不仅要实现法律内的正义,又要实质性的化解纠纷和矛盾,尽可能用最少的(做好是一次)司法环节,将矛盾纠纷实质性化解。[2]

一、对比:成立金融审判中心前后,未能一次性解决纠纷的规范分析

2021 年 1 月,来宾市兴宾区人民法院来宾人民法庭作为金融类案件专业审判法庭,负责审理兴宾区辖区内的所有金融纠纷案件。2021 年来宾人民法庭共受理各类金融案件 1125 件,因担保人承担担保责任后需另行起诉主债务人追回代偿款案件 61 件,二审改判案件 8 件,发回重审案件 1 件,再审案件 2 件,申诉案件 1 件,申请强制执行案件 252 件。

来宾人民法庭于 2021 年 12 月底正式挂牌成立金融审判中心,负责审理辖区内所有金融案件。金融审判中心共组建了 3 个专业审判团队,以“多样化审判团队建设、专业化审判机制创新、常态化审判意见交流”组成的“三化”工作机制,对金融案件实行“专业化、精细化、集约化”审理,推行了全流程无纸化办案新模式,为金融案件当事人提供高效、便捷、及时、精准的诉讼服务,以科技创新为金融审判中心高质量发展增势赋能。

2022 年来宾人民法庭共受理各类金融案件 1463 件,因担保人承担担保责任后需另行起诉主债务人追回代偿款案件 95 件,二审改判案件 12 件,发回重审案件 1 件,再审案件 1 件,申诉案件 1 件,申请强制执行案件 780 件。

对比来宾人民法庭成立金融审判中心前后,金融案件增加 338 件,另行起诉案件增加 34 件,二审改判案件增加 4 件,发回重审案件持平,再审案件减少 1 件,申诉案件持平,申请强制执行案件增加 528 件。其中案件数量以及申请执行数量差距较大,分别较去年增加了30.04%、209.52%,此类案件激增不仅增加了法官办案压力,而且加剧了“案多人少”矛盾。

---

〔1〕 参见王杏飞:《案结事了的理论逻辑与实践探索》,载《山东法官培训学院学报》2021 年第 2 期。

〔2〕 参见黄海龙、潘玮璘:《“尽可能一次性解决纠纷”理念的基本内涵与实践要求》,载《中国应用法学》2022 年第 5 期。

二、症结:金融衍生案件产生原因剖析

因未能一次性解决纠纷产生了多起衍生案件,极大加重了两级法院审理案件的压力,究其原因,主要有以下几个方面。

一是没有做好案件诉源治理工作。案件进入立案阶段时,未能组织当事人双方开展"柔性"的诉前调解工作,而是直接进入"刚性"的审判程序,部分当事人存在抵触情绪,增加当事人不配合执行、上诉、申诉的风险。

二是未将关联案件一并处理,导致需要通过另行起诉处理。如在金融借款合同纠纷中,担保人承担担保责任后,需另行起诉主债务人衍生出追偿权纠纷案件,法院对追偿数额做出判决后,方能进入执行程序。

课题组从 2021 年、2022 年来宾人民法庭受理的 2588 件案件筛选出 155 件判决过的金融借款合同纠纷案件,原判决要求担保人对主债务人的借款承担连带清偿责任,而后担保人承担了担保责任之后再次到法院起诉主债务人,要求主债务人归还担保人承担的代偿款。如兴宾区法院 2018 年作出的(2018)桂 1302 民初 2985 号判决书载明,担保人需在其最高额保证担保的范围内对被告的债务承担连带清偿责任,后担保人被法院扣划 299,114.01 元用于偿还借款人的欠款,担保人承担担保责任后,借款人迟迟不归还担保人代偿款,担保人于 2022 年再次到兴宾区人民法院起诉,诉请要求借款人归还代偿款。此类案件属于从金融借款合同纠纷案件衍生出追偿权纠纷案件。

三是当事人对一审结果不满,法官在审理案件过程中根据外观主义审判思维审理案件,即仅根据表面事实审查案件,未能采用"穿透式审判思维"根据现有证据,抽丝剥茧以客观事实推断行为人主观状态,层层穿透案件事实,看清案件的本质进行审判,败诉当事人感受不到公平正义而上诉至上一级法院。[1]

2021 年、2022 年来宾人民法庭二审改判案件数为 20 件。如兴宾区人民法院 2021 年作出的(2021)桂 1302 民初 6783 号判决,当事人以一审法院对于利息的计算属于认定事实错误、判决超出诉请、判决支持原告律师费属于判决错误为由于 2022 年向上一级法院提起上诉,案件进入二审法院后维持了 3 项判决,变更了 1 项判决。此类案件属于从一审案件衍生出的二审案件。

四是因违反法定程序,导致当事人不满法院工作而上诉、申请再审后被发回重

---

〔1〕 参见刘鑫澜:《浅析"穿透式"审判思维》,山东大学 2020 年硕士学位论文。

审，徒增一审、二审法院案件数量。简言之，就是因上一个环节工作做不到位或者不规范导致案件进入下一个环节，下一个环节又不得不将案件退回至上一个环节处理瑕疵，导致一个纠纷在司法程序中反复进退，无形中增加了法院内部案件数量。[1]

2021年、2022年来宾人民法庭发回重审案件数为2件。如兴宾区人民法院2021年作出的（2022）桂1302民初4904号判决，当事人以案件违反法定程序为由上诉至上一级法院，二审法院翻阅案件发现因案件涉及9名被告，一审法院在送达应诉材料时未将材料送给其中两名被告即开庭审理案件，判决后两名当事人以未收到应诉材料违反法定程序为由提起上诉，二审法院经审理以违法法定程序为由发回一审法院重审。此类案件属于从一审案件衍生出二审案件，后再衍生出一审案件。

2021年、2022年来宾人民法庭当事人申请再审案件数为3件。如兴宾区人民法院于2017年作出的739号判决，借款人死亡后，某公积金中心以其配偶为被告提起诉讼，遗漏了其他继承人参与到诉讼中，诉讼中又追加了其第一顺位继承人的父亲参与到诉讼中，但仍遗漏作为其第一顺位继承人的母亲及女儿。案件生效后，被告以遗漏当事人以及适用法律错误为由，于2021年向一审法院申请再审，一审法院综合庭组成合议庭裁定另行组成合议庭再审。此类案件属于从一审案件衍生出再审案件。

五是服判息诉工作不到位，影响了当事人对裁判结果的认同，法官在审理案件过程中裁判文书说理不够充分，同时又忽略了做好当事人判前释法和判后答疑工作，仅就案论案，导致败诉当事人无法通过正常渠道理解裁判文书进而存在抵触情绪，存在为了争一口气而上诉、信访、申请再审等情形。在司法实践中，有的法官不善于做群众思想工作，对当事人的诉求没能及时进行回应，引发当事人不满裁判结果，仍要继续通过各种私力救济手段需求帮助。[2] 还存在部分当事人滥用诉权，只要法院没有支持个人诉请，就一定要通过穷尽各类救济途径为自己“找回公道”，造成上诉、申诉等衍生案件的产生。

六是基于法官认识的差异性，导致“同案不同判”。由于没有法律的明确规定，对同一类型案件，因法官阅历和知识结构、认知上的差异，导致同一类案件裁判尺度标准不统一，存在“同案不同判”的现象。如2023年兴宾区人民法院作出的22号、1576号两份判决书，均为借款人与被告签订贷款合同，而后被告未按时归还借款，造成违

---

〔1〕 参见黄海龙、潘玮璘：《“尽可能一次性解决纠纷”理念的基本内涵与实践要求》，载《中国应用法学》2022年第5期。

〔2〕 参见孟祥刚：《衍生案件治理的现实意义及实践路径》，载《人民法院报》2022年5月12日。

约，后借款人将其持有的借款债权及其相关从权利转让给了原告，原告起诉至兴宾区人民法院要求被告归还贷款本金及利息。22 号判决支持原告诉请的利息全部按年利率 24% 计算，1576 号判决支持原告诉请的利息分两段计算：债权未转让前诉请的利息按年利率 24% 计算，债权转让后的利息按全国银行间同业拆借中心公布的同期一年期贷款市场报价利率的 4 倍计付。

三、联系：尽可能一次性解决纠纷与加强金融衍生案件治理的关系

习近平总书记指出，坚持把非诉纠纷解决机制挺在前面，从源头上减少诉讼增量。[1] 加强金融衍生案件治理，尽可能一次性解决纠纷，是落实习近平总书记重要指示精神、促进社会治理体系和治理能力现代化的应有之义，具有非常重要的现实意义。

1. 尽可能一次性解决纠纷，加强金融衍生案件治理，是践行以人民为中心的发展思想。当事人最简单的诉讼需求是个人诉求能够得到及时回应。如果一个案件久拖不决、久执不决，甚至经过多个级别的法院进行审理、走了多个程序，即使法官的工作做得很到位，也很难得到当事人的认可。案件每衍生一次，不仅会增加当事人诉累，同时又徒增当事人对诉讼的负面情绪，影响司法公信力。加强衍生案件治理，尽可能一次解决矛盾纠纷，减少程序空转，降低当事人诉讼成本，及时为当事人兑现胜诉权益，是坚持以人民为中心的生动司法实践。[2]

2. 尽可能一次性解决纠纷，加强金融衍生案件治理，是深化社会矛盾源头治理的有力举措。习近平总书记指出，我国国情决定了我们不能成为“诉讼大国”。推动纠纷在源头化解，是法院应有之责。要把非诉讼纠纷解决机制挺在前面，推动更多法治力量向引导和疏导端用力。深化社会矛盾源头治理需要内外并举。诉外，应加强前端诉源治理，将前端治理任务交给社区、调解组织等，将更多的矛盾纠纷化解在诉前，尽可能减少不必要的诉讼；诉内，应加强末端诉讼案件治理，员额法官不能仅关注当下各自案件审限、结案率等各项指标，更要主动进行司法引导，尽可能一次性解决纠纷，最大限度地减少不合理案件的衍生。诉源治理工作讲求“治未病”的预防性、逆向性思维，既要求找到矛盾的源头，也要相应的剖析风险演化的各种因素，建立预防机

〔1〕 参见中国国际发展知识中心编著：《解码中国之治——贯彻新发展理念实践案例精选（2021）》，人民出版社 2022 年版，第 54 页。

〔2〕 参见孟祥刚：《衍生案件治理的现实意义及实践路径》，载《人民法院报》2022 年 5 月 12 日。

制,在纠纷产生前提前预防,促进基层社会治理。

3. 尽可能一次性解决纠纷,加强金融衍生案件治理,可以进一步解决人民法院内部"案多人少"矛盾。随着经济的高速发展,群众的法治意识不断提升,在全社会逐步形成了遇到问题找法院的意识,因此法院案件数量迅速增长,"案多人少"矛盾更加明显。为消解"案多"问题,在最高人民法院的统筹推进下,各地法院深入开展诉源治理以及一站式解纷服务,取得了不错的效果。但是,衍生案件带来的问题仍不容忽视。从一审到二审,从二审到再审,从审判到执行,案件每衍生一次,必定会损耗更多的司法资源,进而加重人案矛盾。尽可能一次性解决纠纷是一项长期的系统工程,需着重加强衍生案件治理工作,尽最大的可能将案件化解在前端审级、程序、环节,有利于防止案件数量虚高不下以及在不同层级中"空转",实现案件的源头治理,减少程序空转带来不必要的司法资源损耗。

四、思考:金融衍生案件的一次性解决思路探究

要做到尽可能一次性解决纠纷,必须加强金融衍生案件治理,必须将案结事了贯穿于诉讼全过程,以案件质量和服判息诉为着力点,在一审、二审、再审和立案、审判、执行、申诉等各环节一起发力、做到一体推进。

1. 树牢一次性解决纠纷的理念。法官在办案过程中要发挥主动能动司法的作用,强化案结事了观念,争取通过一次审理即实质性化解矛盾纠纷,防止"案生案"的发生。同时法院要强化与政府部门的沟通协调,强化全流程调解理念,将调解过程贯穿诉前、立案、审判、执行、信访等各环节,充分运用调解手段实质性化解纠纷。在调解过程中要注意调解质量,尽可能让双方当事人当庭履行义务,无法当庭履行的,在调解协议中增加惩罚性赔偿条款,督促当事人主动履行,防止调解案件再次衍生执行案件。将诉讼风险提示贯穿诉讼全过程,做好诉讼风险提示工作,及时告知当事人滥用诉权、恶意诉讼、虚假诉讼、缠访闹访的相应法律后果,引导当事人理性诉讼。在民事案件具有履行义务内容的判决书、调解书末尾前置执行通知内容,同时在送达裁判文书时一并推送自动履行告知书,明确告知当事人相关义务,提高生效裁判文书的自动履行率,实质兑现诉讼权益。

2. 推进"全流程"金融衍生案件治理。在立案阶段,全面深化诉源治理,牵头推动建立"党委领导、政府主导、政法委协调、法院牵头、多方参与"的矛盾纠纷多元化解大格局,探索创建"有偿付费 + 专业调解 + 诉调对接"的调解工作新模式,尽可能将更多的矛盾化解在源头。同时充分利用广西壮族自治区高级人民法院推广的金融案件多

元解纷一体化办案平台、人民法院调解平台开展诉前调解工作,实现调解、审查、司法确认全流程信息化、智能化、无纸化。建立司法确认快速通道,调解成功的案件可以直接线上申请司法确认,优化司法确认程序。

在审判阶段,要充分发挥小额诉讼程序无上诉、节约诉讼成本的优势,员额法官在办案过程中要加大对小额诉讼程序的宣传,符合要求的法院依职权适用小额诉讼程序进行审理,可协商的由当事人约定适用小额程序审理,进一步扩大小额诉讼程序适用范围;同时强化裁判文书的可执行性,裁判文书必须明确具体具有可执行内容。在执行阶段,规范终本案件管理,严格落实恢复执行案件的审批流程,最大限度从源头上减少执行案件,避免"执行复执行"的产生;同时要坚持文明执行理念,严格规范执行程序各流程节点,防止产生不规范执行行为,减少执行异议、执行信访等衍生案件产生。

3. 在认定了对于债权人起诉主债务人及担保人承担担保责任的案件中,应将追偿权写入判项中,完善裁判文书模板。同时明确对于已经生效判决确定担保人承担担保责任后可向主债务人行使追偿权的案件,无须另行起诉,可直接向该案件审理法院执行局申请强制执行,不仅可有效节省诉讼资源,缩短办案时长,而且对保护当事人合法权益方面具有极其重要的意义。

4. 在案件审理过程中采用"穿透式审判思维"进行审理。运用"穿透式审判思维"穿透法律适用、穿透法律关系、穿透法律事实,看清案件本质,作出人民能感受到的公平的判决,维护司法权威及公信力。

5. 严格根据法律规定,维护程序正义,进而实现实质正义。程序正义被视为"看得见的正义",这源于非常有名的一句法律格言:"正义不仅应得到实现,而且要以人民看得见的方式加以实现。"简单来说,就是法官在审理案件过程中不仅正确、公正裁判,符合实体法的规定和精神,而且还应当使当事人感受到判决过程的公平性和合理性。[1] 在实践中,即使裁判结果对某人不利,但是由于得到这个结果的过程或程序使个人感受到公平或正义,人们就能接受这样的裁判结果。

6. 法官要做好服判息诉工作。对于每一个案件的处理,不能止步于从形式、程序、法律上"结案",而应当将案件释法说理贯穿诉讼全流程,促进服判息诉,尽可能一次性实质化解矛盾。在立案阶段做好答疑工作,争取将矛盾纠纷化解在诉前;在审理中做好答疑工作,提升诉中调撤率;在裁判后做好答疑工作,减少上诉、申诉、申请再

---

〔1〕 参见张晓敏:《实质正义与程序正义——论法官释明权》,载《法制博览》2015 年第 2 期。

审;在执行中做好答疑工作,减少执行异议、执行复议。[1]

7. 发挥案例指导制度的作用,合理运用类案搜索功能解决"同案不同判"问题。建立事后监督机制,构建科学的、合理的、有效的追错机制,对于明显不正当的"同案不同判"现象进行追责,避免主观或非主观原因导致的非正当"同案不同判"现象出现。[2]

五、结语

为缓解人案矛盾,各地都在进行各种尝试,课题组结合审判实务实践提出了以上拙见,但是要做好金融衍生案件治理以尽可能一次性解决纠纷还有很长一段路要走。"道虽远,行则将至;事虽难,做则必成。"激发法官更大的为民情怀和司法责任感,真正践行以人民为中心的司法理念,推动新时代人民法院工作高质量发展,推进审判体系和审判能力现代化。

〔1〕 参见李光旭:《困局与破局:诉内"衍生案件"治理之路径构建》,载《法律适用》2022 年第 9 期。

〔2〕 参见胡钰彬:《民事案件"同案不同判"的法理分析及改进策略研究》,载《法制博览》2022 年第 27 期。

尽可能一次性解决纠纷的对策研究

黄灿玲*

摘要:当前的司法实践中常见一个事实多次诉讼的现象,引发了诉讼成本增加,司法资源浪费以及裁判相互矛盾等诸多问题,法院系统也一直在探索一次性解决纠纷的方式方法,但此种情况并未得到很好的改善。法院应当从当事人诉讼能力、社会法律服务水平、诉讼法律制度、法院工作等多方面分析未能一次性解决纠纷的原因,并通过加强对立案环节的审查与引导、加强诉讼释明,明确诉的性质和内容、加大调解力度、规范裁判行为,减少衍生案件发生、持续推动法律职业共同体的形成、规范反诉制度的司法构建、将同一事实进行合并审理,实现公平与效率的平衡等方法解决一个事实多次诉讼的问题,统一裁判标准,提高司法公信力,从而实现纠纷一次性解决。

一、未能一次性解决纠纷的原因分析

一个事实多次诉讼,增加了当事人的诉讼成本和诉讼难度,也影响了案件当事人合法权益的实现。对法院而言,则会造成司法资源的浪费。同时,一旦出现多起诉讼的裁判结果不一致的情况,司法裁判的可接受性和公信力必然会下降。此外,这种实质意义上的重复审理,对一事不再理原则和司法既判力也会造成一定的冲击。未能一次性解决纠纷的主要原因有如下几点。

---

* 黄灿玲,四级法官助理,凤山县人民法院审判管理办公室副主任。

(一)当事人诉讼能力方面

1. 当事人的诉讼能力相对较弱。一是当事人对实体法律体系理解不透彻。尽管经过了大量的普法宣传,但当事人的诉讼能力在当前经济社会发展阶段很难得到较大提升。特别是对实体法律制度的不全面理解,可能导致其诉求和抗辩的不合理。比如,当事人对合同法律制度理解不透彻,对物业服务纠纷中存在的房屋质量瑕疵提出抗辩;在原物已灭失的情况下,提出返还原物的诉讼请求。二是当事人文化水平不高,存在诉讼请求不明确的问题。当事人的诉讼请求表述不清,只是笼统地提出"一揽子"诉求,内容庞杂,涉及多重法律关系,要求人民法院一并解决;此外,对于前置程序、举证期限、一审与二审的关系等问题,一些当事人往往存在认识不正确的情况。

2. 当事人对诉讼请求处分不全。一些纠纷不能一次性解决的原因之一,是当事人对诉请的处分不完全。在一些诉讼中,当事人为节省诉讼时间和诉讼费、律师费,未全部提起本应一并提起的诉讼请求,如在房屋买卖合同纠纷中,甲仅起诉乙,要求确认房屋买卖合同无效,而不要求交付房屋或赔偿。

3. 当事人滥用诉讼制度。实践中也存在当事人滥用诉讼制度以达到其非正当目的的情况,部分当事人为一己之利滥用诉权,本可自行协商或调解解决纠纷,却坚持诉讼权利,浪费司法资源。

(二)社会法律服务水平方面

1. 社会法律服务水平不高。在司法实践中,一些法律服务提供者由于能力有限,给当事人设计的合同方案"自相矛盾",导致后续争议不断。在诉讼过程中,提出无关联诉求或者诉求不全面、应提反诉而未提反诉等问题,也是社会法律服务水平不高的表现。这些都导致了一些纠纷的反复诉讼。

2. 受商业利益驱使,导致社会法律服务的异化。为了追求经济利益,漠视当事人利益,一些法律服务提供者会鼓励当事人重复诉讼,这在一定程度上助长了法院案件数量的上升,同时也造成了当事人的诉累,司法资源的浪费。

(三)诉讼法律制度方面

1. 诉的主体变更制度被取消。1982 年《民事诉讼法(试行)》(已失效)第 90 条规定:起诉或者应诉的人不符合当事人条件的,人民法院应当通知符合条件的当事人参加诉讼,更换不符合条件的当事人。这一规定在之后的《民事诉讼法》修改过程中被删除,导致诉讼中发现当事人主体不适格时,只能裁定驳回,理由是没有法律制度依据,也没有解决方法。

2. 法官坚持定分止争的司法理念不够坚定。诉讼标的理论良莠不齐,司法实践举步维艰。随着司法改革的不断深入，法官的司法理念从传统的“重实体、轻程序”，慢慢转变为“重程序、轻实体”，强调诉讼程序的正当性、公正性，在一定程度上忽视了彻底解决纠纷、息事宁人的司法理念。

3.考评指标中案结事了权重不够高。在审判绩效考核指标中，法官们对结案率、程序适用率、发改率等指标的关注程度较高，而合并审理存在一定的错案审理风险。再加上地方主义的保护现象，个别法官可能会以“与本案不是同一法律关系”为由，让当事人另案起诉。比如，合同无效后的返还与赔偿纠纷，当事人仅起诉要求确认合同无效，人民法院只能就效力事项做出处理，如果被告为了表明立场，坚决不反诉赔偿，原告势必在结案后再次起诉。

4.现行立法的不足。目前，我国诉的合并制度还不够健全。一是对合并不同类型的诉没有明确规定。《民事诉讼法》只对单纯之诉的合并、不同当事人之诉的合并有明确规定，而对预备之诉和选择之诉的合并并没有明确规定。已有规定的内容也只是在形式上有所涉及，并没有对实质性问题进行明确。二是对是否合并独立诉讼没有区分。由此导致原告因同一事实或法律关系而产生的多项诉讼请求可以分别起诉，但分别提起的诉讼请求，后受理法院依法受理后却无法将案件移送给先受理的法院，所以本可以并案审理的案件却无法并案审理。

(四)法院工作方面

1.立案环节审查、引导力度不足。当事人起诉不当是“案结事不了”的一大原因，这种情况的发生，与法院现阶段的立案审查案件过多，立案庭人手不足，对案件审查和引导不够有力等原因有很大关系。在大量的裁定驳回的纠纷中，如果能够加强对立案环节的初审和引导，就能有效减少案件的主体错误、案由错误、未完成前置程序等情况，有效减少当事人诉累。

2.法官释明制度不够完善。由于审判阶段的法官对案件情况的掌握，底子更扎实，层次更深，在当事人对法律关系的性质无法作出准确判断或无法提出适当的诉讼请求时，法官可以提示案件的法律性质、诉争焦点、举证责任以及诉讼风险，指明辩论的方向，直至引导当事人变更诉讼请求等。如果承办法官能够加强对当事人诉辩过程的引导和释明，可以有效避免其中大部分问题的发生，但目前还没有明确的制度依据。

3.法官为追求结案率忽视“案结事了”要求。法官自身工作导致的“案结事不了”，有两个因素：一是对“案结事了”理解不透彻，甚至存在一些抵触情绪，如单纯就案办案，对释明和说明教育重视不够，造成后续诉讼不断；二是为了追求结案率，对比较疑难复杂的案件部分把握不准，于是选择回避，为再次诉讼留下了诱因。

4. 法官裁判尺度不一。由于法官对法律规范的理解存在个体差异,尽管法律、法规、司法解释的规定是明确的,但由于法官对其理解可能受到知识框架、个体认知能力、经验、价值评估等因素的不同,从而导致对法律规范的理解出现分歧。在审判中具体适用时,会根据自己的理解在判决中适用不同的裁判尺度,导致裁判结果的不同。如原告的利害关系、"明确的被告"、起诉的事实、证据等,在把握上存在差异。

如前所述,在法院审结后,造成实际纠纷不能一次性解决的原因比较复杂。为了最大可能地减少此类现象的发生,降低司法成本,减少当事人的诉累,根据以上分析的原因,我们应采取相应的措施。下面重点从司法审判行为的规范化、能动化和完善《民事诉讼法》具体制度两个方面展开讨论。

二、尽可能一次性解决纠纷的对策建议

在司法实践中,构建"尽可能一次性解决纠纷"机制的前提是法官能否在现行法律框架中构建能动司法,将不良因素最大限度地排除在外。作为诉讼的组织者和指挥者,法官要发挥司法能动性,运用自身的法律专业知识与技能,为当事人提供建议,引导其诉讼行为,弥补当事人诉讼能力的不足,实现社会的实质正义,推动一次性解决纠纷。具体而言,法院可以从"立、审、调、判"等方面着手。

1. 加强对立案环节的审查与引导。面对目前法院"案多人少"的情况,法院可以主动引入法律援助律师或公益律师。在立案审查阶段,由律师对原告的起诉进行初步审查,对当事人起诉不当的问题进行"纠偏"引导:(1)对于分属不同法律关系、涉及案外人利益,确不能合并处理的,告知当事人分案起诉;(2)对于不具备起诉条件、约定期限未到或应当申请仲裁、行政复议等前置程序在先的,建议当事人在起诉条件成就或者期限届满后再行起诉;(3)对未穷尽的诉讼请求,建议当事人充实自己的诉讼请求,从源头上避免不必要的重新诉讼;(4)对于起诉主体不适格、案由有误的,建议当事人进行修改。

2. 加强诉讼释明,明确诉的性质和内容。有时候当事人的诉讼请求可能存在不清晰、不完整或不确定的情形,此时,法官应正确使用释明权,通过询问、告知等方式,对诉讼请求的内容和构成进行补全,明确诉讼的性质和内容,促使当事人对法律规定有正确的理解,并有针对性地参加诉讼。同时,根据最高人民法院《关于民事诉讼证据的若干规定》,依法向当事人释明,特别是在当事人主张的法律关系的性质或民事行为的效力与法院根据案件事实作出的认定不一致的情况下,应当告知当事人可以变更诉讼请求,当事人坚持不变更的,应当尊重其程序选择权。(1)引导当事人变更

不当诉讼请求。法官应根据案件审理情况，适时、适度地向当事人解释法律关系性质或民事行为效力的其他可能性及其对案件的影响，促使当事人综合考虑不同法律的可能性后，自行决定是否变更诉讼请求，然后在坚持处分原则和法官中立性的前提下有效避免诉累。(2)引导当事人变更被告。在司法实践中，出现原告告错被告的情况较多。根据我国现行《民事诉讼法》及有关规定，原告只有在撤诉或法院裁定驳回起诉的情况下，才可以向真正的责任承担者提起诉讼。这种处理方式容易造成程序的拖延和重复，原告即使认识到自己诉讼的错误，也需要经历多次诉讼，既加重了当事人的诉累，又有悖于我国民事诉讼中便于当事人参加诉讼、便于法院审理案件的基本原则，而且与法院司法为民的职能背道而驰，不利于纠纷的一次性解决，因此，当原告出现错告的情形时，法院应依法履行释明义务，告知原告可以申请变更被告，由原告提出变更被告的申请，说明撤回对原被告的起诉，并将被告改为适格的被告。法院审查申请材料后，裁定是否准许变更。若原告不申请变更被告，法院将驳回其起诉。如法院准许原告变更被告的申请，为保障变更后被告的诉讼权利，需重新向变更后被告办理送达等手续，变更后的被告也应享有包括在答辩期内向人民法院提出管辖权异议等法律规定的全部诉讼权利。相应地，审限也应从裁定作出准许变更之日起重新计算。(3)对离婚、析产继承类案件中被告的抗辩主张，慎重处理。在司法实践中，离婚后的财产纠纷和析产继承类案件有一定的特殊性，对于其中财产分割范围与分割方法的争议，案件被告不需要以提起反诉的方式提出自己的主张，只需在抗辩中提出即可，法院将对双方提出的应当分割的财产范围进行审查后，依法进行分割。但需要指出的是，对于此类案件的文书主文，不得使用“驳回双方当事人其他诉讼请求”之类的话语。这种概括性的财产分割纠纷案件中反诉与抗辩的特殊形态，可以通过法律法规或司法解释的方式予以确认，使实践中的做法获得充分的法律依据。

3. 加大调解力度。(1)调解中着力于加大诉前调解的力度。一是打破诉前调解中对案件区域管辖的传统限制。二是在法院内部建立各庭室之间相互联动、相互支持、密切配合的互助调解网络，努力使全院干警的聪明才智得到最大限度的发挥，将有限的审判资源发挥到最大的效果。三是法院调解速裁庭在实际办案过程中，针对有的当事人年事已高且身居农村、行动不便，有的当事人怕耽误农忙时间不愿来法院应诉等特殊情况，主动与当事人所在辖区派出法庭联系，庭室间相互支持，共同商讨制定适合当事人的、行之有效的调解方案。同时，灵活运用就地调解、上门调处等多种方式有目的有重点地开展诉前调解工作。这样，既避免了当事人“跑断腿”式的抱怨，又节省了司法费用，提高了审判效率。(2)搭建调解平台，实现案件的全程调解。

一方面，调解速裁庭可以利用送达文书的时机，积极与当事人所在地的基层调委会联系，从侧面出击，了解案情，寻找矛盾点和分歧点，为下一步调解工作打下基础。另一方面，对一些双方争议较大、积怨已久、调解确有困难的案件，及时转交各相关业务庭进入审理程序，并将第一手获得的证据材料、查明的案情事实详细记录在案，做好资料交底工作，让承办法官及时了解案件、把握切入点。同时，对案件进行全程跟踪，积极配合业务庭做双方当事人的思想教育、法律疏导工作，促进当事人握手言和。

4. 规范裁判行为，减少衍生案件发生。法院对案件中当事人的诉求原则上都要一一解决，这也是"法官不得拒绝裁判"的基本要求。因此，对当事人的诉求应当以审慎分案为主，另行受理为例外，需要严格加以限制。(1)裁定驳回前，必须予以释明。司法实践中，由于部分当事人诉讼能力不足，难免会出现所提诉求有错误的情况。对此，法官应通过主动询问、调查以及释明等方式，帮助当事人明确真实诉求与真实目的，引导其选择适当的权利诉求依据，而不能单纯为了结案率，直接驳回当事人的诉求。经过释明与引导，当事人执意不改的，法院作出驳回起诉的裁定，并将释明情况在裁定书中载明。(2)判决驳回另诉的，应当审查相应材料。对于确需另案起诉的情形，当事人或案外人除提出有相应事由的主张外，还应对事实的存在承担适当的证明责任，承办法官应仔细审阅。以实践中常见的离婚纠纷中一方父母对双方诉争房屋的权利主张为例，案外人不仅需要提出诉争财产涉及其利益的事实要求，还需要提供房产证、付款凭证等一定的证据材料。需要特别指出的是，在本次诉讼中对财产是否确实涉及案外人的利益并不需要做出实体上的判断，而仅是为了确认诉争财产是否因涉及他人利益而应另诉处理，这一问题在程序法上属于事实。由于程序法上的事实具有频发性、阶段性、非终局性等特点，为防止诉讼程序的过度拖延，相对于实体上的事实证明标准，可以适当降低程序上的事实证明标准，只需进行形式审查即可。(3)要求当事人另诉的方案应当妥善可行。对于当事人的诉讼请求，法院无论是以裁定驳回或判决驳回等方式要求其另诉解决，还是建议其在做调解、撤诉工作时另诉解决，都要确保另诉解决方案合法可行。如果生效裁判驳回了当事人的诉讼请求，要求另诉的方案又难以实现，当事人极可能因感到"两头受气"而产生对法院不满的情绪。

5. 持续推动法律职业共同体的形成。尽管我国目前已经建立起较为完善的法律体系，但各个部门法的规定纷繁复杂，规范性文件也是五花八门。在深入的司法改革下，当事人难以适应这种专业化的知识结构，律师能够根据法律规定和案件事实一次性提出全部诉讼请求和抗辩意见，最大限度地保障当事人的利益，需要加强法律职业理念的培训，增强律师和法律工作者的职业精神和司法能力，使其从强调个案效果的观念转变为化解纠纷为目的的效果观念，使一次性解决纠纷的原则得到律师和法律工作者的认同和支持。在法院方面，将多个诉讼标的和案件交由一个合议庭或独任法官通过一个程序进行审理时，法官可以充分考虑纠纷和案件的因果关系、过错责任、法律适用、当事人承受能力、价值取向等因素，进而作出客观判决，使当事人最大限度的息诉服判，避免出现涉诉信访的情况。在一个诉讼程序中，能够分清是非黑白，尽可能查明案件真相，当案件的法律事实越接近客观事实时，司法判决的可接受性就会更强一些。

6. 规范反诉制度的司法构建。反诉制度是将原、被告双方相应的诉讼请求合并审理的制度，具有促进纠纷一次性解决的功能。但是，在司法实践中，立法者和司法者对反诉的适用一直持严谨、审慎的态度，如反诉需与本诉有一定的牵连关系，而司法解释对牵连关系却没有明确的界定；反诉当事人禁止向第三人扩张等方面来缩短诉讼周期，避免诉讼程序复杂化，而忽视了反诉可促进一次性解决纠纷的功能。笔者认为，我国可适度扩大反诉对象，将反诉的当事人扩大到第三人。虽然在案件中不能单独对第三人提起反诉，但可以将有利害关系的第三人和本诉原告列为反诉的共同被告，这样就能将案件合并审理，既扩大了同一程序解决纠纷的功能，实现诉讼经济最大化，又避免了司法裁判的矛盾，一次性解决纠纷；同时也需加强法官的释明义务，法官根据庭前当事人在举证期限内提交的证据材料或证据交换后形成的诉讼材料，对照相关法律规定，认为被告可以提出反诉的，应当及时向当事人告知，并告知当事人不反诉的法律后果，并将释明过程记录在案，这样能够最大限度查明案件事实，减少当事人后续诉讼的比例。

7. 将同一事实进行合并审理，实现公平与效率的平衡。在我国的诉讼实践中，当事人有时会在一份起诉状中同时提出多项分属不同法律关系的诉讼请求，而法院却被案由所限无法在一个诉讼程序中处理；或者在前一次诉讼被驳回后，原告再以不同的理由提出同样的请求。在违约请求权和侵权请求权竞合时，当事人必须在多项请求权中取舍，并对由此产生的风险承担责任。要使这些不同的诉讼尽可能的在一个诉讼程序中得到处理，使纠纷得到一次性解决，就涉及诉的客观合并制度。对同一事实进行合并审理，有以下几个优点：(1) 平等性。有助于法官在诉讼过程中给予各方当事人平等参与的机会，对当事人的主张，意见和证据等给予充分的尊重和关注。(2)参与性。有助于从制度上有效保障当事人的程序参与权，带来审判结果的公正性。(3)统一性。有助于使法律能够平等、公平、公正的适用于每一个当事人。(4)公开性。将当事人置于同一审判庭下进行审判，更有利于阳光司法的体现，避免因分开审理而引起的诉讼当事人只对本诉知情，对其他与自己有密切联系的诉讼情形不知情。

以“尽可能一次性解决纠纷”理念审理西部农村地区婚姻家庭纠纷案

王支芳　何孔清*

摘要:西部农村地区婚姻家庭案件逐年递增,激发大量社会矛盾,影响我国长治久安。岑溪市人民法院在审理这类案件中发现以下特点:案件类型由单一化转向多元化;未成年人处置问题影响深远;部分法官自身能力不足未能实现法律与道德相统一。近年来,岑溪市人民法院打造专门化的婚姻家庭纠纷案件审理团队,注重从最有利于未成年人成长角度审理案件,尽可能一次性解决财产分割问题,注重采取不同方式处理涉婚内出轨案件。笔者以岑溪市4个派出法庭于2018年至2022年的2400件案件为调研样本,探讨如何以“尽可能一次性解决纠纷”理念破解西部农村地区婚姻家庭问题。

一、西部农村地区婚姻家庭纠纷背景分析

(一)婚姻家庭纠纷案件审理存在困境

1. 案多人少压缩裁判说理时间。岑溪市人民法院派出法庭在5年内年受理案件及婚姻家庭纠纷案件逐年增多,2022年受理案件1559件,2018年受理案件667件,两者相比递增了133.73%,2022年的婚姻家庭纠纷案件为691件,比2018年增加了290件,但是员额法官数量在5年的时间里基本保持为8位,2022年因“小林家事工作室”成立才增加1

* 王支芳,岑溪市人民法院现任审管办(研究室)副主任;何孔清,岑溪市人民法院任法官助理。

员，员额法官也从 2018 年平均年受理案件 83 件增加到 2022 年的 173 件。案件急速的增多，工作时间相对固定，那么审理每件案件的时间就自然变少，留给婚姻家庭纠纷案件审理的时间也相应会缩短。

2. 繁杂事务隐形消耗法官裁判说理的精力。审理每件婚姻家庭纠纷案件由庭前阅卷、审查案件；庭前材料准备；送达材料；管辖权异议；开庭审理；合议庭评议案件；组织双方进行协商调解；裁判文书撰写；文书送达等十几个审理流程控制节点构成。除了案件节点耗费时间，还存在其他隐形占据宝贵审理时间的因素，如当事人申请和解、涉案被告下落不明时需要公告送达、鉴定评估等也会消耗大量的人力物力。岑溪市人民法院派出法庭审理婚姻家庭纠纷案件时间分配比例从图 1 可见。尤其是离婚纠纷中涉及未成年人抚养等问题的案件，庭前调解更是必要的前置程序，必要的时候法官甚至会走访居民委员会或者村委会、亲朋好友等了解哪一方当事人对未成年人成长、教育及抚养等更为有利，这些都是隐形消耗法官精力因素，压缩着婚姻家庭纠纷案件审理时间，而尽可能一次性解决纠纷的婚姻家庭纠纷案件的前提正是需要法官投入大量的精力和时间去调解化解当事人之间存在的矛盾。

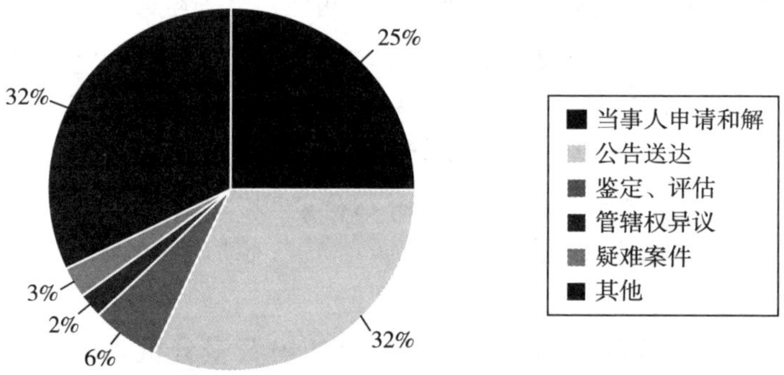

图 1 岑溪市人民法院派出法庭审理婚姻家庭纠纷案件时间分配比例

（二）婚姻家庭纠纷类型大部分案件涉及未成年人抚养问题

未成年人对于社会来说是一个特殊的群体，他们的年龄段横跨刚出生的婴儿至 18 岁，在生理和心理发育方面各不相同，他们既有少年奋发向上的朝气，又具备未褪去的稚嫩，相当于处于人生十字路口，进一步可能阳光明媚，退一步可能万丈深渊。“人之初，性本善”，未成年人在其最初阶段养成的良好的法律意识和行为习惯，对其生活学习、工作习惯等影响极大。2018 ~2022 年婚姻家庭纠纷类型统计如图 2 所示。

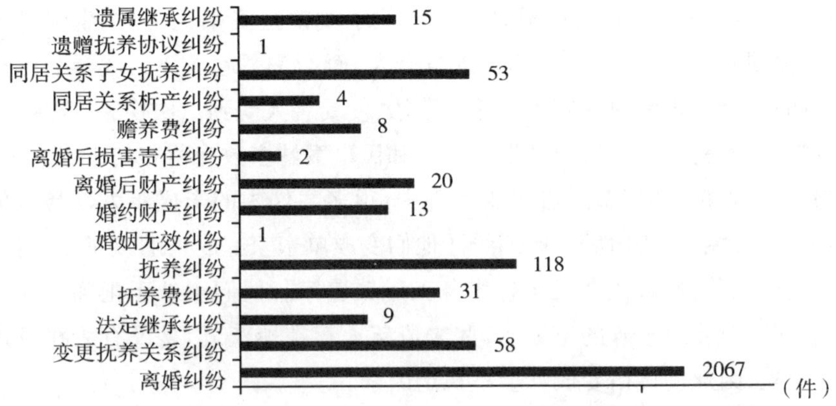

图 2　2018～2022 年婚姻家庭纠纷类型统计

5 年内的婚姻家庭纠纷类型的案件中离婚纠纷 2067 件、抚养纠纷 118 件、变更抚养关系纠纷 58 件、同居关系子女抚养纠纷 53 件、抚养费纠纷 31 件，合计 2327 件，占婚姻家庭纠纷案件的 96.96%。而这五类案件大多数涉及未成年人由谁抚养及抚养费用如何承担等问题。因为西部农村地区大部分未成年人不是留在家里作为留守儿童，就是去乡镇学校学习，他们所处的环境决定了他们很难接受到法律教育的熏陶。受限于成长的环境，西部地区未成年人对婚姻家庭纠纷案件与自身的关联性缺少足够的认识，对婚姻家庭纠纷案件中处置他们去留的问题缺乏认同感和亲和感。

（三）婚姻家庭纠纷中涉及未成年人刑事、民事案件情况

如图 3 所示，岑溪市派遣法庭受理的婚姻家庭纠纷案件逐年上升，婚姻家庭纠纷中涉及未成年人的民事案件从 2018 年的 311 件增加到 2022 年的 629 件，平均每年递增 63.6 件。民事案件主要类型以离婚纠纷、同居关系子女抚养问题为主，其他的类型有抚养费纠纷、抚养权纠纷等。西部农村地区涉及婚姻家庭纠纷案件对未成年人影响尤其重要，关系到他们以后对生活、学习及工作等的态度，甚至影响他们的人生轨迹。

婚姻家庭纠纷中涉及未成年人的刑事案件从 2018 年的 37 件增加到 2021 年的 54 件，每年都呈小幅增长，到 2022 年下降到 39 件。刑事案件主要类型以盗窃、抢劫、强奸为主，其他的类型有寻衅滋事、故意伤害等。根据网络统计强奸被害发生分布在农村、县镇、市区、城乡接合部 4 个区域，其比例依次是：农村占 41.6%、县镇占 28.2%、市区占 18.8%、城乡接合部占 8.1%。[1] 其中未成年人强奸案件高发地区是

〔1〕 参见刘守芬、申柳华：《强奸案件的加害与被害——71 个强奸案例的法律实证分析》，载《犯罪研究》2004 年第 4 期。

西部农村地区,但是实际上农村报案率远远低于城镇报案率,农村发生强奸案件之后,受害人家属觉得丢人,大部分选择息事宁人,而不是举起法律的武器去维护受害人,甚至有时候会出现针对受害人的流言蜚语,使受害人受到二次伤害。根据历年的统计,涉及西部农村地区未成年的刑事案件和民事案件多数为留守的未成年人,在未成年人为一方当事人的刑事或者民事案件中,很多案件中的未成年人都与其他婚姻家庭纠纷案件有关,因为婚姻家庭纠纷让他们变成单亲家庭成长的孩子,平时由爷爷或者奶奶隔代抚养,母亲或者父亲外出务工赚钱养家。他们正处于正确三观形成的重要时期,却面对支离破碎的家庭,有些未成年人存在迷茫,但是没有人在身边引导他们走上正轨,因此慢慢衍变成社会不稳定因素。

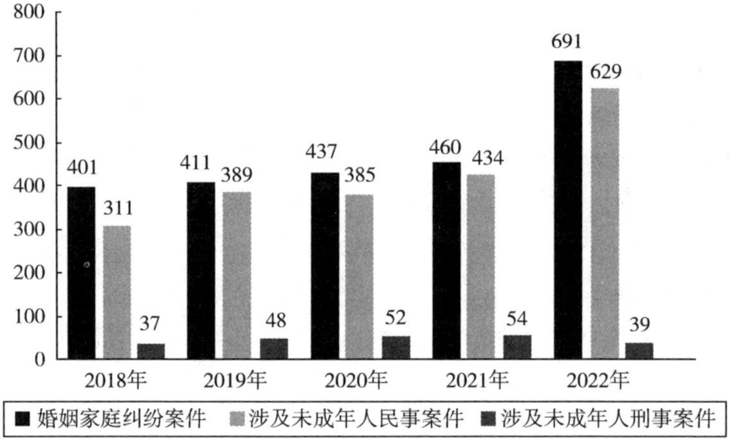

图 3　2018～2022 年涉及婚姻家庭纠纷案件中未成年人的刑事及民事案件统计

（四）婚姻家庭纠纷财产分割复杂性问题

审理婚姻家庭纠纷案件,必然会涉及夫妻双方婚前财产、子女财产、其他家庭成员的财产等处理问题。在婚姻家庭纠纷案件中,双方当事人矛盾主要聚焦在财产分割这一方面,财产处理问题很大程度上是尽可能一次性解决纠纷的关键点。现实中,此类案件在审理过程中争议很大,很多当事人为了多分一些财产几乎撕破脸面,尤其离婚案件更是见证了人性百态。

1. 共同财产定性困难问题。夫妻双方婚前财产、子女财产、其他家庭成员的财产等都不属于夫妻共同财产的范围,不能与夫妻共同财产混为一谈。但在现实生活中,往往对夫妻共同财产存在模糊认识,对此需做具体分析。比如:夫妻双方在离婚时对于某项财产,一方说是他婚前个人财产,应归他个人所有,而另一方则说是婚后夫妻共同财产,应归双方共同所有。为此各持已见,争执不下,无法达成协议。

2. 财产属性变化后如何分割问题。该项财产属一方婚前财产无争论,但婚后另一方或双方对它进行了改建或修缮,那么该项财产是否仍然属一方婚前财产呢?例如,一方当事人婚前居住场所为一层的破烂房屋,婚后另一方或双方共同将原居住的破烂房屋改建成了三层的别墅,房屋价值相比原来的已经升值数十倍,因构造变化,登记房屋所有权也随之更改。这种情况应该认定由原来一方的婚前个人财产转化为婚后双方的夫妻共同财产。

3. 财产损耗问题。比如一方的婚前财产是不易损耗的经久耐用品(如家具),而另一方的婚前财产却是容易损耗的日常生活用品,使用一段时间后就破损了(如被褥等细软物品)。离婚时经久耐用的财物完好无缺的存在,而易损耗的物品已失去了使用价值或已完全消耗完了。在这种情况下,如按婚前财产归各人所有的原则处理,易耗物品一方必然会因"吃亏了"而提出异议,或要求对方返还原物。

4. 关于彩礼、婚礼的财产分割问题。双方当事人为结婚筹办了财物,支付丰厚的彩礼后,领取了结婚证,但尚未同居生活,因某种原因而双方离婚。在这种情况下,一般来讲,男女双方共同出资筹办的财产,按共同财产分割;确实属一方置办的财产,归一方所有;分不清的财产视为夫妻共同财产,结婚之时受礼的财产一般也作为夫妻共同财产。

(五)婚内出轨占婚姻家庭纠纷案件比例呈增长趋势

如图 4 所示,从 2018 年至 2022 年,岑溪市 4 个派遣法庭离婚纠纷案件从 355 件增长到 581 件,其中因为婚内出轨作为感情破裂理由提起诉讼的案件也从 42 件增长到 114 件。

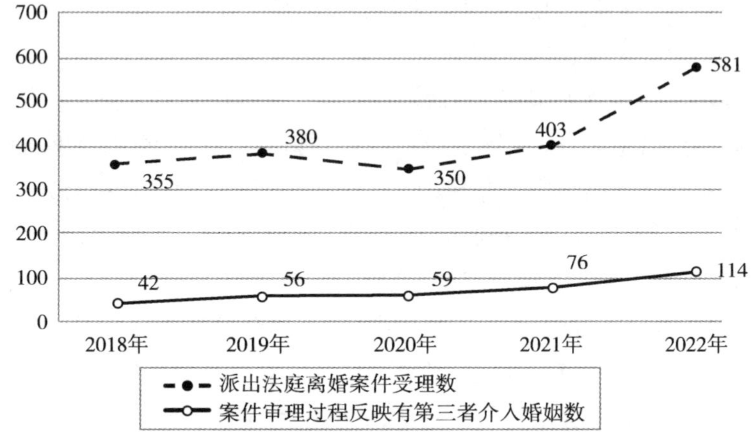

图 4　2018 ~ 2022 年离婚案件受理数与审理过程中反映有第三者介入的案件数对比

当前在离婚案件中，夫妻感情本来很好，因有第三者插足而引起的离婚案件占一定数量，部分案件当事人虽没有确凿的证据，但是据当事人在案件审理过程中的陈述，该原因所导致的离婚案件呈逐年递增的趋势。究其原因主要有：(1)缺乏婚姻家庭责任心。有些人受资产阶级自由化思想严重腐蚀，喜新厌旧，见异思迁。(2)婚内出轨承受的法律成本低。由于《刑法》中没有关于通奸罪的规定，主要是在《民法典》中有相关规定，例如，《民法典》第一千零九十一条规定，因一方重大过错导致离婚的，无过错方有权请求损害赔偿。然而法律对赔偿金额并没有详细的规定。当事人出轨主要受到社会道德、舆论的谴责为主，这也造成了部分当事人恣意妄为。(3)社会价值观多元化。网络传播导向出现问题，部分短视频在公然赞扬、袒护与第三者有不正当关系的人及其行为，使这些人受到怂恿。因此，有些人不顾同甘共苦多年的恩爱夫妻感情，不顾子女利益，不顾社会影响，为了追求所谓"真正的爱情"，什么缺德和伤天害理的事情都干得出来，极个别的甚至行凶杀人，杀害未成年子女的事件也时有发生。为了发扬社会主义精神文明和新的道德风尚，维护社会主义婚姻家庭，必须正确处理有第三者插足的离婚案件。

二、针对现存问题采取的措施

(一)打造专业化、品牌化的婚姻家庭纠纷案件审理团队

自从2021年岑溪市人民法院创建示范法庭以来，为了尽可能一次性解决纠纷，处理婚姻家庭纠纷案件，不断选取勇于担当、能力出众的干警到法庭充实力量，增派了全区"金牌调解能手"傅法官到某法庭打造家事审判特色，选派资深审判员、优秀老党员组成"党员红"审判团队到某法庭开展诉源治理，现该法庭配备员额法官3人、法官助理2人、书记员3人、法警2人。

1. 组建以全区"金牌调解能手"命名的"小林家事审判工作室"。该家事审判工作室以家为主题，以温暖、温馨为主基调，以和与情为主旋律，根据婚姻家庭纠纷的特点，采用类似家庭客厅的装饰和布置，营造轻松和谐的环境。柔和的灯光、暖心的氛围、舒适的沙发，给人带来温馨舒服的感觉。让家事审判有了"家的温度"，让人民群众感受到司法的温情关怀。构建"法庭主导、部门参与、诉调衔接"工作机制，与妇联、公安、司法、民政等职能部门协调联动，编撰《婚姻家事法律指导手册》，形成了矛盾纠纷联调、联处、联动的"法庭+N"多元解纷机制，成立后有效一次性化解家事纠纷、邻里纠纷256件，不仅大大提高了司法效率，更促进家和万事兴。

2. 组建"'党员红'解纷工作室"。2022年岑溪市人民法院四个派出法庭，发挥党

员先锋模范作用,巩固"多元双网"解纷成果,实现把不稳定因素化解在镇村一线,从源头上减少矛盾纠纷产生。利用多元"双网"解纷体系,整合全市1765名网络员的力量,发挥上级法院和当地党政支持优势,办理各类案件以"立案快、结案快、结案周期短、一次性解决纠纷"作为最核心的指导思想,成功调解案件114件,达到服判息诉率70%以上。

在2018年至2022年审结的2400件婚姻家庭纠纷案件中,平均每件案的审结期限不到30天。其中能够当天立案—结案——拿到法律文书一次性解决纠纷的案件有856件,从实际行动减轻了当事人的诉累,以低成本、高效率地化解纠纷,力争通过司法审判执行尽可能一次性解决当事人之间的纠纷,案结事了,避免不必要的后续司法程序。

(二)以"尽可能一次性解决纠纷"思想指导婚姻家庭纠纷涉及未成年人案件办理机制

2018年,岑溪市人民法院根据实际法官分布、审理能力审理状况等因素建立了民商案件的婚姻家庭审判团队,以"尽可能一次性解决纠纷"为指导思想,提高婚姻家庭案件办案效率。具体做法是在法院按照"1+1+1>3"的模式成立婚姻家庭纠纷案件审判团队,即1名员额法官+1名法官助理+1名书记员组成婚姻家庭纠纷案件审判团队,审理案件速度及效果超过普通审判团队分散审理婚姻家庭纠纷案件,专人专项处理婚姻家庭纠纷类型案件,简单案子快捷办理和繁杂案子精准办理的分流,一般婚姻家庭审判民事类案件都能在30日之内案结事了,大大提高了案件的审判效率。根据统计,2019年至2021年,该婚姻家庭审判团队调撤率分别为65.57%、70.81%、75.63%,比高出普通审判团队的调撤率平均值大约30%。

自从岑溪市人民法院成立了婚姻家庭纠纷案件审判团队之后,该团队针对涉及未成年人案件采取了:(1)成立调查员小队。岑溪市人民法院建立调查员名单,调查员源于扎根基层各个社区工作人员,他们经常走访管辖的社区,非常熟悉所在区域的地理人文、社会伦理及家庭结构关系等信息。凡是涉及婚姻家庭纠纷中有未成年人的案件,法官会根据案情需要在开庭审理案件之前派遣所属社区的调查员对未成年人的生活背景、日常习惯及学校情况等各方面进行调查并形成记录,为案件顺利审理查明事实做好充分准备。(2)尊重未成年人真实意愿。根据《民法典》第一千零八十四条第三款的规定:"离婚后,不满两周岁的子女,以由母亲直接抚养为原则。已满两周岁的子女,父母双方对抚养问题协议不成的,由人民法院根据双方的具体情况,按照最有利于未成年子女的原则判决。子女已满八周岁的,应当尊重其真实意愿。"岑溪市人民法院婚姻家庭审判团队除了查阅调查员的记录，开庭查明未成年人的父母情况，对已满 8 周岁的未成年人还进行了询问笔录记载其真实的意愿。婚姻家庭案件应该充分围绕了未成年人的真实意愿展开论述。(3)实行判后回访制度。因为有些婚姻家庭纠纷案件不会一次性解决完毕，比如涉及未成年人的教育、医疗费用等，可能随时出现变化，需要及时跟进时代的发展。比如离婚案件判决后，一方当事人出现突发事故等无法照顾未成年人的情况，这时候需要根据新的事实及证据，从最有利于未成年子女的原则出发审理婚姻家庭纠纷案件。

(三)尽可能一次性解决财产分割问题

现如今，人们的财产中除了房屋、存款、工资、奖金，还包括许多以前没有过的财产表现形式。比如，随着工资构成发生变化，出现了住房公积金、住房补贴等款项，公司股份、股票投资账户中的股票、理财产品等。但基于当事人的知识水平、社会阅历等，不能及时对这些相关的财产线索有所认识及掌握。司法实践中应当如何认定上述财产的性质，此前也有不同看法，处理结果也不一致。

关于知识产权能否实现其财产性权利、何时能够实现等问题，也具有不确定因素，知识产权本身的取得及其财产性权益的取得有时并不同步。如何理解法律规定的“婚姻关系存续期间所得的知识产权的收益”的真正含义，显得很重要。在司法实践中，审理关于知识产权的收益这一方面的诉请，应当是侧重于财产性收益。认定一项财产是否属于夫妻共同财产时，就应该以该项财产取得是否在婚姻关系存续期间内为判断标准，如果一项知识产权于婚前取得，但婚前并未确定财产性收益问题而是婚后才确定了财产性收益的取得问题，则该项财产性收益应当认定为夫妻共同财产。同理，如果婚姻关系存续期间取得了知识产权，但财产性收益并未确定，离婚后才确定并实现了该财产性收益，这笔收益属于该知识产权所有人的个人财产，其原来的配偶无权要求分割。如果该知识产权所有人离婚后又与他人结婚，也无特殊约定的情况下，则后一个婚姻关系期间得到了上述财产性收益的话，应当认定为属于该知识产权所有人与后一个婚姻关系中的配偶共同所有。

关于夫妻共同财产中一些投资经营性财产的分割处理问题。近年来，家庭财产投资形式日趋多元化，股票、证券、期货等投资产生的收益不能完全囊括在“生产、经营、投资的收益”范围内。与此密切相关，一些投资经营性财产在家庭财产中所占的比重也越来越大。夫妻因离婚而分割财产时，共同财产中往往会有许多在有限责任公司、合伙企业等经济组织中的出资，对这部分财产权利应当怎样处理？夫妻购买的股票等有价证券又按何标准予以处理？这里面问题复杂、头绪较多，要想妥善解决这些问题，仅依靠《民法典》婚姻家庭编的调整，很难做到。因此，除正确适用《民法典》婚姻家庭编外，还必须与《公司法》《合伙企业法》《个人独资企业法》等法律的原则和精神保持一致，使各部门法之间能够有机结合、有效地衔接起来。关于分割夫妻共同财产中股票、债券等有价证券及未上市公司股份的有关问题。由于这些有价证券等财产性权利的具体价值经常处于一种不确定状态，操作标准的不同、选择时机的不同等，都会直接影响当事人财产数量的增减变动，这给人民法院审理案件增加了难度。因此，婚姻家庭纠纷类型案件审理过程中可以从当事人持有这些财产性权利的数量入手，将其按一定比例在夫妻之间分配，具体的交易操作交由当事人自行决定。夫妻双方在离婚纠纷案件中，时有存在一方并不知道对方的实际财产的情况，也未向法院提出申请调查双方的所有财产，法院基本上处于一个被动的状态，只能在当事人诉讼请求范围之内进行处理，很难做到一次性分割完毕所有共同财产。2018～2022 年离婚后财产纠纷案件达到了 20 件，说明这些案件的前面 20 件案子就没有做到一次性解决纠纷。要尽可能一次性解决财产分割问题，首先当事人诉请要涵盖夫妻双方的所有共同财产，其次是法院要对夫妻共同财产的认定准确无误，才能做到尽可能一次性解决财产分割问题。另外，法院还可以通过普法宣传、官方微信公众号等方式进行适当的普法引导，只有当事人认知清晰、法院查清夫妻双方共同财产之后，才尽可能一次性解决共有财产的分割，减少发生后续案件发生的可能性。

在家事案件中运用多元解纷一次性解决纠纷

莫俊玲　梁翔宇*

摘要:柳州市柳江区人民法院三都人民法庭聚焦家事矛盾纠纷的一次性解决和实质性化解,结合当地风土民情,落实"三调三跟进""三官一律""一村一法官"等工作机制,外延家事审判职能,并通过心理干预、巡回审判、诉调对接等制度拓宽家事纠纷多元解纷的广度,打造出具有地方特色的家事纠纷多元解纷体系,有效解决家事矛盾纠纷,用司法服务适应民需,以多元解纷惠及民生,助推乡村振兴、家庭和谐。

家庭氛围的和谐温暖,家庭成员之间的团结友爱,是社会主义核心价值观中"和谐"一词的重要体现,同时也反映了社会主义核心价值体系的丰富内涵和实践要求。为传承新时代中华民族家庭和睦的传统美德,弘扬"文明""和谐"的社会主义核心价值观理念,柳州市柳江区人民法院三都人民法庭结合辖区内案件的治理情况,通过深化家事审判改革,完善家事调解、心理干预、家事辅导等制度,打造出一套具有本地特色的多元解纷体系,不仅出色地完成了诉源治理工作的要求,而且在家事纠纷案件中运用多元解纷体系一次性解决纠纷,使诉讼参与人省心省力,使诉源治理缓解民愁,用司法服务适应民需,以多元解纷惠及民生。

一、结合当地特色,打造多元化解纷体系

家庭的和谐友爱是促进国家发展、推动社会进步、实现民族兴盛的

---

* 莫俊玲,一级法官,柳州市柳江区人民法院民一庭庭长;梁翔宇,五级法官助理,柳州市柳江区人民法院三都人民法庭五级法官助理。

牢固基石。面对家事纠纷日益复杂化的表现，家事审判工作在审判职能、方式、机制等方面均面临新的要求和挑战，但是如何快速、高效地一次性解决家事案件纠纷，不仅需要进一步实现人民法庭家事案件纠纷审判的专业化，还需要不断优化和完善家事案件纠纷的审判方式和工作机制，从而更好地彰显守护家庭、关爱未成年人子女和家庭中弱势群体的人文关怀。

柳江区人民法院三都人民法庭据此提交了一份关于如何一次性解决家事案件纠纷的答卷，根据当地特色，贯彻落实“三调三跟进”“三官一律”“一村一法官”等制度，通过心理干预、巡回审判点的建设和持续投入使用以及诉调对接制度的灵活运用，打造一个三都人民法庭特有的家事案件多元解纷体系，并且通过该体系的灵活运用，以此达到尽可能一次性解决家事案件纠纷的体系目标，同时满足诉源治理进程推动的需要，逐步形成“小事不出村、大事不出镇、矛盾不上交、就地化解”的社会治理新格局，不断完善家事审判多元化纠纷解决机制，为家事案件当事人提供纠纷多元解决渠道，充分发挥人民法庭在多元化纠纷解决机制建设中的引领、推动和保障作用，实现家事审判的救治功能，推动法庭各项工作和队伍建设向高质量、高专业的方向发展。

2022 年 1 月 1 日至 12 月 31 日，柳江区人民法院三都法庭新收案件 143 件，旧存案件 7 件，共受理案件 150 件，其中受理的家事案件为 69 件，2022 年各类民商事总结案 147 件，结案率 98%，其中诉前调结案 13 件，家事案件 3 件，诉前调解和好 70 件，诉前调解成功率 100%。2021 年 1 月 1 日至 12 月 31 日，柳江区人民法院三都法庭新收案件 260 件，旧存案件 5 件，共受理案件 265 件，其中受理的家事案件为 109 件，2021 年各类民商事总结案 258 件，结案率 97.36%；2022 年新收案件数量同比下降 45%。

诉源治理工作方面，截至 2022 年 12 月 31 日，三都人民法庭诉前调解收案 209 件、纠纷化解收案 51 件，合计 260 件；诉前调解案件成功 69 件、纠纷化解案件成功 45 件，合计 114 件。诉源治理工作调解率 43.86%，通过积极开展诉源治理工作，纠纷成诉趋势有所缓解，有力推动乡村和谐稳定，助力乡村振兴。三都人民法庭 2021～2022 年收结案件情况如表 1 所示，2011～2022 年家庭案件在民事案件受理案件数占比如表 2 所示。

表1 三都人民法庭2021~2022年收结案件情况

日期	新收案件	旧存案件数量	受理案件	结案	结案率	新收案件同比下降
2021年1月~12月31日	260	5	265	258	97.36%	45%
2022年1月~12月31日	143	7	150	147	98%	

表2 三都人民法庭2021~2022年家事案件在民事案件受理案件数占比

日期	受理案件数		家事案件在民事案件受理案件数占比
	民事	家事	
2021年1月~12月31日	265	109	41.13%
2022年1月~12月31日	150	69	46%

二、“三调三跟进”制度在体系中的运用情况

作为家事案件多元解纷体系中必不可少的一环，三都人民法庭贯彻以家事法官为轴心，以“家事三员”为辅助的模式，加强家事法官与“家事三员”的沟通交流，做到一个案件，3次调解，3次跟进，充分调动家事调查员、家事调解员、心理疏导员在案件办理全过程的重要作用，提升家事案件办案质效。在庭前，由家事调解员对案件当事人进行调解，由家事调查员对案件基本情况进行跟进调查；在庭审过程中，由主办法官进行诉讼调解，由具备婚姻家庭心理知识的法官一同对案件进展跟进；在庭后，由家事主办法官进行最后一次调解，并由心理疏导员对案件当事人进行心理疏导跟进，实施判后回访工作，女性法官化身姐姐、阿姨，对家暴受害人、留守儿童、年迈老人进行回访，了解他们生活状况等相关情况，给予相应的帮助。对于有债务的家庭督促其履行债务，避免自身信誉受损，影响孩子的教育。将《民法典》《家庭教育促进法》等法律规范向这些家庭宣传，提高他们的法律意识，营造良好的知法而守法的氛围。据统计，有70%的案件在进行3次调解以后，纠纷均能妥善化解。

三都人民法庭在家事案件中根据该法庭特色灵活运用“三调三跟进”制度，充分发挥了其作为“基层的基层”的作用。三都人民法庭也将挺在服务人民群众、维护家庭安稳的最前线，做好服务基层治理、推进乡村振兴的“桥头堡”。

三、夯实“三官一律”工作，助推家事案件一次性解决

为贯彻落实柳州市矛盾纠纷多元预防调处化解工作的相关文件的要求，三都人

民法庭深入结合“321”矛盾纠纷化解工作机制参与化解矛盾纠纷,配合相关部门在觉山村、博爱村、三都村等村屯的综治中心展示“三官一律”制度牌,与各相关部门共同指导村级调解组织,争取将家事案件矛盾纠纷化解在基层,解决在萌芽状态。而作为“三官一律”中重要一环的法官,三都人民法庭坚持将工作的重心从打击防范向服务转移,使政法干警从机关向基层下沉,努力夯实基层基础,全力维护基层平安,主动化解矛盾纠纷,加强群众工作,是深化平安建设的一条新路径。而通过每月定期到相关综治中心开展走访询问相关案件的工作,及时下沉基层去了解该村是否存在家事案件纠纷以及是否有类似的苗头,并及时地在走访的过程中与当事人去了解相关的情况,如在家事案件纠纷中出现辱骂、家暴等破坏家庭成员感情的情况,下沉的政法干警会通过向当事人动情说理的方式以及配合各部门开展相关的调解说明工作,并且通过发放家庭教育责任告知书以及印有《民法典》中关于婚姻家庭编的法律知识的宣传手册等方式,让施暴的一方当事人提高法律意识,以此减少类似的情况发生,切合农村群众对文明乡村的新期盼、新要求,推动健全党组织领导的自治、法治、德治相结合的城乡基层治理体系建设。将家事案件纠纷的“火苗”掐灭,从而推动诉源治理的工作进程。

四、贯彻“一村一法官”制度,落实政法干部责任制度

在三都人民法庭的家事案件多元解纷体系中“一村一法官”制度同样重要,开展“一村一法官”的相关工作,便是打通司法服务群众的“最后一公里”,以实际行动践行“枫桥经验”服务群众路线,积极开展“一村一法官”行动,在辖区 3 个乡镇各村委设置“一村一法官”,各村、社区委员会设置“一村一法官”工作室,将联络员的姓名、联系方式向群众公开,方便群众在遇到家事案件纠纷的时候联系、咨询法官。三都人民法庭深入贯彻落实“一村一法官”进基层,围绕家事案件纠纷的化解、法律咨询服务、《民法典》中关于婚姻家庭编的法律知识普法宣传等开展工作,据统计 2022 年三都人民法庭共作出 20 次婚姻家庭知识方面的宣传,通过“一村一法官”制度的走访中提供过 396 次法律咨询和建议,受众人数 536 人。三都人民法庭通过不断落实“一村一法官”制度,进一步打通司法服务群众“最后一公里”,提高了人民群众的司法获得感、幸福感、安全感,提高人民群众的家事方面的法律意识,将家事案件纠纷遏制在苗头。

五、心理干预有奇效,解决纠纷促调解

2014 年以来,三都人民法庭将妇女儿童维权岗的审判工作与家事审判改革工作

的开展相结合，通过“专业 + 联动”的方式，积极动员社会各方面力量共同参与家事纠纷化解，不断完善家事审判规章制度。建立了家事案件登记制度，家事案件财产申报制度。实行离婚生效证明书制度。完善了人身安全保护机制，引入心理干预机制，将心理咨询制度引入家事审判改革，由具备国家心理咨询师资格的法官对当事人和问题家庭成员进行心理疏导、感情修复等心理理疗或干预措施，帮助当事人正确对待家事纠纷，避免带来二次伤害和引发新的不稳定因素。

三都人民法庭为更加有效地一次性解决家事案件纠纷，在诉讼服务大厅专门设立了妇女儿童维权服务窗口。在诉前，由女性工作人员接待前来起诉、求助的当事人，利用走廊、调解室等空间营造幸福家的氛围，以朋友的方式，共情的心理对当事人的婚姻家庭情况进行调查，再结合所了解的当事人情况以“葱满幸福”的文化，对当事人进行劝导。在诉中由女性法官进行审理跟进，运用婚姻家庭心理技巧，让双方尝试修复双方关系，如发现双方无法弥合，则需要立即做出判决。在诉后，由主办法官与双方进行深入交谈，了解其未来的工作和生活，通过动情说理的方式，解决当事人的困惑，从而解决当事人的家事案件纠纷。

六、设置巡回办案点，拉进与人民群众的距离

2022 年 4 月，三都人民法庭通过设立里高镇、土博镇巡回办案点，推进法庭科技化建设，发布典型案例，提出司法建议等方式，有效助推辖区产业发展和社会进步。通过现场多部门共力，以“调解员现场调解 + 法官远程视频参与调解”的联合调解方式，线上线下同时发力化解家事矛盾纠纷，真正做到为民办实事，截至 2022 年 12 月 31 日，巡回办案点开展的诉前矛盾化解纠纷案件 98 件，开展就地立案案件 17 件，开展巡回审判案件 44 件，开展就地执行案件 17 件。同时，三都人民法庭也会定期到两个巡回办案点进行家事案件的开庭审理，在审理的过程中也会邀请当地司法所和综治中心的有关人员到场进行旁听交流学习，在开庭结束之后庭审法官会就该案进行以案释法的讲解，为人民群众进行相关的法律案件的宣传工作，进一步提高当地人民群众的法律意识，据统计，通过该种方式进行的法律宣传的受众人数达 350 余人。三都人民法庭以建设巡回办案点的方式，通过实地调研，与群众交流巡回办案点的案件、了解信访的相关情况，同时通过相关的宣传活动，增强当地群众的法律意识，让群众在遇到家事案件纠纷的时候能够积极地通过法律的途径进行高效而便捷的解决。

七、线上线下区间结合发力，诉调对接解决矛盾纠纷

三都人民法庭充分运用“葱满幸福”诉调对接服务站，通过现场多部门共力，以

"调解员现场调解 + 法官远程视频参与调解"的联合调解方式,线上线下同时发力化解家事矛盾纠纷,及时为香葱种植、销售提供司法保障,真正做到为民办实事,集众之力协同促进家庭和谐稳定。

三都人民法庭积极主动与地方妇联、村两委等基层组织联系,将 39 个村、镇级调解委员会,50 个调解员、网格员以及具备心理知识的妇联工作人员加入三都人民法庭家事案件的化解工作中。与辖区派出所、司法所、民政部门、妇联、社区、村委等签订家事案件联动工作实施方案、家事案件联动协议书,形成多部门协作的工作模式,共同维护婚姻家庭纠纷中家暴受害人、留守儿童、年迈老人等家庭弱势群体的权益。截至 2022 年,妇联、司法所、派出所、村委联动调解 52 件,调解成功 23 件,联合回访 100 多件。

八、结语

下一步,三都人民法庭将持续总结并发展新时代"枫桥经验",以定分止争为目标,以人民满意为标杆,以百姓需求为指针,在司法实践中不断完善家事案件的多元解纷体系,让多元解纷体系不断适应来自司法实践日新月异的挑战,守住中华民族和谐友善的善良价值观,不断拓展解纷广度与深度,构建多元解纷新格局,探索诉源治理新路径,用更有力量、有是非、有温度的新时代司法作为回应人民群众关切。